시장경제의
적(敵)들

시장경제_의 적(敵)들
— 따뜻한 자본주의를 위한 제언

이의춘 지음

1판 2쇄 발행 | 2011. 11. 11

발행처 | **Human & Books**
발행인 | 하응백
출판등록 | 2002년 6월 5일 제2002-113호
서울특별시 종로구 경운동 88 수운회관 1009호
기획 홍보부 | 02-6327-3535, 편집부 | 02-6327-3537, 팩시밀리 | 02-6327-5353
이메일 | hbooks@empal.com

값은 뒤표지에 있습니다.
ISBN 978-89-6078-127-6 03320

| 따뜻한 자본주의를 위한 제언 |

시장경제의 적(敵)들

이의춘 지음

Human & Books

초가을 오전, 휴대전화가 아침 공기를 갈랐다. "조 선배님이시지요. 데일리안의 이의춘입니다. 그동안 쓴 글을 모아 책을 하나 만들었습니다. 이런저런 일로 바쁘시겠지만, 추천사를 써 주시면 큰 도움이 되겠습니다." 어떤 망설임도 잠시의 주저도 없이 그러겠노라고 대답했다. 추천사를 흔쾌히 수락했다. 이의춘 국장의 위세(?)에 눌렸기 때문이다. 평소 추천자는 이의춘 국장에게서 강한 동료의식을 느꼈다. '동료'를 '동지'로 바꾸어도 무방하다. 두 사람 모두 "자유주의(보수주의) 이념과 가치를 견지하고 추구하는 데" 조금도 부끄러움이 없기 때문이다.

이의춘 국장 책의 핵심 주제어는 '신드롬과 포퓰리즘' 추방이다. 신드롬은 일종의 '인식오류'이다. 플라톤의 '동굴의 우화'에 비교하면, '그림자'를 '실재'로 간주하는 인식오류인 것이다. 좀 더 강하게 표현하면 '인식장애'이다. 인식장애를 걷어내지 못하면 현상을 적확(的確)하게 인식할 수 없다. 포퓰리즘은 잘 알려진 대로 책임이 실종된 '인기영합'이다. 뷰캐넌에 의하면 포퓰리즘은 '원칙의 정치'가 아닌 '이해관계의 정치'이다. 인기

역시 그림자일 수밖에 없다면, 신드롬과 포퓰리즘은 묘하게 얽인다. 신드롬은 "포퓰리즘에 이르는 길" 중의 하나이다. 이의춘 국장의 진단은 옳다.

우리는 자신의 삶이 대부분 '외부요인'에 의해 결정되기 때문에 자신이 할 일이 별로 없다고 생각하기 쉽다. 늘 박탈감에 젖게 되고, 따라서 자신이 불행하다고 느끼면 그 이유를 밖에서 찾으려 한다. 실패요인을 외부에서 찾으려는 것은 일종의 자기방어 기제일 수도 있다.

영악한 정치인들이 이를 놓칠 리 없다. "당신이 가난하고 절망에 빠지고 고통스러운 것은" 구조적 요인에 의해 그렇게 될 수밖에 없다고 그들은 소곤거린다. 그들은 대중의 가슴에 불을 지르고 스스로를 해결사로 자임한다. '사회적 약자'에 대한 감상적 미화, '엘리트'에 대한 적대적 증오에 기초한 이분법적 대립구도 형성이 그들이 즐겨 활용하는 프레임이다. 이 낡은 '좌파적 수법'은 신기하게도 늘 진가를 발휘해 왔다. 영민한 정치인은 이렇게 자신의 '정치적 지지'라는 소득을 챙겨왔다.

민주주의는 인간이 만들어낸 가장 좋은 정치시스템이다. 하지만 역설적으로 타락할 여지도 다분하다. 민주주의에선 다수가 원하면 그것이 정책이 된다. 정치인들은 정책을 빙자해 사회적 뇌물을 일반 대중에게 뿌려댄다. 국가 권력은 가장 싼값에 '선거라는 경매'에 부쳐진다. 포퓰리즘이 국가 권력의 값을 떨어뜨린다. 먼저 본 사람이 임자라는 식이다. 그리스를 비롯한 남유럽 재정위기의 본질은 간명하다. 경제력을 뛰어넘는 줄을 알면서도 다양한 복지혜택을 약속한 정치인을 국민들이 지지했기 때문이다. 재정위기의 기저에는 '포퓰리즘'이 똬리를 틀고 있다.

이의춘 국장은 안철수 교수에 대해 조금 심하지 않나 싶을 정도로 '각(角)'을 세우고 있다. 하지만 조금 더 생각해 보면, 그 각은 안철수 교수보다는 '안철수 신드롬'의 배경으로서 우리의 낙후된 정치현실과 진중하지 못한 대중정서를 향하고 있다. 이의춘 국장의 예리한 창은 '신드롬의 심장'을 향하고 있다. 추천자도 이의춘 국장의 견해에 동의한다. 과학자는 과학자, 기업인은 기업인, 교수는 교수다워야 한다. 경계를 넘나드는 것이 '통섭'은 아닐 것이다. 정치인으로 변신한다고 치면 대중적 인기가 높은 '스티브 잡스'가 더 유리할 것이다. 스티브 잡스가 성공할 수 있었던 것은 자신의 길에 충실했기 때문이다. 그는 자신의 '업(業)'의 본질을 꿰뚫었다. '인문의 시각'에서 기술을 해석한 것이 통섭능력인 것이다.

안철수 교수의 대기업관(觀)은 크게 굴절되어 있다. 예컨대 삼성이 협력업체를 삼성동물원에 가두고 수탈한다는 식이다. 클러스터 경쟁력이 중요한 글로벌 경쟁시대에 대기업이 혼자 할 수 있는 것은 아무것도 없다. 수탈에 능해서 성공했다는 식의 사고는 절망에 가깝다. '과잉 일반화'는 편견으로 고착된다. 대한민국에서 '안철수'라는 '소중한 자산'이 파편화되는 것을 목도하는 것은 안타까운 일이 아닐 수 없다. 이 책 곳곳에 그런 미련과 아쉬움이 배어 있다.

이의춘 국장은 복지에 대해서 '절제된 시각'을 초지일관 견지하고 있다. 국가가 국민의 삶을 '무한책임'진다고 하면 싫어할 국민은 없다. 국가가 책임지겠다는 것은 국민의 '형식적인 동의'를 득한 후 개인의 지갑을 임의로 열겠다는 것이나 마찬가지다. '고복지'는 당연히 '고부담'으로 연결된다. 수혜를 보는 계층과 부담을 지는 계층은 당연히 분리되고, 국민은 '도덕적 해이'에 빠지게 된다. 서구의 복지선진국들이 '고복지-고부담'에서 부담과 복지를 동시에 줄이는 방향으로 'U턴'하고 있다. 그들이 'U턴해서 돌아오는 길'을 전력질주해서 가겠다는 것은 어리석은 짓이라는 것이다.

강남좌파 지식인들은 "이제 사회가 개인을 부양해야 할 때"가 왔다고 말한다. 국가가 국민들에게 "가장 인간적인 방법으로 따뜻한 빵"을 주어야 한다는 것이다. 하지만 '따뜻한 빵'은 이내 식기 마련이다. 중요한 것은, 개인이 "따뜻한 빵을 만드는 기술"을 터득해야 한다는 것이다. 개인이 시행착오를 통해 스스로 이 기술을 터득해야 한다. "물고기를 잡아주지 말고 물고기 잡는 기술을 가르치라"는 《탈무드》의 지혜는 지금도 유효하다. "가장 인간적인 방법"도 그렇다. 국가에 대한 의존을 '다성화'시키는 것만큼 개인을 타락시키는 것은 없다고, 이의춘 국장은 힘주어 말한다.

　국가의 흥망성쇠는 인간들의 이해관계에 의해 결정되는 것이 아니라 그 사회가 어떤 이념에 의해 인도되는가에 의해 궁극적으로 결정된다. 좌우가 대척(對蹠) 관계에 놓이는 것은, 인류가 이 세상에 존재하는 한 지속될 것이다. 따라서 척을 지는 것에 부담을 가질 필요는 없다. 인류의 역사는 그러한 대척관계의 산물이기 때문이다.

　우파(자유주의)는 치명적 약점을 가졌다. 이념과 가치를 다듬고 정돈하는 데는 빼어나지만, 이를 실제 필요한 수요자에게 전달하는 능력은 빵점에 가깝다. '수레'가 없다는 것이다. 이의춘 국장을 비롯한 자유주의 언론진영의 몫이 아닐 수 없다. 살면서 즐거운 일 중의 하나는, 자신이 못하는 것을 해낸 사람을 찾아내 그에게 힘을 실어주는 것이다. 추천사도 그 일환이다. 이 책이 출간되면 '북 콘서트'를 열기를 바란다. 독자와 호흡하고 대한민국의 미래와 대화하기 위함이다.

2011년 9월

조동근(명지대학교 경제학과 교수, 바른사회시민회의 공동대표)

대기업은 명품(名品) 중의 명품이다. 삼성, 현대자동차, LG, SK 등은 자본과 기술과 사람이 전무한 산업 불모지(不毛地)에서 세계적인 수준의 제조업을 일으켰다. 대한민국의 비약적인 성장과 발전을 주도했다. 무역규모 세계 7위, 세계 14위 경제 강국으로 부상한 데는 대기업이 견인차 역할을 톡톡히 했다. 2010년 G20 정상회담을 주최하는 국가가 될 정도로 국격(國格)과 국가브랜드를 높이는 데 기여했다.

3수(修) 끝에 따낸 2018년 평창 동계올림픽 유치의 최일선에도 대기업과 오너들이 대거 포진했다. 2011년 7월 말 남아공 IOC 총회에서 평창 유치가 확정된 후 뜨거운 눈물을 흘린 삼성 이건희 회장. 그는 작은 물방울을 떨어뜨려 바위에 구멍을 뚫는 노력(수적천석, 水滴穿石)으로 평창 유치에 혼신의 힘을 쏟았다. 스포츠외교에서도 대기업은 국익을 위해 결정적인 역할을 하고 있다.

고려청자(高麗靑瓷)가 한국을 대표하는 최고의 예술품이라면, 대기업은 대한민국의 국가경쟁력을 상징하고 있다. 세계의 도로를 누비는 현대차를 보면 뿌듯한 자부심을 느낄 것이다. 뉴욕 등 주요 도시의 전광판에서 빛을 내뿜는 삼성과 LG전자 광고를 보면 대기업의 위상을 실감할 것이다.

대기업들은 몽골기병처럼 세계를 누비고 있다. 척박한 토양에서 세계 제패의 야망을 실현하기 위해 지평선 너머의 비옥한 땅과 초원(草原)을 향해 한없이 질주해야 했다. 한순간도 방심하지 않고 사업 기회가 보이면 바람처럼 달려가 깃발을 꽂았다. 맨손과 땀, 창의와 도전, 열정으로 해외로 나가 달러를 벌어들였다. 밖에서 벌어 안을 살찌웠다. 국부(國富)를 창출했다.

대기업은 총수의 강력한 리더십을 바탕으로 기동성, 조직력, 효율성으로 무장해 선진기업 추격자(fast follower)에서 선두주자(first mover)로 발돋움했다. 한국 기업을 한 수 아래로 봤던 일본 기업들은 이제 '타도 삼성', '타도 현대차'를 외치며 반격 작전에 나서고 있다.

대기업을 명품이라고 말하면 고개를 갸우뚱하는 사람이 적지 않을 것이다. 웬 뚱딴지같은 소리냐고 의심할 것이다. 그만큼 대기업에 대한 한국인의 평균적인 인식은 부정적이다. 명품은커녕 '대기업=재벌=죄벌(罪罰)'로 보는 사람이 많다. 선한 중소기업의 납품단가를 후려쳐 고사시키는 탐욕스런 골리앗으로 매도되기도 한다. 서울시장 출마설로 정치권을 요동치게 만들었던 안철수 서울대 융합과학기술대학원장은 재벌이 중소기업을 약탈하고 있다며 재벌 비판에 앞장섰다.

'대기업=명품'이란 말은 도발적이다. 고려청자와 비교하는 것은 어불성설이라고 비판하는 사람도 많을 것이다. 하지만 대기업은 세계 최빈국을 국민소득 2만 달러의 선진국으로 도약시킨 명품임에는 틀림없다. 대기업이 없었다면 선진국 도약은 불가능했다. 앞으로 3만 달러, 4만 달러로 도약하기 위해서는 해외지향적인 대기업의 역동적인 경영 활동이 필수적이다.

재벌에 숱한 부정적인 의미가 따라다닌다는 점은 부인할 수 없다. 비자금 스캔들과 정경유착, 편법 경영권 상속 논란이 끊이지 않았다. 경제력 집중을 심화시켜 재벌공화국을 만들고 있다는 시각도 뿌리 깊다. 한국 사회에서 재벌만큼 애증(愛憎)이 교차하는 대상은 없다.

재벌의 아킬레스건은 여전히 경영권 상속문제다. 2~3세에 대한 편법적인 부의 대물림 문제가 해소되고 있지 않기 때문이다. 일부 재벌들이 비상장사를 이용해 경영권을 물려주려다 곤욕을 치르기도 했다. 재벌가 상속은 상속세법이 열거주의에서 포괄주의로 바뀌면서 점점 투명해지고 있다. 촘촘하게 얽혀진 상속증여세법망을 피해가기가 어려워지고 있는 것이다. 신세계 정용진 부회장처럼 떳떳하게 1조 원의 세금을 내고 경영권을 물려받겠다고 선언하는 재벌들도 생겨나고 있다.

재벌은 부정적인 요소도 많지만, 긍정적인 요인이 더 많다. 재벌 특유의 막강한 조직력과 자금력, 공격적인 투자, 글로벌 시장 개척 능력은 중요한 국가적 인프라이다. 선진기업의 첨단기술력과 글로벌 자금동원력에 대항하려면 대기업들은 그룹 계열사를 동원해 선단식 경영으로 승부를 내야 한다.

하지만 지금의 재벌에 대한 비난과 규제는 도를 넘어선 느낌이다. 정부는 위헌(違憲) 소지가 많은 일감 몰아주기에 대한 증여세를 부과키로 하고, 공생발전의 명분으로 대기업의 소모성자재구매사업(MRO)을 중단하라고 다그치고 있다. 중소기업 적합업종을 부활시키고, 에너지, 통신, 유통 등 내수기업에 대해서는 70년대식 가격 통제를 가하고 있다. 국민연금을 동원해 총수들을 견제하겠다는 방안도 구체화되고 있다.

정치권도 재벌에 대한 규제의 덫을 씌우는 데 열을 올리고 있다. 여야가 경쟁적으로 헌법 119조 2항의 시장지배력 남용과 경제력 집중에 대해 규제와 조정을 가할 수 있다는 규정을 근거로 재벌규제를 강화하고 있다. 학계의 반재벌 행태도 여전하다. 장하성 고려대 교수는 외환위기 이후 득세한 주주자본주의로 여전히 재벌을 공격하는 데 선봉장을 맡고 있다. 그는 재벌 총수들이 쥐꼬리 지분으로 황제경영을 하고 있다며 재벌권력을 규제할 것을 촉구하고 있다.

주주자본주의는 2008년 글로벌 금융위기 이후 중장기 투자를 제한하고, 전문경영인과 소액주주의 배만 불리는 것이라는 비판을 받았다. 이를 제창한 잭 웰치 전 GE 회장마저 "주주자본주의는 세상에서 가장 바보 같은 아이디어"라고 자아비판을 했다. 장 교수는 좀비로 전락한 주주자본주의로 재벌을 매도하고 있을 뿐이다.

진보진영 이데올로그로 부상한 장하준 영국 케임브리지대학 교수도 삼성을 사회민주적으로 통제하자는 위험한 제안을 하고 있다. 삼성에 대해 경영권 상속을 허용하는 대신, 삼성은 노조를 허용하고, 삼성전자 이사진의 40%를 정부 및 노조, 시민단체에 할애해야 한다고 주장했다. 시장경제를 부정하는 논리다. 학계 중진들의 반재벌 시각은 자기가 보고 싶은 것만 보는 편향된 논리다. 균형 잡힌 시각으로 진실을 규명하고자 하는 지식인의 양심보다는 소영웅주의 또는 지적 허위의식에서 비롯된 측면이 강하다.

이 책은 우리 사회의 영원한 논쟁거리인 재벌에 대한 실체적 진실을 규명하고, 공과(功過)를 짚어보는 데 초점을 맞추었다. 특히 재벌문제의 알파요 오메가인 삼성그룹과 이건희 회장을 둘러싼 다양한 이슈들에 대해 내재적, 외재적 접근법을 병행했다. 이는 진보 시민단체, 노조의 과도한 반(反)삼성 행태가 삼성에 대한 실체적 진실을 가리고 있다는 문제의식에서 출발했다. 유력한 대권주자로 부상한 안철수 교수가 삼성과 LG에 대해 비난하는 것에 대한 문제점도 진단해 봤다. 안 교수에 대한 비판적 분석은 사실상 처음 시도된 것으로 그가 서울시장 출마 가능성을 내비치기 직전에 이루어졌다는 점에서 의미가 컸다고 본다.

지금처럼 경제가 어려워지면 재벌에 대해 너도 나도 돌을 던지는 것이 정의로운 행동처럼 보일 수 있다. 하지만 재벌 때리기의 끝은 어디일까도 고민해야 한다. 비이성적인 재벌 손보기가 거센 물결을 뚫고 대양으로 항해해야 할 대한민국호(號)의 밑바닥에 구멍을 내는 자해(自害) 행위는 아닌지 성찰해 봐야 한다. 재벌의 부정적인 면에만 잣대를 들이대지 말고, 긍정적인 요소도 제대로 평가해야 한다. 한쪽 눈으로만 보지 말고, 양쪽 눈으로 재벌을 균형 있게 보는 게 바람직하기 때문이다.

재벌에 대해 포식자, 탐욕스런 야수로만 보고 규제를 가한다면 경제의 앞날은 어두워질 수밖에 없다. 기업가들의 경영의욕이 감퇴하고, 투자가 움츠러들 것이다. 투자가 위축되면 길거리로 쏟아지는 청년들의 일자리는 누가 감당할 것인가? 미래 신성장사업에 대한 씨앗은 누가 뿌릴 것인가? 해외 거대 기업들과의 경쟁에 누가 나가서 승전보(勝戰譜)를 전할 것인가? 물론 신자유주의 이후 나타나는 부정적인 요소들, 샤일록 자본주의, 피스톨 자본주의, 카지노 자본주의의 병폐는 해소돼야 한다. 피도 눈물도 없는 시장경제, 자금력 등 하드파워만 맹신하는 자본주의, 돈 놓고 돈 먹기식의 한탕주의 자본주의는 개선돼야 한다. 시장경제와 공동체의 화해, 지속가능한 발전을 위해서는 이 같은 부정적인 폐단들은 없어져야 할 것이다.

재벌들도 하드 파워만 믿지 말고, 소프트 파워를 길러야 한다. 하드 파워와 소프트 파워를 조화시켜 스마트 파워(smart power)로 가야 한다. 초일류기업, 사상 최대의 매출과 이익, 세계 최고의 기술 등을 자랑하는 하드 파워는 중단 없이 이뤄져야 한다. 여기에 국민, 정부, 정치권, 중소기업들을 감동시킬 사회적 책임경영과 감성경영 등 소프트 파워를 접목시켜야 한다. 하드 파워와 소프트 파워를 결합한 스마트경영(smart management)이 절실해지고 있다.

프랑스의 포스트구조주의 학자 장 보드리야르는 《시뮬라시옹》이란 저서에서 시뮬라시옹과 시뮬라크르의 중요성을 설파했다. 시뮬라시옹은 실제로는 존재하지 않는 대상을 존재하는 것처럼 만들어 놓은 것으로 원본 없는 이미지가 그 자체로 현실을 대체한다는 이론이다. 시뮬라크르는 이의 명사형으로 가장(假裝), 대체물로 불린다.

예컨대 MBC가 촛불 시위 당시 미국의 한 도축장에서 강제로 일으켜져 도축당하는 다우너소(주저앉는 소)를 광우병에 걸린 소인 것처럼 방영했던 것을 상기해 보자. 당시 이 동영상이 방영된 후 다우너소는 광우병 소의 상징이 됐다. 이게 시뮬라크르이다. 진짜보다 더 진짜 같은 가짜인 것이다.

재벌도 마찬가지다. 상위재벌들의 경우 총수의 강력한 지도력을 바탕으로 공격적인 투자를 통해 수조 원대의 이익과 법인세 납부, 고용창출 등을 통해 사업보국하고 국민의 기업이 됐다고 자부하고 있다. 하지만 재벌 이미지는 실제의 재벌보다 좋지 않다. 가짜가 진짜보다 더욱 실제처럼 보이는 것이다. 반재벌 정서를 치유하고, 사랑받는 기업으로 도약하기 위해선 시장경제와 민주주의가 화해해야만 한다. 재벌과 공동체의 화합이 바로 그것이다. 재벌들도 근육질만 내세우지 말고, 소프트 파워를 강화해야 한다. 기부는 물론 나눔, 배려 등 사회적 책임경영과 도덕성, 인간미, 윤리성과 관련한 시뮬라크르를 최대한 많이 만들어내야 한다. 이와 관련한 수많은 진지를 구축해야 한다. 안토니오 그람시의 말처럼 문화적, 지적 헤게모니를 장악하는 것도 중요하다.

하지만 일부 유통재벌들의 순대, 떡볶이, 콩나물 사업은 중소 자영업자들이 설 자리를 빼앗아 반재벌 정서를 부채질하고 있다. 재벌들의 분가가 본격화되는 상황에서 2~3세들의 올바른 이윤추구와 사회적 책임 간의 균형 감각이 중요해지고 있다.

스마트한 시장경제는 경쟁과 효율, 책임, 희생을 근간으로 하되, 약자도 배려하는 따뜻한 시장경제와도 상통한다. 아나톨 칼레츠키가 주장하는 자본주의 4.0은 시장과 정부 간의 균형과 존중을 강조한다는 점에서 신자유주의의 부작용을 보완하는 성격을 갖고 있다. 하지만 기업의 사회적 책임만 강조하다 보면 재벌 때리기로 변질돼 기업경쟁력을 위축시킬 수 있다. 또 분배 지향의 경제 정책과 현재의 파이를 나눠먹자는 공유주의(公有主義) 바람이 불면 갈등이 심화될 수도 있다. 자본주의 4.0이 갈등의 4.0으로 악화할 수 있음을 경계해야 한다. 시장경제는 치열한 경쟁을 거친 진화의 산물이다. 이를 무시하고 경제시스템의 진로를 반도체 회로를 설계하듯이 설계할 수 있다는 것은 위험한 발상이다.

1945년 칼 포퍼는 영국에서 출판된 《열린 사회와 그 적들》에서, 열린 사회를 개인주의 사회이자 부분적인 개혁을 시도하는 점진주의적 사회라고 정의하였다. 그는 '열린 사회'의 반대 개념으로 '전체주의' 사회를 상정하였는데, 이것이 바로 '닫힌 사회'인 것이다. 필자는 칼 포퍼가 말한 대로 "자유로운 토론과 비판을 통한 점진적 개선만이 인간답게 살 수 있는 유일한 사회를 만들 수 있는 길이라는 것"을 믿는다.

사회에 대한 이데올로기로서의 열린 사회 개념을 경제적으로 치환하면 시장경제를 주창하는 자본주의에 다름 아닌 것이며, 현재 한국 경제 환경에서 반자본주의의 논리를 위장하여 반재벌적인 선동을 일삼는 세력들은 칼 포퍼식으로 말하자면 '열린 경제와 그 적들'에 해당하는 셈이다. 이 책의 제목을 '시장경제의 적들'이라고 한 것도 바로 그런 맥락 때문이다.

재벌은 천사도 아니요, 괴물도 아니다. 우리 경제의 미래와 선진 강국 도약을 위해 재벌의 강점과 효율성을 살려 나가도록 정부, 정치권, 국민의 이해와 협조가 필수적이다. 재계도 상속과 지배구조 등과 관련한 부정적인 요소들을 해소하기 위한 자정(自淨) 노력을 해야 한다. 해외에서 존경받는 재벌들이 국내에선 공공의 적으로 몰려 지탄받는 것은 국가적으로도 불행한 일이기 때문이다. 이 책이 재벌에 대한 균형적인 접근을 하는 데 도움이 됐으면 한다.

졸고가 나올 수 있도록 배려해 주신 휴먼앤북스의 하응백 대표와 편집부 직원들에게 진심으로 감사드린다. 원고 정리에 파묻혀 있는 동안 불평 없이 내조한 집사람(정재연)에게 많은 사랑의 빚을 졌다. 힘들 때마다 항상 엔돌핀을 솟아나게 하는 아들 동재, 딸 동은이도 졸고를 쓰는 동안 치어리더 역할을 했다. 추천사를 써주신 조동근 바른사회시민회의 대표님(명지대 경제학과 교수)과 김정호 자유기업원 원장님께도 사의를 표한다.

2011년 9월

이의춘

목차

CHAPTER 04 재벌의 아킬레스건 | 경영권 상속

CHAPTER 05 포퓰리즘 광풍아 불어라

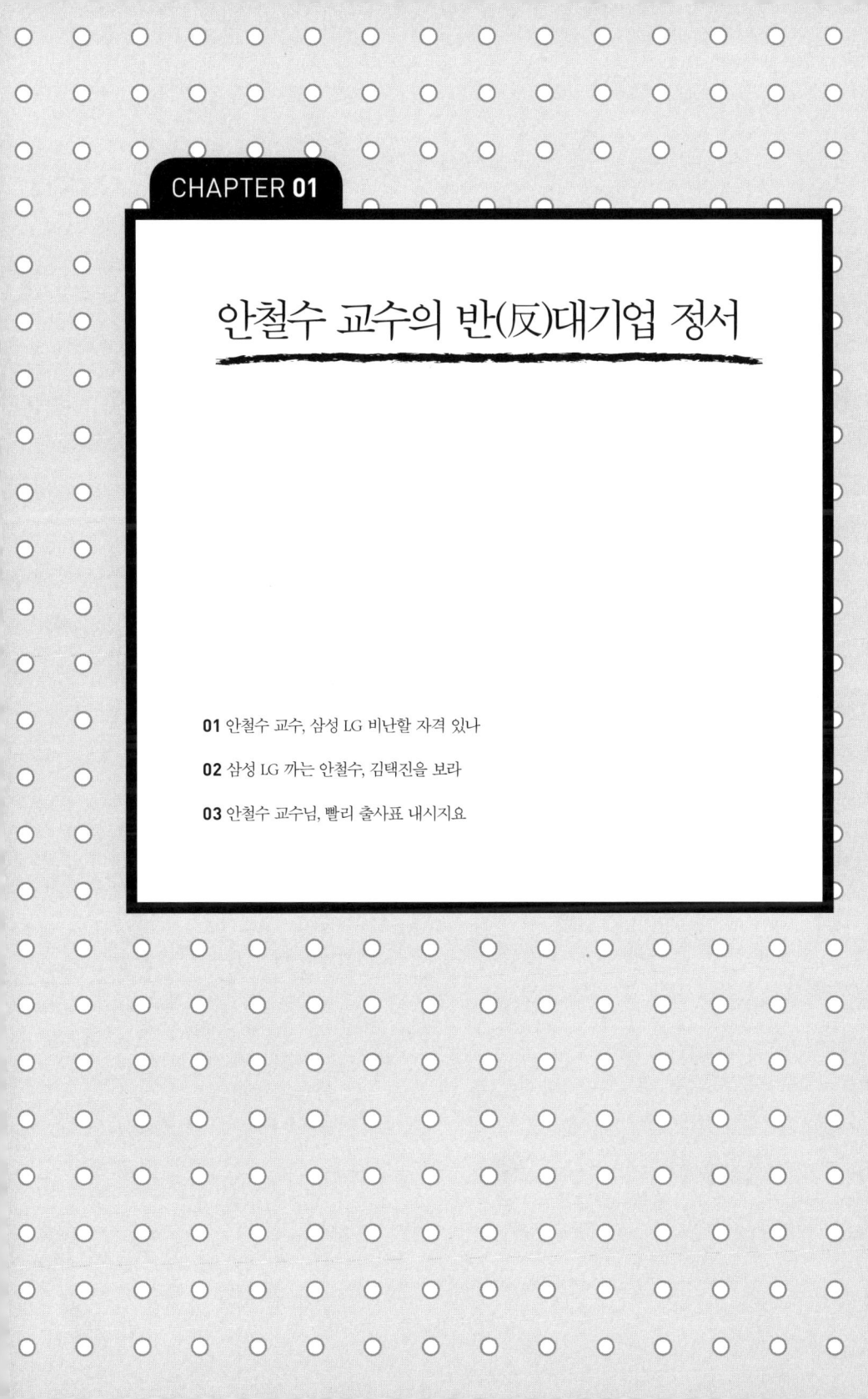

CHAPTER 01

안철수 교수의 반(反)대기업 정서

01

안철수는 삼성, LG를 비난할 자격 있는가

우리 사회에서 안철수 서울대 교수만큼 존경받는 인사도 드물다. 그의 말 한마디 한마디에 젊은이들은 열광하고 있다. 사회적 명망가 중 유일하게 네티즌들로부터 악플이 없는 것으로도 유명하다. 똑똑하고 세련된 데다, 성공한 벤처기업인에서 학자로 변신하는 동안 올바른 처신과 타인을 배려하는 공익적 태도로 무결점의 명사로 각광받았다.

정치권에선 그에 대한 러브콜을 끊임없이 보내왔다. 그는 서울시장 출마 문제로 정치권을 들썩이게 만들었다. 민심도 요동쳤다. 시장 출마 시 여야 누구와 붙어도 압도적인 지지율로 당선이 유력시되기도 했다.

그가 시장 출마를 진지하게 고민하다가 출마하지 않기로 선회한 과정은 한 편의 드라마였다. 자신보다 지지율이 10분의 1에 불과한 박원순 희망제작소 상임이사에게 아름다운 양보를 하고, 그를 지지한다고 했기 때문이다. 한국 정치사에서 볼 수 없었던 신선한 자기희생이었다. 국민들은 그에게 열광했다. 나라를 맡겨볼 만하다는 기대를 갖게 했다. 20

대는 물론 30~40대에서도 그에 대한 지지율이 유력후보에 비해 훨씬 높게 나왔다. 그는 시장선거에 출마하지 않기로 했음에도, 한국 정치를 이끌어 갈 슈퍼스타 반열에 올랐다. 급기야 2012년 대선에서 박근혜 한나라당 전 대표에 맞설 유력한 경쟁후보로 자리매김했다.

그는 하루아침에 벼락출세한 정치인은 아니다. 그동안 꾸준히 기업과 공공기관, 정부, 학교 등에서 강연을 통해 자신의 존재감을 알렸다. 시골 의사로 유명한 박경철 씨와 함께 전국을 돌며 청춘콘서트를 갖고 젊은 이들과 대화를 한 것도 정치를 염두에 둔 행보였다. 청춘콘서트에는 20대 젊은 층을 중심으로 1,000~1,500명이 꾸준히 참석해 열기를 띠었다. 행사 도중 트위터와 같은 소셜 네트워크 서비스(SNS)를 통해 즉석에서 질문을 받고 답변하는 등 신세대 정치인의 모습을 보여준 것도 젊은 층을 사로잡은 요인 중 하나였다.

그의 정치적 자산은 이 같은 다양한 행보를 통해 꾸준히 상승한 셈이다. 단순히 정치권 신데렐라가 된 것이 아니다. 그는 노무현 정부 이래로 꾸준히 중요 공직에 대한 제의를 받아왔다. 이명박 정부에선 국무총리 후보로도 물망에 올랐다. 경제부장관 하마평에도 단골인사로 거명됐다. 그만큼 그는 우리 사회와 경제의 갈등과 문제점을 풀어줄 뉴리더로 자리매김해 온 것이다.

안 교수 하면 자기희생, 공익성, 책임성, 청렴성, 참신함, 진정성 등 긍정적인 것들만 연상된다. 안철수연구소 시절 컴퓨터 백신프로그램을 무료 제공하면서 그의 이타적인 경영은 큰 화제를 모았다. 대기업 총수들이 비자금 스캔들과 편법 경영권 상속 문제로 수차례 홍역을 치렀던 것에 비하면 깨끗하고 양심적인 경영인으로 평가받았다. 청춘콘서트 등을 통해 젊은이들과 소통하면서 청년 실업문제 등에 대해 아픔을 공유하고 희망을 잃지 말 것을 격려했다. 일자리를 찾지 못해 고민하고 절망하는 젊은 층에게는 희망의 사다리를 제공하는 아이콘이 된 것이다.

안철수 열풍은 정치권에 대한 극도의 불신감을 반영하고 있다. 여야를 가릴 것 없이 국민들은 안중에 없는 듯하고, 표를 위해서라면 무상 시리즈 등 복지 포퓰리즘 공약을 남발했다. 국민들의 정치 불신은 갈수록 심화됐다. 성희롱 발언으로 사퇴 압박을 받아온 강용석 의원 감싸기와 이권 개입과 수뢰 등으로 사법처리되는 정치인들의 양산도 정치권에 대한 염증을 부추기고 있다.

여의도 정치인들이 죽을 쑤고 있는 것에 비해 그는 21세기 뉴리더 상에 가장 근접해 있다. 경제문제에 대해 명쾌한 해법을 제시해 '경제대통령'으로 떠받들어지고 있다. 그는 대기업의 횡포를 척결하고 중소기업의 살길을 제시하는 정의(正義)의 사도인 것처럼 비쳐지고 있다. 삼성, 현대자동차, LG, SK 등이 중소기업들을 고사(枯死)시키고 있다고 주장해 왔기 때문이다. 그는 대기업들을 갇힌 동물원으로 비유했다. 협력업체들은 대기업 동물원에 한번 갇히면 죽지 않는 한 빠져나오지 못한다고 각을 세웠다.

그는 청춘콘서트에서 "대기업이 제공하는 일자리는 200만 개 이하여서 나머지 일자리는 중소기업이 감당해야 한다. 하지만 대기업의 횡포 때문에 할 수가 없다"고 강조했다. 그는 이어 "대기업의 약탈행위를 저지해야 할 대통령과 정부가 손을 놓고 있다"고 정부, 정치권에도 화살을 겨눴다. 경제 정책에 관한 한 반(反)대기업 성향을 노골적으로 드러내온 셈이다.

그는 기업의 영리 추구에 대해서 부정적인 입장을 보였다. 안철수연구소의 최고경영자(CEO)에서 물러나면서, '기업의 목적은 수익 창출'이라는 명제에 의문을 품었다고 말했다. 기업의 필요성은 인정하면서도 영리 추구에 대해선 좋지 않게 생각하는 시각을 갖고 있다.

모든 기업이 사익 추구를 배제하고, 오로지 공익만을 위한다면 그 기업이 영속할 수 있겠는가? 이익을 내야 투자도 하고, 종업원도 채용하고, 세금도 낼 것 아닌가? 기업이 자선사업을 하기 위해 존재하는 것은 아닌데도 말이다.

영리 추구가 잘못됐다면, 이익도 남기지 말고 경쟁업체와의 치열한 경쟁도 포기하고 사이좋게 기업하자고 한다면, 그 회사가 과연 생존할 수 있을까. 그의 공익적 기업관은 시장경제와 자본주의의 근본을 제대로 이해하지 못한 데서 비롯된 것으로 보인다. 그런 기업관으론 자신의 기업을 글로벌 기업으로 키울 수가 없다.

동물원론은 우리 경제 최대 이슈인 동반성장, 공생발전과 맞물리면서 더욱 관심을 끌고 있다. 대기업들은 샤일록으로 비유됐다. 피도 눈물도 없는 인색한 장사꾼이라는 것이다. 힘없는 중소기업들을 고사시키는 골리앗으로 치부됐다. 정부와 정치권, 좌파세력들은 그의 대기업 질타에 "옳소!"를 연발하며 박수를 치고 있다. 마치 안철수 교주를 믿고 따르는 신도들 같은 양상이다.

그는 95년 백신프로그램을 개발하는 안철수연구소를 차려 성공가도를 달렸던 벤처기업 CEO였다. 성공한 제1세대 벤처기업인으로서 대기업을 비판하는 것에 대해 많은 사람들이 공감하고 있다. 국민들의 감정적인 반(反)대기업 성향이 그의 비난과 오버랩 되면서 더욱 상승작용을 일으키는 측면도 없지 않다.

안철수만큼 화려한 학력과 경력을 갖고 있는 사람도 드물다. 최고 명문 서울대 의대에서 박사를 취득한 후 미국 펜실베이니아대학 공학석사, 와튼스쿨 경영학석사(MBA) 학위까지 받았다. 미국과 한국의 최고 명문대학에서 의학과 공학, 경영학을 두루 섭렵하며 학계의 신주류인 통섭(統攝)의 학자로 각광받고 있다.

하지만 한국 사회를 발칵 뒤집어놓은 '안철수 신드롬'에 대해 냉정히 짚어보자. 안철수에 대해 우리 사회가 지금처럼 열광하는 게 합당한가? 그는 위기의 한국 정치와 경제를 구할 구세주이자 영웅인가? 아니면 신기루인가? 피땀 흘려가며 '제조업 한국'의 거대한 대동맥을 일궈낸 삼성, 현대자동차, LG, SK 등 대기업들과 오너들에 대해 비하하고 조롱할 자격을 가졌는가? 우리는 '안철수 열풍'이 자칫 명망가에 대한 존경을 넘어 우상화로 변질되는 것은 아닌지 진지하게 고민해 봐야 한다.

무엇보다 안철수는 성공한 기업인이 아니다. 88년 의대 박사 과정 중 세계 최초의 컴퓨터 바이러스인 브레인을 치료하는 백신프로그램 V3를 개발한 후 7년간 의학 공부와 바이러스 백신 개발을 병행했다. 마침내 95년 의학 공부를 그만두고 안철수연구소를 차려 벤처기업인으로 변신했다.

자신의 집에서 창업한 안철수연구소는 컴퓨터 붐을 타고 보안프로그램 시장도 커지면서 한국의 대표적인 보안소프트웨어업체로 성장했다. 이 회사의 2010년 매출액은 697억 원이었고, 영업이익은 144억 원이었다. 매출액에서 차지하는 수출 비중은 고작 4.5%에 불과했다. 그 전해인 2009년에는 12.2%까지 올라갔지만, 2010년에는 수출이 거의 없었다. 전형적인 우물 안 기업이다.

안 교수는 창업한 지 10년 만인 2005년 돌연 대표이사직을 그만두고 유학을 갔다온 뒤, 2008년 KAIST 기술경영전문대학원 석좌교수로 변신했다. 경영자에서 학자로 업을 바꾼 것이다. 이 같은 전업을 감안하면,

그는 현장 경영을 떠난 과거의 벤처기업인에 불과하다.

그런데도 대학생들은 그를 가장 존경하는 기업인으로 평가하고 있다. 한 구인구직사이트가 대학생들을 대상으로 모시고 싶은 CEO를 조사한 결과, 안철수가 41%대의 압도적 지지를 받아 1위를 차지했다. 세계 최고의 전자업체를 일군 이건희 삼성회장은 2위, 세계 IT산업계의 황제로 부상한 미국 애플 CEO 스티브 잡스가 3위에 올랐다. 안 교수가 잡스보다 더 존경받고 있다는 것은 놀랍다.

한강의 기적을 일으키는 데 주역이었던 정주영 현대 창업주는 고작 4위에 그쳤다. 이병철 삼성 창업주는 아예 랭킹에 오르지도 못했다. 경영학의 대가였던 미국의 피터 드러커는 생전에 정주영, 이병철 등 한국의 창업가들을 가장 위대한 기업가정신의 소유자로 칭송한 바 있다. 현대가와 삼성가의 창업주는 척박한 한국적 기업 토양에서 땀과 열정, 천재적인 경영전략으로 현대와 삼성을 세계적인 기업으로 키웠기 때문이다.

반면 안 교수의 경영실적은 어떤가? 고작 10여 년간 벤처기업을 일궜다가 학자로 변신했을 뿐이다. 그런데도 이병철 회장, 정주영 회장보다 더 존경받는 경영자로 평가받는 것은 참으로 아이러니다. 안철수 신드롬은 대중 조작, 미디어 조작이 만들어낸 결과이고, 그는 그 조작이 만들어낸 우상일 뿐이다.

7명으로 창업한 안철수연구소의 위상은 어떤가? 세계 100대 소프트웨어업체에는 명함도 못 내밀고 있다. 고작 387위에 올랐을 뿐이다. 종업원 600여 명 규모의 중견기업 수준으로 성장했을 뿐인 것이다. 국내 소프트웨어업체 중에선 그나마 선두권에 속하고 있지만, 세계 소프트웨어업체 랭킹에선 얼굴을 내밀기 부끄러울 정도로 미약한 존재다.

안 교수는 2011년 8월 한 신문과의 인터뷰에서 삼성을 조롱했다. 세계 최고의 검색엔진기업인 구글이 휴대폰 제조업체인 모토로라를 인수한 것을 계기로 삼성전자가 구글과의 동반자 관계에서 하도급업체로 전락할 것이라고 경고했다. 그는 "삼성이 삼성소프트웨어란 자회사를 갖고 있다면 이런 상황에서 큰 힘이 될 것"이라면서 "이건희 회장이 소프트웨어 인력을 확보하라는 지시를 내렸다는 소식을 들은 중소기업인들은 가슴이 덜컥 내려앉았을 것"이라고 강조했다. 시간과 돈을 들여 키운 중소기업 인력들이 삼성전자란 이름의 블랙홀에 빨려 들어갈 것은 불 보듯 뻔하다고 걱정했다.

그가 이런 비난을 할 자격이 있는지 의심스럽다. 글로벌 기업들로 도약한 삼성전자, 현대자동차, LG전자 등에 대해 훈수(訓手)를 두기에는 그의 경영실적이 보잘것없기 때문이다. 대기업들이 피나는 경쟁을 거쳐 세계적인 IT기업으로 도약하는 동안 안철수연구소는 여전히 안방기업으로 명맥을 유지하고 있는 것에 대해 자기반성부터 하는 게 자연스럽다.

삼성전자가 90년대 이후 난공불락으로 여겨졌던 소니, 모토로라, 노키아 등을 잇달아 제치는 동안 안철수연구소는 왜 구글을 따라잡지 못했는가? 대기업이 횡포를 부리면 '더러운' 한국을 떠나 해외에서 승부를 걸어볼 생각은 왜 안 했는가? 한국의 중소기업 가운데 해외에서 기술력을 인정받아 글로벌 강소기업으로 도약한 기업들이 적지 않다.

좁은 내수시장에 안주한 채, 대기업들이 횡포를 부린다고 투정만 부린 것은 아닌가? 우물 안 세상에 스스로 갇혀 불만만 토로한 것은 아닌가? 중소기업을 고사시킨다는 삼성전자는 협력업체와의 동반성장을 통해 경쟁력을 키워, 2010년 1350억 달러를 달성한 데 이어 2011년에는 10% 이상 성장한 1500억 달러의 외형을 올릴 것으로 예상되고 있다. 매출의 90%는 해외에서 달성한 것이다. 내수 비중은 고작 10%에 불과하다. 안 교수의 말대로 삼성동물원에 갇힌 중소협력업체들도 삼성전자의 기술 및 경영지원을 받아 해외로 시장을 넓혀가고 있다.

삼성전자가 협력업체를 쥐어짰다면 부품경쟁력이 떨어져 삼성전자의 경쟁력 자체가 약화돼 시장점유율이 하락했을 것이다. 그런데 여전히 한국을 대표하는 글로벌 기업으로 뻗어나가고 있다. 삼성동물원, LG동물원은 폐쇄된 것이 아니다. 국내에서의 상생을 통해 해외 전략기지로 같이 나가는 글로벌 상생을 이루고 있다.

중소기업을 고사시키는 안 교수의 대기업 동물원론은 틀렸다. 피상적이다. 대기업들의 상생 노력에 대해선 알지 못한 수박 겉핥기식의 인식에 불과하다. 나무만 보고 숲은 보지 못하는 셈이다. 그의 발언은 공연히 반대기업 정서만 조장할 뿐이다. 젊은이들의 사고를 오도시킬 수 있는 것이다.

안 교수는 이에 대해 전가의 보도처럼 휘두르는 변명거리를 가지고 있다. 중소기업이 성장하지 못한 것은 대기업과 정부의 책임이 크다는 것이다. 외부 환경이 잘못돼서 그렇게 됐다는 논리다. 그렇다면 삼성, 현대자동차, LG, SK 등은 외부 환경이 비단길 또는 탄탄대로여서 전자, 자동차, 조선, 철강, 화학산업을 세계적인 기업으로 일군 것인가? 지금 한국을 대표하는 대기업들은 미국, 일본, 유럽 등 선진 기업들이 기술이전을 기피하는 것에 대응하며, 혹독한 시련과정을 거쳐 독자적인 기술개발에 성공했다. 전략거점 지역에 대한 생산기지를 확충함으로써 글로벌 생산시스템도 구축했다. 물건을 팔기 위해서라면 중동, 아프리카 등 험지까지도 달려가는 공격적인 마케팅을 벌였다.

그야말로 신산고초(辛酸苦楚)를 겪어가며 기술 자립화를 이루고, 글로벌 시장을 개척해서 성공한 것이다. 이는 우리 국민들에게 뿌듯한 자부심을 준다. 자랑스러운 기업 성공사인 것이다. 결코 폄훼할 대상이 아니다.

이병철 회장, 정주영 회장은 돈과 자원, 기술이 없는 불모지 한국에서 야수적인 기업가정신과 사업보국(事業報國)의 애국심을 바탕으로 한국을 제조업 강국으로 도약시켰다. 안철수식으로 정주영 회장, 이병철 회장이 일찌감치 변신했더라면 지금보다 더욱 존경을 받았을 것이다. 정주영 회장이 현대건설로 막대한 부를 쌓은 후에 은퇴해서 학교나 짓고 장학재단이나 만들었다면 세계 1위의 조선산업, 세계 5위의 자동차산업은 태동조차 못했을 것이다. 범현대그룹과 협력업체에서 일하는 백만 명 이상의 임직원 일자리도 있을 수 없었을 것이다.

이병철 회장도 마찬가지다. 제일제당, 제일모직, 한국비료 등 소위 삼분(三粉)산업으로 부를 축적한 후 장학사업 등으로 여생을 보냈다면 글로벌 최강의 전자메이커인 삼성전자는 탄생하지 못했을 것이다.

현대자동차와 삼성은 밖에서 벌어 안을 살찌우는 애국 기업들이다. 매출액의 80~90% 이상을 해외에서 올리고 있다. 수백억~천억 이상의 달러를 벌어들여 우리나라의 외환보유액을 확충하는 데 일등공신 역할을 톡톡히 하고 있다. 과감한 투자와 채용을 통해 성장과 일자리 창출에 결정적인 기여를 하고 있는 것이다.

안 교수와 이들 한국 경제의 영웅들을 비교하는 것 자체가 무리요, 넌센스다. 그가 명실상부하게 성공한 경영자로 존경받으려면 안철수연구소를 더욱 키워 세계 100대에서 30대로, 더 나아가 10대 소프트웨어 업체로 키웠어야 했다. 간단하게 하나만 비교해 보자. 안철수연구소와 거의 같은 안티바이러스와 보안솔루션을 컴포지션하고 있는 시만텍이라는 미국의 소프트웨어업체가 있다. '노턴'으로 유명한 이 회사는 2009년 기준 전 세계 40개국에 지사를 두고 17,500명 이상의 직원을 채용하고 있으며 한 해 약 62억 달러, 우리 돈으로 약 7조 원의 매출을 올리고 있다. 더 놀라운 것은 포춘 1000대 기업의 약 99%가 시만텍의 솔루션을 사용하고 있다는 사실이다. 안철수연구소는 한국 시장에서 약 65%의 시장점유율을 기록하고 있고, 시만텍은 한국 시장에서 약 5%의 시장점유율을 기록하고 있다. 이를 감안하면 안철수연구소가 한국 시장에서는 대단한 파워를 과시하고 있다고 하지만, 글로벌적인 시각에서 본다면 시만텍에 비해 약 1% 정도의 사세를 가지고 있는 작은 기업일 뿐이다. 소프트웨어 시장에서도 안철수연구소는 국내 시장의 작은 성공에 안주하지 말고 해외로 나갔어야 했다. 국내 대기업들이 그렇게 미우면, 미국, 일본, 유럽 등에서 도전을 했어야 했다.

하지만 그는 일찌감치 젊은 나이에 학자로 변신해 훈수나 두고 있다. 애플 등 골리앗들과 생사를 건 싸움을 벌이고 있는 삼성전자, LG전자 등에 대해 뒷전에서 야유하고 조롱하고 비난하고 있을 뿐이다. 한국의 간판 IT 대기업이 구글의 하청업체로 전락할 것이라며 경고나 하고 있다.

삼성전자 등 대기업을 비하하는 것을 무슨 명예나 특권처럼 인식하고 있다. 그는 중세시대 유교적 신분사회로 치자면 사농공상(士農工商) 중 말단인 공상에서 최상층인 사(士)로 지위가 상승했다. 중인인 의사에서 공상인 벤처기업인을 거쳐 선비 계층인 교수로 옮겨갔기 때문이다. 삼성을 비난하는 게, 혹시 공상은 하찮은 것이라는 유교적 신분차별 의식에서 비롯된 것은 아닌지 궁금하다. 그만큼 그의 대기업관은 편향돼 있다.

한국을 세계 10대 경제강국으로 도약시키는 데 결정적인 역할을 한 삼성전자, 현대자동차, LG전자 등 대기업의 놀라운 성취와 사업보국 경영을 비하(卑下)하는 게 사대부의 특권인 양 착각하고 있는 것은 아닌지 자문해 봐야 할 것이다. 삼성, LG 등 대기업을 약탈자로 매도하는 것은 도가 지나치다.

안 교수는 삼성전자가 소프트웨어 부문의 취약성으로 인해 조만간 구글의 하청업체로 전락할 것이라고 했다. 하지만 안 교수가 걱정하지 않아도 삼성전자는 애플과 구글의 세계 IT 패권 전쟁에서 살아남아 주도권을 차지하기 위한 대응전략을 신속하게 시행하고 있다.

삼성전자는 안 교수의 경고처럼 당장 하청업체로 전락할 허약한 나무가 아니다. 애플과 구글의 대공세 속에서도 흔들리지 않는 것은 반도체, 휴대폰, LCD, 가전 등 IT 제조 기반기술이 워낙 탄탄하기 때문이다. 여기에 2만 명 이상 되는 소프트웨어 인력을 풀가동하면 세계 IT 대전에서 새로운 활로를 모색할 것으로 예상된다. 최지성 삼성전자 부회장도 이 같은 위기론에 대해 "근거가 없다"며 "향후 1~2년 안에 핵심 소프트웨어와 솔루션 사업 역량이 세계 최고 수준으로 성장할 것"이라고 강조했다.

삼성전자가 국내 중소기업의 소프트웨어 인력을 대거 빼앗아 갈 것이라는 비난도 잘못된 것이다. 삼성전자가 애플과 구글의 패권다툼에서 경쟁력을 유지하기 위해 취약한 소프트웨어 부문의 인재 확보에 나서는 것은 비단 삼성만의 일이 아니라 국가적으로도 필요한 일이다.

미국 소프트웨어업체들은 경쟁 업체들의 인재 확보를 위해 무지막지한 방식으로 인수합병을 서슴지 않고 있다. 세계 1등 기업으로 도약하려면 슈퍼급 인재를 영입하는 것은 당연한 일이다. 이를 안 하고, 2류, 3

류 인재를 쓰는 것은 오히려 회사를 망치는 해사(害社)행위다. 빌 게이츠는 "우리 선수들 중에 최고만을 골라 30명만 다른 팀으로 이적시켜 보세요. 그 팀은 또 하나의 마이크로소프트가 될 것입니다"라고 했다. 그만큼 인재의 중요성을 강조한 것이다.

삼성전자는 국내 인력뿐만 아니라 전 세계 고급인력을 적극적으로 유치하고 있다. 국내 중소기업의 인력을 빼앗아 갈 것이라는 걱정은 그야말로 기우(杞憂)에 불과하다. 정 의심스럽다면 삼성전자 기흥연구소에 가보라. 얼굴과 피부색이 다른 수백 명의 외국인들이 연구개발(R&D)에 구슬땀을 흘리고 있음을 눈으로 확인할 수 있다. 연구소 구내식당에 인도인들을 위한 별도의 식단을 마련해 음식을 제공하고 있을 정도다. 국내 인재를 초토화시키려 한다는 안 교수의 우려는 우물 안 개구리식의 편협한 생각이다.

그는 어설픈 훈계나 야유를 접어야 한다. 지금이라도 국내 최고 대학˚의 촉망받는 교수답게 융합과학기술 연구에 매진해서 학계를 흥분시키는 연구실적을 올리는 게 바람직하다. 학자로 승부를 걸기로 한 이상 획기적인 연구 성과물을 내서 서울대를 이공계 분야 세계 대학랭킹에서 10위권, 20위권으로 올리는 게 진정으로 애국하는 길이다. 연구실의 불을 밝혀야 할 유능한 과학자가 어떻게 그 많은 외부 강연과 정치 행사 등에 몰려다니며 시간을 낭비하는지 모르겠다. 연구실에서 보내기보다는 정치권과 언론계, 사회 각계를 찾아다니며 얼굴 팔기 바빴던 황우석 교수의 전철을 밟으려는 것은 아닌지 걱정스럽다. 정치과학자의 말로가 좋지 않다는 것은 안 교수 자신이 잘 알 것이다. 서울시장 출마와 불출마를 오락가락하면서 학자로서의 소신이나 태도를 잃어버린 것은 아닌지 우려된다.

그는 2012년 대선과 관련, 박근혜 전 한나라당 대표와 지지율 1위를 다툴 정도로 거물 정치인으로 성장했다. 하지만 그의 본분은 정치인보다는 학자가 더 맞다. 레오나르도 다 빈치형 지식인이어야 한다. 다빈치는 정치와 절연한 채 세속적인 권력이나 물질적 이득을 포기하고 미의 탐구에만 몰두했다. 그래서 그는 근대 지식인의 전형으로 평가받고 있다. 반면 미켈란젤로는 다 빈치가 플로렌스의 국가 운명에 무관심하다며 비판했다. 미켈란젤로의 유형에는 폴리페서들이 대표적이다. 안 교수가 강남좌파적인 행태를 보이는 조국 등 폴리페서의 전철을 밟는 것은 대학은 물론, 국가적으로도 불행한 일이다.

　2012년 총선과 대선을 향한 큰 꿈을 꿀 때가 아니다. 주변에서 활개치는 아첨꾼이나 측근들의 달콤한 유혹에 넘어가는 것은 바람직하지 않다. 주변의 충동질을 이겨낼 의지와 학자적 양심이 필요하다. 오지랖 넓게 전국을 순회하며 강연과 인터뷰 등으로 시간을 허비할 게 아니다. 이런 식의 외부 지향적인 정치적 행보를 보이면 국민들은 조만간 그 실체가 허상이라는 것을 알게 될 것이다.

　기업인은 남 탓을 할 수 없다. 투자와 고용, 배당 등 실적으로 말할 뿐이다. 안 교수는 일시적인 벤처경영을 한 것을 무슨 엄청난 벼슬을 한 것처럼 착각해서는 안 된다. 자신이 모든 것을 아는 것처럼 행동하면서 성공한 기업과 기업인들에게 이러쿵저러쿵 훈수나 두고 조롱하는 것은 공허한 말장난일 뿐이다. 말만 잘하고 겉만 번지르르한 껍데기들의 무리에 포함돼서는 안 된다. 안철수의 우상화를 접어야 하는 이유가 여기에 있다. 우리 사회는 땀과 피를 흘리며 성실하게 일하는 사람과 경제성장과 일자리 창출에 기여하는 기업과 그 기업인에게 따뜻한 관심과 애정을 보여야 한다.

우리 기업과 기업인에 대한 비하는 경제 성장의 동력인 기업가정신마저 훼손하는 것이다. 삼성, 현대자동차, LG, SK 등 대기업들은 선진 기업들과의 혹독한 경쟁을 통해 성장하면서 중소기업에 '흙탕물'을 튀기기도 했다. 납품단가 인하 등과 관련해 중소기업들의 불만이 제기되고 있는 것이 대표적이다. 정경유착, 비자금 스캔들, 오너 2~3세에 대한 편법 상속 문제 등도 반대기업, 반기업인 정서를 조장했음을 부인할 수 없다. 이 것들은 투명한 지배구조를 통해서 개선돼야 할 것이다.

안 교수 논법은 대기업들이 흙탕물을 튀긴 것에 대해서만 집중하고 있다. 창업 세대인 이병철, 정주영 회장을 넘어 현재의 재계를 이끌어가는 이건희 삼성 회장, 정몽구 현대자동차 회장, 구본무 LG 회장, 최태원 SK 회장 등 기업 총수들의 고독한 결단, 숱한 고난과 역경, 성취에 대해서는 긍정적인 평가를 하지 않고 있다.

이건희 회장이 93년대 독일 프랑크푸르트 선언을 통해 "마누라와 자식만 빼고 다 바꾸자"며 대대적인 경영혁신을 전개한 것의 의미를 알고 있는가? 미국 가전매장의 구석에 처박혀 있던 삼성전자 제품을 보고 등에 식은땀을 흘렸던 이 회장이 사운을 걸고 신경영 드라이브를 건 것의 진정한 뜻을 알고 있는가? 반도체 회로기판을 기존 도시바식의 트렌치 방식으로 할 것이냐, 독자적인 스택방식으로 할 것이냐를 놓고 경영진 간에 이견이 엇갈릴 때, 스택방식을 채택한 그의 고독한 결단을 평가할 수 있는가? 구미 휴대폰 공장에서 불량 휴대폰 수십만 대를 모아놓고 화형식을 가진 것의 고통을 알고 있는가?

구본무 LG 회장도 LG화학의 2차전지 사업을 시작할 때 통 큰 결단을 내려야 했다. 사업 초기 기술 개발의 속도가 더디고, 대량생산에 대한 전망도 불투명했다. 하지만 구 회장은 오너 특유의 강력한 리더십으로 2차전지 개발을 밀어붙였다. LG가 미국 GM에 2차전지를 공급하는 등 이 분야에서 선두주자가 된 것은 미래 유망사업에 대한 오너의 지속적인 관심과 의지가 있었기에 가능했다.

이건희 회장, 구본무 회장은 역경이 불어 닥칠 때마다 외부 환경을 탓하지 않았다. 안 교수는 이와는 달리 남 탓, 외부 환경 타령만 하고 있어 볼썽사납다. 안 교수의 그런 불평불만은 혹시 애국심에 호소해서 안철수연구소의 국내 시장점유율을 높이려는 고도의 상업적 전술은 아닌가? 이래서야 우리 중소기업들에 무슨 희망을 주겠는가? 또 자라나는 청년들에게 무슨 창업정신과 기업가정신을 북돋워주겠는가?

사실 삼성, 현대자동차, LG도 중소기업에서 출발했다. 이들 대기업들은 비좁은 내수시장에 안주하지 않고 해외에서 승부를 걸어 글로벌 기업으로 도약했다.

안 교수는 벤처기업을 경영하는 동안 마냥 대기업의 횡포만 비난했지, 정작 해외에서 승부를 걸어보는 용기와 결단, 리더십을 갖지 못했다. 학자로 변신한 지금도 입만 열면 대기업 횡포로 중소기업이 죽는다고 불평만 늘어놓고 있다.

안 교수를 지나치게 미화하고 떠받드는 풍토는 개선돼야 한다. 그를 영웅시하는 것은 우리 사회에 독(毒)이 될 수 있다. 외부 탓을 하고, 성공한 대기업들을 비하하는 것이 지속된다면 기업인들의 창업정신, 도전정신, 희생과 헌신, 사업보국의 에너지는 점차 약화될 것이다.

안 교수가 지금처럼 행보를 보인다면 '우리시대의 일그러진 영웅'으로 전락할 수도 있다. 그에게는 벌써 NATO(No Action, Talk only)의 대표주자 중 한 명이라는 말이 나돌고 있다. 행동과 실적은 없고, 말만 번지르르하다는 비난이다.

어느 네티즌은 "안철수가 한 일은 의사로서, 백신 개발자로서 일정 부분 성공했지만 그 외엔 그냥 말장사 하는 사람이다"라고 지적했다. 온실에서 자란 화초 같은 사람, 입으로만 지상낙원을 건설하는 사람, 시골의사(박경철 씨 지칭)와 함께 대한민국이 만들어낸 과대평가된 사람, 남의 밥상에만 기웃거리는 사람이라는 등의 비판도 적지 않다.

안 교수가 말만 잘하는 사람으로 평가절하 된다면 불행한 일이다. 국민들은 그가 대학에서 제자들과 함께 밤샘하며 과학과 기술의 융합연구에 몰두하는 모습을 원하고 있다. 그는 《내 인생의 결정적 순간》, 《행복바이러스 안철수》, 《내 인생의 터닝포인트》, 《CEO 안철수, 지금 우리에게 필요한 것은》, 《CEO 안철수 영혼이 있는 승부》 등의 책을 잇달아 출간했다. 젊은이들의 우상답게 모두 베스트셀러가 됐다.

국민들은 책 제목처럼 그가 지금 같은 결정적인 순간에 대학의 연구소에서 영혼을 걸고 승부를 했으면 하고 바라고 있다. 과대포장된 안철수, 정치 행보와 외부 강연에 시간 허비하는 안철수, 대기업을 조롱하는 안철수로는 미래가 없다. 국민들은 안 교수가 연구실로 돌아가 세계적인 연구 성과를 발표하길 기대하고 있다. 훗날 노벨상의 유력한 후보자로 언급되는 날이 온다면 국민적 존경을 한 몸에 받을 것이다. 그런 날이 왔으면 좋겠다.

02
삼성, LG 까는 안철수, 김택진을 보라

  평생 먹을 욕을 한번에 먹었다. 실컷 얻어맞았다. 인식공격이 난무하고 모욕적인 악플도 폭포수처럼 쏟아졌다. 안철수 서울대 교수를 비판하는 칼럼《안철수는 삼성, LG를 비난할 자격이 있는가》을 2011년 8월 19일 《데일리안》에 게재한 후 네티즌들의 반응은 뜨거웠다. 안 교수를 한국 경제의 희망으로 보는 네티즌들은 참을 수 없는 분노를 느낀 듯 섬뜩한 말과 저주를 담은 댓글을 달았다. 반면 성공한 경영자로 미화된 채, 훈수만 두는 안 교수의 실체를 잘 짚어줬다는 댓글도 적지 않았다.

  안 교수에 대한 칼럼을 통해 기자는 젊고 깨끗한 이미지를 바탕으로 모범답안만 말하는 안철수가 우리 시대의 샐러리맨들과 젊은이들의 우상이자 아이콘으로 부상했음을 새삼 실감했다. 그에 대한 폭발적 관심은 기자의 글이 게재된 후 이틀 만에 페이지뷰가 수백만에 달한 데서 잘 드러났다. 그가 서울시장 출마를 고민하고 있다고 한 이후 지지율이 50%까지 치솟아 유력한 대권주자로까지 부상한 것을 보면 그에 대한 국민적인 여망을 실감할 수 있다.

댓글도 1,200개 이상 주렁주렁 달렸다. 하나의 댓글에만 2,904개의 추천 글과 324개의 비추천 글이 올라오는 진풍경을 보여줬다. 네티즌들은 이것으로도 모자라 기자 개인 메일로도 300여 건을 보냈다. 기자가 24년간 소위 '먹물' 생활을 한 후 독자로부터 이렇게 많은 관심을 받아보기는 처음이었다. 비방하는 것이건, 공감하는 것이건 기자에겐 과분한 영광일 뿐이다. 물론 대다수가 협박성 악플이긴 해서 서운하긴 했다. 그래서 기자는 '욕을 많이 먹으면 오래 산다'는 속설까지 믿고 싶을 지경이다.

네티즌들의 반응을 살펴보면, 왜 삐딱하게 글을 쓰느냐, 기사가 수준 이하다, 네이버에서 기사 페이지뷰 늘리려고 말장난하는 것 아니냐, 기자는 안철수를 비난할 자격이 있느냐가 주류를 이뤘다. 한 네티즌은 "이건 신성모독이다. 저주받을 것"이라고 극단적인 감정을 표출하기도 했다. "개 풀 뜯어먹는 소리 한다"는 댓글도 눈에 띄었다. 웃음이 절로 나왔다.

또 안 교수가 재벌과 대기업의 납품단가 후려치기, 중기영역 침범, 일방적인 계약파기 등의 문제점을 지적하는 등 학자로서 소신을 피력한 것이 뭐가 잘못됐느냐는 불만도 적지 않았다. 한 네티즌은 "검게 얼룩진 대기업의 성장과 달리 안철수연구소는 건전하게 성장한 회사"라고 옹호했다. 다른 네티즌은 "(안 교수는) 정직하게 남을 배려하며 성공한 사람인데, 과학도로서 분노를 참지 못하겠다"며 뿔난 심경을 토로했다. 청렴한 기업인, 철저한 원칙주의자, 성공한 벤처기업인인 안 교수를 비판하는 것은 '지능형 안티'라는 네티즌도 있었다.

안 교수를 감싸는 네티즌들은 그를 영웅으로 자리매김하려 했다. 2012

년 총선, 대선과 관련해 정치적으로 큰일을 해야 할 인물이라는 시각도 많았다. "대통령직을 잘 수행할 것 같다", "컴퓨터 바이러스를 퇴치하는 백신을 개발한 것처럼 정치권의 러브콜로 정치권 백신을 개발할 것이며, 젊고 순수한 대통령을 겪어보게 될 것"이라며 대권주자로서 안 교수를 바라보는 글도 눈길을 끌었다. 네티즌들은 그가 9월 초 잠깐의 정치 행보를 보이자 더욱 열광했다. 그동안 한 번도 대세론이 흔들린 적 없던 박근혜 전 한나라당 대표마저도 가장 두려워하는 대권주자가 됐다. 일부 네티즌들은 안 교수가 조선시대 최고 성군인 세종대왕, 참여정부 노무현 전 대통령에 비견되는 큰 인물이라고 극찬하는 댓글도 달았다.

반면 안 교수의 한계와 과대포장된 우상화의 실체를 지적하는 글도 많았다. 공감하는 내용이 상당히 많았으며, 새로운 세계를 볼 수 있는 눈이 생겼다는 시각도 있었다. 한 네티즌은 "꼭 하고 싶었던 이야기"라며 "안 교수의 마음이 바뀌었으면 하는 바람이다"라고 메일을 보내왔다.

서울의 한 대학교수는 기업가정신의 대표주자로 안철수를 치켜세우고 성공한 최고경영자로 그를 미화하는 것은 매우 부적절하다고 강조했다. 그에 따르면, 과거 안 교수는 와튼스쿨에 유학 가기 전부터 회사를 비우는 등 경영자로서 부적합한 처신을 했다고 한다. 당시 '안철수연구소에는 철수가 빠져 있다'는 농담도 제기됐다고 뼈 있는 말도 했다.

한 네티즌은 "저절로 팔린 백신 외에 안철수연구소가 이룬 것은 무엇인가"라며 기업가정신의 대표로 안 교수가 각광받는 것에 대해 강한 거부감을 표시했다. 독일과 스위스에서 9년째 머물고 있다는 한 네티즌은 안 교수의 '빅팬'이지만 그가 비난하는 삼성, 현대자동차, LG도 국가 경제에 꼭 필요한 기업들이라고 강조했다. 그는 이 글을 계기로 안 교수를 다시 보게 됐다고 알려왔다. 또 다른 네티즌은 "대책 없는 안철수는 선동가"라며 "잡다스런 성공을 동경하는 젊은 층을 상대로 현실을 무시하고, 책임지지 못할 모순적 선동만 남발하는 부류의 전형"이라고 깎아내렸다.

벤처기업인도 안 교수 비판에 가세했다. 안 교수와 같은 벤처 1세대인 김택진 엔씨소프트 회장은 안 교수를 염두에 둔 듯 중소기업의 어려움을 대기업 탓으로 돌리는 시각에 대해 쓴소리를 했다. 김 대표는 모 신문과의 인터뷰를 통해 "대기업들이 벤처기업의 싹을 밟고 있다고 비난하는 사람들은 엄청 밉다. 입만 살았다"고 말했다.

김 대표야말로 벤처붐부터 지금까지 최고경영자로 활동하고 있는 진정한 벤처기업인이다. 사업을 중도에 접고 학자로 변신해 대기업을 조롱하는 안 교수와는 다르다. 김 사장이 경영하는 엔씨소프트의 시가총액은 7조 6400억 원. 서울 본사를 비롯해 일본 도쿄, 미국 시애틀, 대만 타이베이, 영국 브라이튼, 태국 방콕 등 세계 주요 지역에 해외법인을 두고 글로벌 경영을 하고 있다. 종업원도 3,600여 명에 달한다. 벤처기업인들이 해외시장에 도전할 생각은 안 하고 내수시장에서 명맥만 유지하는 것과는 경영 스케일이 다르다. 김 사장은 그만큼 기업가정신이 왕성하다.

다른 벤처기업가들은 벤처붐 시절 들어오는 돈을 주체하지 못해 룸살롱 등에서 흥청망청 술판 벌이다가 무더기로 도태됐다. 김 사장은 예술적 경지에 오를 정도의 혼신의 힘을 다한 경영으로 엔씨소프트를 유망한 중견기업으로 키웠다. 그의 보유 주식도 2조 원대에 달한다. 상위 재벌 총수 못지않은 거부가 됐다. 그야말로 맨손과 열정으로 성공한 경영인이다.

김 대표는 "대부분 스티브 잡스와 애플을 이야기하며 삼성을 까는데,

거기엔 여러 감정이 뭉쳐져 있기 때문"이라며 "인정할 것은 인정해야 한다. 삼성, 얼마나 훌륭하냐. 다들 애플 앞에서 쓰러져갈 때 그나마 고개 들고 버티고 있는 게 삼성밖에 더 있나. 그런 나라가 어디 있나"라고 질타했다. "세계 1위 휴대전화업체였던 핀란드 노키아가 어떻게 사라져가고 있는지 모르는가. 삼성이나 LG, 얼마나 멋진 기업인가. 이 삭막한 글로벌 경쟁사회에서 살아남아 있는 우리나라 기업을 왜 욕하나" 하고 그는 일갈했다.

그의 질타는 상당 부분 안 교수를 겨냥한 것으로 보인다. 안 교수는 그동안 각종 강연과 언론기고 등을 통해 삼성동물원, LG동물원, SK동물원 등을 거론하며 대기업들을 비난해 왔기 때문이다. 삼성, LG, SK 등이 중소협력업체의 기술을 빼앗아가고, 납품단가를 후려쳐 존립 기반을 황폐화시킨다고 주장해 온 것이다.

안 교수는 애플은 열린 생태계를 지향하는 상생경영을 하고 있다며, 국내 대기업들이 벤치마킹해야 한다고 주장해 왔다. 김택진 대표가 삼성, LG, SK를 비난하고, 애플과 스티브 잡스를 추켜세우는 것에 대해 "엄청 밉다"고 원색적인 반응을 보인 것은 당연하다.

김 사장의 혼을 담은 경영을 고려하면 안 교수가 벤처기업인에서 학자로 변신해 대기업을 비난하는 것은 생사를 건 진지함도 없는 데다, 경영적 혼도 미흡하다는 것을 자인하는 셈이다. 김 대표의 비판처럼 대기업에 대해 흠만 잡는 병폐는 사라져야 한다. 안 교수가 지적하는 소프트웨어산업의 취약성은 대기업의 횡포 때문만은 아니다. 정부, 대기업, 중소기업 모두의 문제로 봐야 한다. 같이 풀어가야 할 과제다. 지식경제부가 삼성, LG와 공동으로 클라우드 컴퓨터용 OS 개발에 착수한 것은 긍정적인 출발이다. 하지만 다급한 쪽은 삼성전자와 LG전자다. 정부가 나서기 전에 생존을 위해서라도 소프트웨어 부문 경쟁력 강화 방안 마련에 사력을 다하고 있다.

안 교수에 대한 비판적 칼럼은 우리 사회에 잔뜩 끼어 있는 거품을 제거해 보자는 취지에서 비롯됐다. 그가 성공한 벤처기업인인 것은 분명하다. 하지만 치열한 경쟁 환경에서 승부를 걸어볼 생각은 안 하고, 학자로 변신해 대책 없는 정답만 늘어놓고 대기업을 비난하는 것에 대해서는 그 실체를 지적해 줘야 한다. 국민들이 미화된 안철수, 과대포장된 안철수, 상징조작된 안철수에 대해 열광할 때, 언론은 그의 실체와 한계를 짚어줄 의무가 있다. 한쪽만 보지 말고 다른 쪽도 보게 하는 것은 언론의 고유한 사명이다.

그가 차기 대선의 유력한 대권주자로 부상한 상황에서 안철수 열풍의 이면을 진단하는 것은 아무리 강조해도 지나치지 않다. 안 교수라면 무조건 옹호하며 신뢰감을 보내고, 그를 비판하면 온갖 욕설과 인신공격을 하는 '안빠'들이 전국 곳곳에 넘쳐나고 있다. '안빠'들이 '안 교주(敎主)'를 비판하면 떼거지로 몰려 악플을 다는 것은 무척 우려되는 현상이다. 우리 모두는 자기가 보고 싶은 것만 보려는 성향을 갖고 있다. 안빠들이 보고 싶지 않은 것도 보게 하는 게 언론의 사명이다.

그는 현재로선 대선 출마를 고려하지 않고 있다며 한발 빼는 모습을 보이고 있다. 하지만 그는 참모와 측근들, 진보정치인들에 의해 대권주자로 옹립될 가능성이 높다. 서울시장 불출마 선언 후 대학으로 돌아가겠다고 했지만, 그의 말을 액면 그대로 믿는 사람은 별로 없을 것이다.

정치공학적으로 보면 그를 누가 데려가느냐에 따라 2012년 총선과 대선 선거판도에 중요한 변수가 될 수도 있다. 그가 직접 대선 후보로 뛰어든다면 그야말로 대선 판도는 한 치 앞을 내다볼 수 없을 정도로 박

빙의 승부가 불가피해질 것이다.

정권 재창출에 고심하는 보수진영은 '안철수 열풍'에 대해 심각하게 고민해야 한다. 좌파 진보진영의 적장(賊將)이 되어 전국의 선거 표밭을 누비거나, 아니면 직접 후보로 출사표를 던지는 일이 발생하면 여권에 상당한 타격을 줄 것이다.

안철수 열기는 분명 우리 사회의 특징적인 단면을 보여주는 것이다. 대기업들이 글로벌기업으로 성장하는 과정에서 정경유착, 불투명한 지배구조, 편법 상속, 중소기업과의 미흡한 동반성장 등으로 국민들의 반대기업 정서가 강한 것이 사실이다. 안 교수가 대기업의 탐욕을 비난하는 것은 과격하지만, 그래도 많은 국민들은 박수를 보내고 있다. 이는 부인할 수 없는 현실이다. 하지만 계속 대기업에 대한 비난과 야유만 하며 반대기업 정서를 부추기는 것은 온당치 못하다.

그는 분명히 존경받을 만하다. 벤처기업을 창업해서 나름대로 국내에서 선두권의 보안프로그램 업체로 성장시켰고, 백신프로그램을 무료로 나눠줘 기업인의 사회적 책무를 다했다. 학자로 변신해 학문 간 통섭의 새장을 열고 있다. 젊은이들의 일자리 고통에 대해 공감하고, 그들의 처지를 이해하려는 따뜻한 마음도 갖고 있다. 이러한 요인들 때문에 국민들이 그에게 열광하고, 새로운 희망을 발견하려는 것으로 보인다.

그러나 그가 한국의 산업화를 일군 정주영, 이병철 등 창업주와 현재 재계를 이끌어가는 총수들보다도 더욱 존경받는 기업인으로 미화되는 것은 매우 부적절하다. 그의 경영실적을 감안하면 이들 창업주 및 총수들과 같은 반열에 오르는 게 어색하다. 구멍가게 차려서 성공했다고 글로벌 최강자로 성장한 대기업 오너들보다 존경을 받는 것은 어불성설이다.

그는 연구소에서 땀을 흘리며 연구실적을 내는 게 본업이다. 연구소의 불을 밝혀 성과를 내야 한다. 과학자는 말로 하지 않는다. 연구실적으로 보여줘야 한다. 그를 아끼는 많은 국민들은 그가 서울대 융합과학기술대학원에서 혁신적인 연구실적을 내놓았다는 소식을 듣고 싶어 한다.

03
안철수 교수님, 빨리 출사표 내시지요

'안 교수, 내 그럴 줄 알았다.'

2011년 9월 초 안철수 서울대 융합과학기술대학원장이 돌연 서울시장 출마를 심각하게 고심하고 있다고 밝히자, 기자에게 떠오른 생각이었다. 그는 그동안 진보나 보수 등 뚜렷한 정치성향을 드러내지 않고 삼성, LG 등 대기업 비난과 함께 청년실업, 동반성장 문제 등에 대해 모범답안을 내놓아 존경을 받아왔다. 그런 그가 한때나마 서울시장 선거에 나설 의향을 내비쳐 정치권을 요동치게 만들었다.

그는 연구실 불을 밝혀 성과를 내려는 이공계 학자라기보다는 정치인 뺨칠 정도의 언론플레이를 하며 정치권과 국민들에게 충격을 주었다. 안 교수를 주목해 온 정치권의 책사들은 그의 정치적 상품성을 높이 평가하고 정치무대에 등장시킬 준비를 해왔다. 윤여준 씨가 대표적이다. 그동안 한나라당 등 여권 진영의 선거 전략을 짜온 윤 씨는 청춘콘서트를 열어 그를 재목으로 키워왔다. 김종인 전 보사부장관도 청춘콘서트에 참석해 그를 후원했다. 김종인 전 장관이 안 교수에 대해 "나라를 위해 큰일을 해야 할 사람"이라며 추켜세운 것은 이 같은 맥락이다.

안 교수는 2010년 6월 KAIST에서 서울대 융합과학기술대학원 원장으로 자리를 옮겼다. 그런데 옮긴 지 겨우 3개월이 지난 상황에서 시장출마 문제로 정치권을 격동시켰다. 서울대는 그의 불출마 선언으로 일단 한숨 돌렸다.

그는 이제 일거수일투족이 언론의 관심을 받는 유력정치인이 됐다. 서울시장 선거에 출마하지 않는 대신 더 큰 꿈을 향해 달려갈 수 있는 전기를 마련했기 때문이다. 시장 불출마 선언이 '2보 전진을 위한 1보 후퇴'로 보이는 이유가 여기에 있다.

그의 성향은 어떠한가? 그는 보수와 진보의 이분법에 거부감을 보였다. 그것보다는 상식이냐 비상식이냐가 더 중요하다고 소신을 피력했다. 아직 이데올로기에 때 묻지 않은 젊은 학자다운 발언이었다. 하지만 그는 시장 출마를 검토할 때 무소속으로 나가는 방안을 흘리면서 반한나라당, 반보수의 기치를 내걸었다. "한나라당은 역사를 거스르는 정당이며, 서울시장 보궐선거에서 응징해야 할 정당"이라고 낙인찍은 것이다. 진보의 대표주자로 자리매김하려는 정치적 성향을 드러낸 것이다. 지지자들이 젊은 층이고 진보인사들이 많다는 것을 감안하면 반보수 성향을 보이는 것은 어쩔 수 없는 선택으로 보인다.

안 교수는 그동안 '경제대통령' 역할을 해왔다. 한국을 대표하는 대기업인 삼성과 LG를 공격하고 대-중기 상생을 강조하면서 최고의 경제전문가로 명성을 얻었기 때문이다. 이로 인해 우리 경제의 최대 골칫거리인 저성장과 양극화, 대-중기동반성장, 청년실업 문제를 해결할 적임자로 평가받아 왔다.

언론은 삼성전자와 LG전자가 스티브 잡스의 애플에 밀려 주춤거릴 때마다 그의 발언을 듣기 위해 취재 경쟁을 벌였다. 그때마다 삼성동물원, LG동물원의 폐쇄성을 거론하며 협력업체들이 우리에 갇혀 죽어간다고 질타했다. 삼성은 스티브 잡스의 애플식 상생의 생태계 경영을 배워야 한다고 제안했다. 대기업을 약탈자로 비난하는 등 격한 감정도 숨기지 않았다.

하지만 애플의 폐쇄성은 더욱 심하다. 협력업체를 무지막지하게 쥐어짜는 것은 삼성과 LG는 저리 가라고 할 지경이다. 안 교수는 이 점을 모른 채 국내 대기업만 비난했다. 중국의 폭스콘은 애플의 하청업체이다. 폭스콘은 저임금에다 근무 환경마저 최악이어서 매년 자살자가 수십 명씩 발생하고 있다. 이 회사의 영업이익률은 2% 안팎에 불과하다. 애플 본사의 영업이익률이 35%가 넘는 것에 비하면 천지 차이다.

안 교수식의 이분법에 의하면 애플은 정말 악덕 대기업이다. 협력업체를 마구 후려쳐 떼돈을 벌었기 때문이다. 우리나라에선 삼성전자가 영업이익률 10%를 내면 난리다. 협력업체의 고혈을 짜서 이익을 올린 것이라고 비난하는 말들이 많아지기 때문이다.

2009년 삼성전자가 분기 실적발표에서 5조 원의 영업이익을 올렸다고 발표했다. 당시 최시중 방송통신위원장은 삼성전자가 올린 천문학적 영업이익에 대해 일자리를 갖지 못한 젊은이들이 느낄 박탈감을 생각하면 가슴이 아프다고 엉뚱한 발언을 했다. 삼성전자가 엄청난 이익을 내면서 나 홀로 호황을 구가하고 있다는 비아냥조였다. 대기업이 경영을 잘해서 이익을 많이 내고, 투자를 공격적으로 해서 일자리를 창출하면 정부 인사가 격려를 해줘도 시원찮을 판이다. 그런데 대기업이 이익 많이 냈다고 비아냥거리는 게 대한민국 중요 인사의 행태다.

안 교수가 애플을 칭찬하면서 삼성전자를 비난하는 것은 역차별이다. 사대주의적 발상이다. 해외 기업의 횡포는 눈감아주고, 이보다 훨씬 덜한 삼성과 LG는 비난의 대상이 되고 있기 때문이다. 그동안 삼성과 LG, SK그룹 등 대기업들을 지나치리만큼 매도하고 중소기업 육성론을 강조한 것이 정치권 진입과 '큰일'을 도모하기 위한 밑밥 뿌리기는 아니었는지 의구심이 들기도 한다.

안 교수는 시장 출마를 저울질할 당시 세상을 변화시키겠다는 고상한 목표를 내걸었다. 국회의원은 혼자서 할 수 있는 게 한계가 있지만, 서울시장은 천만 명의 시민을 위해 여러 가지를 바꿀 수 있는 행정수단을 갖고 있다고 했다. 기업 경험을 바탕으로 행정은 해볼 만하다는 게 그의 판단이었다.

그는 국민들에게 강렬한 메시지를 던졌다. 언론과의 인터뷰 때마다 "세상을 바꾸는 과정에서 어떤 역할이든 하겠다. 사회 변화에 일조하고 싶다"고 강조했다. 영웅이 되고 싶다는 뉘앙스도 풍겼다. 세상이 바뀌어가는 과정에서 가장 앞에 있는 사람이 되겠다고 했다. "세상에 흔적을 남기고 싶다"는 그는 우리 사회를 변혁시키는 데 앞장서는 영웅으로 자신의 모습을 그리고 있다.

그는 중소기업은 선이고 대기업은 악이란 이분법적 시각으로, 대기업을 부도덕하고 횡포를 부리는 집단으로 매도했다. 일자리가 없어 불만이 가득한 젊은 층과 소득에 비해 과외비 및 집값 등으로 힘겹게 살아가는 중산층들은 그의 발언에 열광했다. 혼탁하고 부패한 우리나라 정치, 경제, 사회의 앙시앙레짐(구체제)을 갈아엎을 지도자, 희망의 아이콘으로 부상한 것이다. 안 교수에게 기대를 걸고 있는 사람들은 그에 대해, 정치판에 뛰어들면 선진화된 정치, 정의로운 경제, 깨끗한 사회를 만들 수 있는 '뉴리더'가 되리라 기대하고 있는 듯하다.

안 교수를 무조건 믿고 따르고, 그의 말 한마디 한마디에 열광하는 '안빠'들도 넘쳐나고 있다. 광팬들은 그를 차기 대통령으로 추대하자고 난리다. 신으로 떠받드는 사람들도 있다. 그의 허상과 거품인기를 비판했던 기자의 글에 수천 명의 네티즌들이 악플과 이메일로 공격해 온 것은 안 교수의 대중적 인기를 반영하는 것이다.

그가, 피아(彼我) 구분이 살벌하고 욕망과 욕망, 이념과 이념이 대충돌하는 현실정치에 발을 담그려는 이유는 무엇인가? 측근들은 그가 여도 야도 아닌 새로운 스타일의 정치를 통해 자신의 비전을 실현하고 싶어 한다고 강조했다.

안 교수는 성공한 벤처기업인 경력에다 젊고 참신하고 깨끗한 이미지를 갖고 있다. 이는 온갖 결함투성이인 기존 정치인과 다른 안 교수만의 최대 강점이다. 그가 정치권에 출사표(出師表)를 던진다면 여야를 막론하고 정치권의 지형을 크게 뒤흔들 수 있다. 새로운 정치를 실현하고 싶다는 그의 의지는 여야 간 죽기 살기 식 이전투구에 빠져 있는 정치권을 뒤엎어보자는 것으로 보이기 때문이다.

그의 정치 및 행정, 경제개혁론은 불황과 일자리 부진으로 청년 실업자가 급증하고, 가계 빚의 급증으로 중산층이 무너지고 있는 상황에서 강력한 흡인력을 발휘하고 있다. 어렵게 직장을 구한 88만 원 세대에게도 더 나은 미래를 가져다줄 수 있는 희망의 리더로 비치고 있다. 벤처기업 경영과 이공계 대학교수를 통해 쌓은 경험을 바탕으로 경세제민(經世濟民)의 포부를 펼친다면 그의 정치력은 무한히 신장될 수 있다.

그의 정치적 행보는 인터넷상에서 격렬한 논란을 낳았다. 긍정적인 시각으론 정치권을 개혁하는 강력한 리더가 될 것이라는 점이 강조된다. 정치판을 물갈이하고, 무능, 부패, 무기력한 정치인들을 설거지할 수 있는 명품 정치인의 탄생이라며 반기는 시각이 적지 않다.

하지만 부정적인 시각이 더 많았다. '까마귀 싸우는 곳에 백로야 가지 마라', '송충이는 솔잎을 먹어야 한다'는 비유가 가장 적절한 듯싶다. 한국 경제와 기업에 대한 쓴소리를 하는 좋은 사람을 또 하나 잃게 됐다는 탄식조의 반응도 있다. 공천을 위해 영혼을 팔고, 국익을 외면하고, 당리당략에 따라야 하고, 거수기 노릇해야 하는 이전투구식 정치판에 왜 발을 들이려 하는지 걱정된다는 목소리도 많다. 그가 정치력과 행정 능력을 보여준 경험도 없고, 오직 거품 많은 명성만 쌓아온 점을 지적하는 사람도 많다.

대부분의 네티즌들은 진흙탕에 뛰어들지 말고, 학자로서 후학 양성에 힘쓰고, 한국 경제의 문제점을 지적하는 선비와 훈수꾼으로 남아줄 것을 바라고 있다. 그동안 참신한 이미지로 정치판에 도전장을 내밀었다가 3류 정치인으로 전락한 독야청정(獨也靑靑) 학자들의 전철을 밟지 말라는 경고도 눈길을 끈다.

요컨대 정치권에 기웃거리지 말고, 학자로서 꽃을 피우라는 게 상당수 네티즌들의 요구다. 얄팍한 진보 장사로 언론의 관심을 끌고 있는 시골의사 박경철, 개그맨 김제동과 어울려 학자의 본분을 잃어선 안 된다는 것이다. 한 네티즌은 "요즘 안 교수가 사탄의 유혹을 받는 것 같다. 사탄은 천사를 가장한 의로운 천사의 모습으로 다가온다는 점을 명심해야 한다"고 일침을 가했다.

그는 국민들의 이 같은 양분된 시각에 대해 고민하고 있는 듯하다. 하지만 그가 앞으로 무슨 행보를 보이든지 그는 이미 대중 정치인이 돼 버렸다. 언론과의 인터뷰도 수시로 하면서 자신을 변호하고 정치적 성향을 드러내고 있다.

그의 부인 김미경 씨가 한 언론과의 인터뷰에서 한 말이 새롭게 기억난다. 안 교수가 한눈팔지 않고 초기의 연구를 지속했다면 아마 노벨상을 받았을지도 모른다고 말한 것이다. 부인의 말이 사실이라면 그의 잇단 변신들은 참으로 안타까운 행보가 아닐 수 없다. 진득하게 한 우물을 팠더라면 한국 과학을 발전시켜 그 명성을 세계에 떨칠 수 있는 호기를 맞이할 수도 있었기 때문이다.

그는 대안 없이 대기업을 비난한다는 지적에 대해 비열한 논리라며 반박하고 있다. 삼성, LG에 대한 비판은 떳떳하다는 소신을 피력한 셈이다. 대기업을 나무라는 게 무엇이 잘못됐냐는 논리이다.

그는 안철수연구소를 경영하다가 힘들어 그만뒀다는 점에서 성공한 최고경영자라는 젊은 층의 평가는 상당 부분 미화된 것이다. 언론에 의한 우상화의 측면이 적지 않게 내포돼 있기 때문이다. 경영자 시절 대기업 납품관계자들과 끈질긴 협상을 벌여 상생할 수 있는 기회를 가졌다면 회사를 더 크게 성장시켰을 것이다. 대기업들과 손잡고 해외시장 진출도 가능했을 것이다. 그가 비난하는 삼성과 공동으로 미국 등 선진국의 소프트웨어 시장을 개척했더라면 글로벌 기업으로 도약할 수도 있었을 것이다.

하지만 그는 납품협상에서의 싸움이 힘들다는 이유로 일찌감치 경영을 그만두고 학자의 길로 돌아섰다. 이후 그는 대기업들이 중소기업의 납품단가를 후려치고 기술을 빼앗아 고사시키려 한다고 비난해 왔다. 대기업 비난을 안철수연구소 경영 시절 백신프로그램 납품 등과 관련해 당한 개인적 원한과 연관시켜 해석하는 시각도 있다. 그때 당한 설움을 감정적으로 표출하고 있다는 것이다.

그는 "지식인이라면 손해를 감수하면서라도 비판을 해야 한다"고 했다. 이어 국민들의 세금으로 월급 받는 공무원과 정치인들이 대안을 마련하면 된다고 강조했다. 그동안 학자로서 대안 없이 비판만 했으니, 이젠 정치권에 뛰어들어 대안을 마련하겠다는 의지를 내비친 것으로도 보인다.

안 교수는 자신의 말대로 세상에 강렬한 흔적을 남기고 싶다면 출마와 불출마를 오락가락하지 말고, 거취를 조속히 표명하는 게 바람직하다. 정치를 통해 세상을 개혁하고 싶다면 정계에 하루 속히 도전장을 던지는 게 좋다. 마음이 서울대 연구소보다는 여의도 의사당이나 북악산으로 향하고 있다면 빨리 결단을 내리는 게 바람직하다.

그는 이미 루비콘 강을 건넌 것 같다. 그렇다면 더 이상 애매한 스탠스를 취하지 말고 대중 정치인으로 변신하는 게 낫다. 선출직 공무원을 통해 국가 경영을 꿈꾼다면 비평가나 해설자를 넘어 직접 플레이어가 돼야 한다. 공적 영역에서 올바른 성공 사례를 보여줘야 한다. 이는 그의 책임윤리에 속한다. 대학교수가 공직이나 집행 경험이 전혀 없이 국가 업무를 성공적으로 처리하고 나라를 발전시킨 사례가 거의 없기 때문이다. 한국은 세계 10위권 경제대국이다. 이런 나라를 진실로 경영하고 싶다면 학자에서 1년 만에 곧바로 선출직 공직자로 변신하는 것은 너무 급박하다.

그가 정치인이나 행정가로 변신하면 실체도 금방 드러날 것이다. 복잡한 이해관계와 갈등으로 점철된 행정이나 정치를 하다보면 현실정치나 행정의 어려움도 알게 될 것이다. 그 과정에서 그에게 씌워진 거품도 자연스레 걷혀질 것이다.

국민들도 그에 대해 혹독한 검증작업을 할 것이다. 정치 역량과 행정

능력이 시험대에 오를 것이다. 이 시험대를 통과하면 큰 꿈도 꿀 수 있는 기반을 마련할 것이다. 그 반대의 경우엔 날개도 없이 추락하는 이카루스의 신세가 될 수 있다. 역시 세상물정 모르는 샌님에 불과했다는 평가를 받을 것이다.

현대 사회학의 창시자인 독일의 막스 베버는 정치란 결과로 책임지는 일이라고 강조했다. 베버는 좋은 정치인의 자질로 열정(熱情)과 책임(責任)의식, 균형(均衡)감각 등 세 가지를 내세웠다. 대의에 헌신하는 열정과 책임의식은 지적 흥미를 느끼는 비창조적 흥분상태와는 다르다고 봤다. 균형감각은 사람과 사물에 대해 거리를 두고 현실을 관조하는 능력을 말한다. 베버는 균형감각을 상실하면 그 자체가 커다란 죄과이며, 정치인을 무능의 길로 오도한다고 설파했다.

베버의 우려처럼 세상을 바꾸겠다는 안 교수의 열정과 책임의식이 단순히 낭만적 흥분상태에서 비롯된 것은 아닌지 깊은 성찰을 해봐야 할 것이다. 그가 얼마나 강한 신념의 불꽃을 갖고 있는지는 모르겠다. 또 정치인에게 요구되는 강인한 권력의지를 갖고 있는지도 불투명하다. 표를 위해서라면 하층민에게도 무릎 꿇을 수 있는 비열함을 갖고 있는지 궁금하다.

그는 세상을 바꾸고 싶다고 강조한 만큼 리더가 되기 위한 열정과 책임의식은 갖고 있는 듯하다. 사회를 앞장서 개혁하겠다는 리더십의 욕망도 꿈틀거리고 있다. 젊은이들은 그의 이 같은 열정과 책임의식에 열광하고 있다. 옛 성인은 명분이 바르지 않으면 말이 따라주지 아니한다고 했다. 명부정칙언불순(名不正則言不順). 안 교수가 그의 말대로 세상을 바꾸고 싶다는 명분이 바르다면 그가 하는 언사들도 거기에 따라줄 것이다. 명분이 거창해도 말이 실질을 담고 있지 않다면 실체가 금방 드러날 것이다.

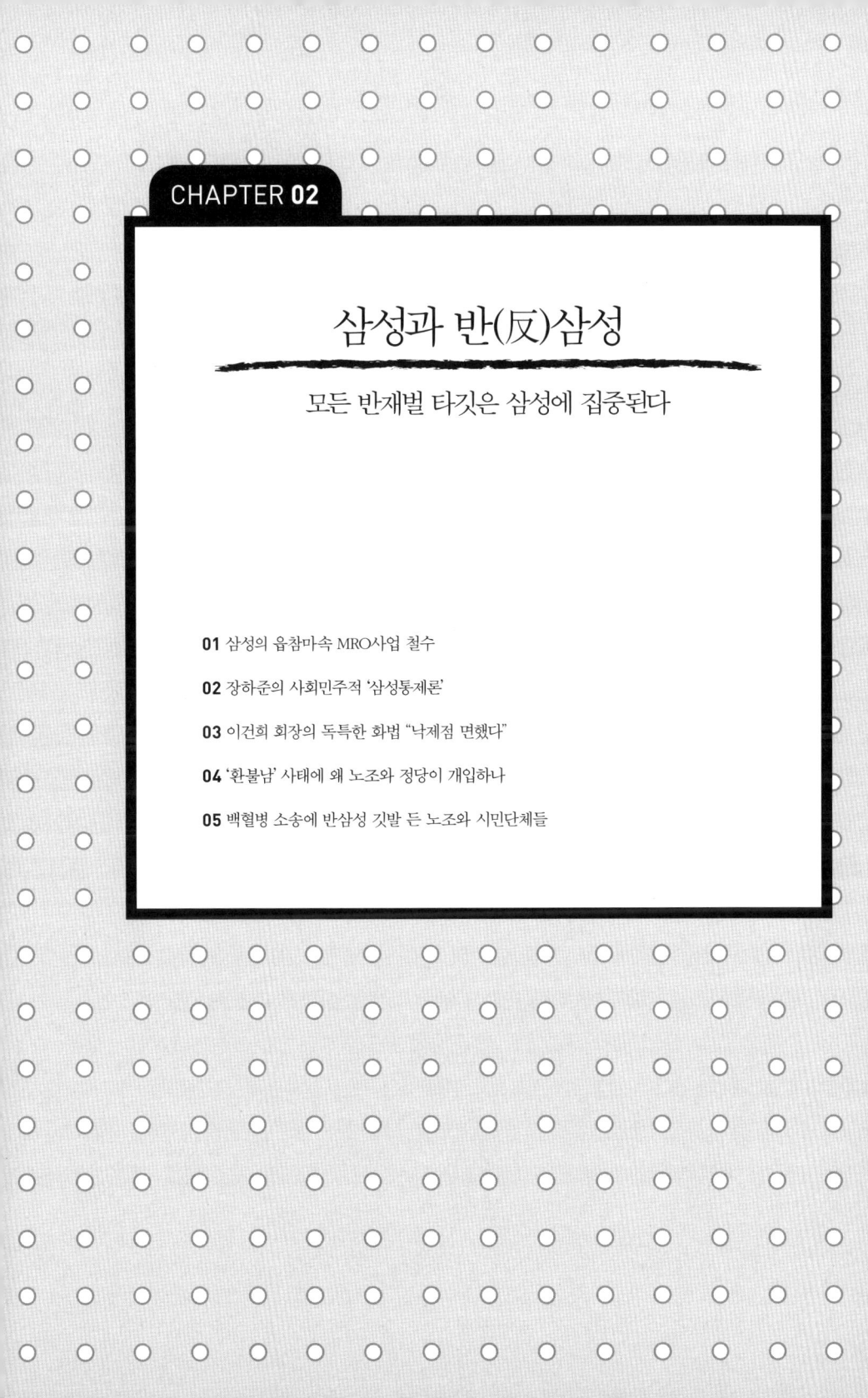

CHAPTER 02

삼성과 반(反)삼성

모든 반재벌 타깃은 삼성에 집중된다

01
삼성의 읍참마속 MRO사업 철수

삼성그룹이 숱한 논란을 빚어온 소모성 자재납품사업(MRO)을 매각하기로 했다. 삼성은 재벌에 대한 비판이 최고조에 이르렀던 2011년 8월 초 마침내 MRO사업을 하고 있는 아이마켓코리아의 계열사 지분을 전량 매각하는 통 큰 결단을 내렸다.

2010년 1조 5492억 원의 매출을 올린 아이마켓코리아는 삼성전자, 삼성물산, 삼성전기 등 9개 계열사가 58.7%의 지분을 보유하고 있다. 삼성이 MRO 자회사를 매각할 경우 경영권 프리미엄을 감안하면 매각대금은 6000억 원 이상 될 것으로 추산된다.

청와대, 정부, 정치권이 강하게 압박하고 있는 중소기업과의 상생, 동반성장, 공생발전을 촉진하려는 결단이다. MRO사업은 그룹 계열사들의 비용절감과 효율성을 높이는 데 필수적인 사업이다. 하지만 재벌이 중소기업들의 밥그릇까지 빼앗아가는 게 말이 되느냐는 비이성적 포퓰리즘 광풍에 삼성이 대승적 결단을 내린 것이다. 삼성으로선 MRO사업이

읍참마속(泣斬馬謖)에 해당했다.

삼성의 MRO사업 포기는 앞으로 다른 재벌들에게도 큰 영향을 줄 전망이다. MRO사업을 벌이고 있는 LG와 코오롱, 한화 등도 MRO사업을 그룹 계열사 및 1차 협력사로 국한하는 등 대책 마련을 서둘렀다. SK는 MRO 계열사를 아예 사회적 기업으로 전환키로 했다. 포스코는 MRO사업에서 철수하기는 곤란하다면서 이 사업에서 영업이익을 남기지 않기로 했다.

삼성의 결단은 동반성장과 상생문제로 갈등을 빚어온 정부 및 정치권과 재벌이 모처럼 화해모드로 전환할 수 있는 훈풍으로 작용할 것으로 보인다. 재계 1위 삼성이 상생과 동반성장에 솔선수범함으로써 재계에 대한 비난이 누그러지고, 공생발전도 한 단계 업그레이드될 수 있는 계기를 마련한 것이다.

삼성이 MRO를 매각키로 한 것은 이건희 회장의 결심이 결정적이었다. 이 회장은 7월 초 남아공 더반에서 열린 국제올림픽위원회(IOC) 총회에서 평창이 2018년 동계올림픽 유치지로 선정되는 데 혼신의 힘을 기울였다. 이 회장은 유치가 성공하자 뜨거운 눈물을 흘리며 국민들과 기쁨을 함께 했다. 이 회장과 삼성은 평창 유치를 위해 정말 열심히 뛰었다. 평창 유치의 사실상 일등공신이었다. 하지만 서울로 귀국한 이 회장은 정치권과 언론의 반재벌 분위기에 깊은 고민을 해야 했고, 동반성장과 상생, 대기업의 사회적 책임이 커다란 이슈가 되는 상황에서 이를 정면 돌파할 수 있는 승부수를 던져야 했다. 그 첫 카드가 MRO사업 포기였다.

이 회장은 정부와 정치권, 중소기업의 반발을 무릅쓰며 MRO사업을 하는 것은 실익이 없다고 봤다. 이를 강행하면 반대기업, 반삼성 정서만 확산시킨다고 본 것이다. 통 큰 결단을 통해 정부 정책에 화답하고, 국민과 중소기업들에게는 삼성이 동반성장에 앞장선다는 것을 가시적으로 보여준 셈이다. 재계와 공동체의 화해를 위해 양보한 것이다.

정부와 정치권은 그동안 재벌들이 감세, 규제 완화와 고환율 등의 혜택을 받아 그들만의 풍요로운 생활을 즐기고 있다고 비난해 왔다. 반면 중소기업과 자영업자, 서민들은 먹고살기 힘들게 됐다며 아우성을 쳤다. 양극화가 심화하면서 재벌에 대한 비난 수위는 점점 높아만 갔다. 정부와 한나라당은 4월 재보선 참패 이후 재벌에 대한 비난의 강도를 높여왔다. 소득 양극화, 중기 경영난, 청년실업 급증 등으로 민심이 여권에 대해 등을 돌렸다고 판단했다.

재벌에 대한 비난은 광풍으로 발전했다. 중소기업의 영역까지 마구 침범하고, 협력업체의 납품단가를 후려치고, 기술까지 빼앗아간다는 비난이 비등했다. 재벌들이 MRO와 시스템통합(SI), 광고대행 등 비상장 계열사들에 대한 일감 몰아주기로 기업 가치를 높여 세금 없이 재산과 경영권을 물려주고 있다는 비난도 반재벌 분위기에 불을 질렀다. 재벌들의 비상장 계열사들은 오너와 자녀들이 지분을 갖고 있는 경우가 많다는 점에서 편법 상속 논란을 가중시켰다.

홍준표 한나라당 대표는 친서민 행보를 하면서 재벌들의 무분별한 중소기업 영역 침범을 막아야 한다고 강조했다. 재벌에 대한 규제를 할 수 있는 근거로 헌법 119조 2항을 제시했다. 헌법 119조 2항은 "국가는 균형 있는 국가경제의 성장 및 안정과 적정한 소득분배를 유지하고, 시장지배와 경제력의 남용을 방지하며, 경제주체 간의 조화를 통한 경제민주화를 위하여, 경제에 관한 규제와 조정을 할 수 있다"고 명시했다. 홍 대표가 이를 강조한 것은 2012년 총선과 대선 때까지는 재벌개혁과 경제민주화가 주된 화두가 될 것임을 예고한 셈이다.

이주영 한나라당 정책위의장과 김성식 의원 등은 세금 없는 부의 상속을 막아야 한다며 일감 몰아주기에 대한 과세 강화를 위한 상법 개정과 재벌개혁을 압박해 왔다. 기획재정부는 마침내 2012년 상속증여세법 개정안을 통해 대기업의 계열사 일감 몰아주기에 대한 과세방안을 내놓았다. 민주당은 한술 더 떠 헌법 119조 2항 특위까지 만들어 재벌에 대한 대대적인 개혁과 규제정책을 도입할 것임을 공언하고 있다.

청와대도 예외가 아니다. 임태희 대통령실장은 재벌들의 계열사 일감 몰아주기와 MRO사업을 통한 부의 상속을 비난하며 "이는 합법을 가장한 지하경제나 다름없다"고 직격탄을 날렸다. 임 실장은 "대기업들이 이런 사업을 하라고 출자총액제한제도를 푼 것은 아니었다"고 강조했다.

재벌에 대한 전방위 압박도 가시화되고 있다. 국세청이 삼성전자에 대한 세무조사에 착수하는 등 재벌들의 납세 관행에 대한 점검에 들어간 것이 대표적이다. 검찰은 SK그룹 최태원 회장 형제의 비자금 수사를 장기간에 걸쳐 진행하면서 압박하고 있다. 공정거래위원회는 에너지, 식음료, 생필품 등에 대한 불공정거래 조사를 강화하고, 과징금을 대대적으로 물려 기업들을 긴장시키고 있다.

지식경제부 최중경 전 장관은 납품단가를 깎는 대기업 임원은 해고하고, 경영진의 연봉이 과도하므로 이를 깎아 청년 고용창출에 필요한 재원으로 써야 한다고 주장했다. 재계에 대한 비난 수위가 높아지고 재벌개혁 문제가 본격 논의되는 상황에서 재벌들의 상생과 동반성장, 사회공헌사업, 나눔 및 기부는 갈수록 늘어나고 있다. 이명박 대통령이 광복절 경축사에서 공생발전과 대기업의 사회적 책임 강화를 촉구한 것도 재계에 많은 영향을 줬다.

재계의 가장 두드러진 행보는 나눔 및 기부문화 확산이었다. 이는 범(凡)현대가가 총대를 멨다. 정몽준 현대중공업 대주주는 본인 재산 2000억 원과 계열사, KCC, 현대백화점 등의 범현대가 대주주들의 출연금 등 총 5000억 원을 사회복지재단에 내놓기로 했다. 현대가의 맏형인 정몽구 현대자동차 회장은 글로비스 주식 5000억 원을 계열 해비치 재단에 기부했다. 이 기부금은 저소득층 자녀의 교육 등에 지원될 예정이다.

최태원 SK 회장은 이와는 달리 사회적 기업 지원에 집중키로 했다. 2013년까지 300억~500억 원을 투자해 30개의 사회적 기업을 육성한다는 방안이다. 이를 통해 저소득층과 취약계층에게 일자리를 제공키로 했다. 단순히 돈을 주기보다는 취약계층에게 생산적 일자리를 제공해 신분 상승의 사다리를 놓아주자는 포석이다. 물고기를 주는 것보다는 물고기 잡는 법을 알려주는 것이 더욱 효율적이라는 게 최 회장의 판단이다.

협력업체와의 동반성장도 행보가 빨라지고 있다. 삼성은 벤처기업의 연구개발자금으로 1000억 원을 지원키로 했다. 현대자동차와 LG도 협력업체에 대한 자금 및 기술 지원을 강화하고 있다. 이 같은 움직임은 사업보국을 넘어 국가와 사회에 대해 나눔과 배려 등의 사회적 책임을 다하려는 것으로 보인다. 이익의 일정 부분을 사회에 환원하려는 따뜻한 시장경제의 정신으로도 볼 수 있다.

반재벌 정서를 깊게 하는 요인은 도처에 널려 있다. 재계가 지속가능한 성장을 이룩하려면 반재벌 요인들을 해소해 가는 게 중요하다. 성장의 과실을 독점하는 승자독식 경제, 중소기업 납품단가 깎기와 기술 빼가기, 골목상권 영역 침범 등은 시장경제의 건전한 발전을 위해서도 개선돼야 한다. 대기업들은 더 큰 시야를 갖고 경영을 해야 한다.

재벌과 오너들이 나눔과 기부, 동반성장, 사회공헌사업을 확대하는 것은 냉혹한 이윤만 추구하는 샤일록 경제를 개선하는 데도 기여할 것이다. 경영 성과를 소외되고 불우한 이웃들에게 일정 부분 나눠주고, 이들의 자조 자립을 돕는 것은 중요하다.

대기업과 중소기업, 자영업자들이 공생, 상생할 수 있는 생태계 조성에 앞장서야 한다. 숲에는 키가 큰 나무만 있는 게 아니다. 바닥의 이끼도 있고, 풀과 키가 작은 나무도 있다. 이들이 한데 어우러져 살아가는게 숲의 생태계이다. 숲에서는 키 큰 나무만 햇빛을 독점하지 않고, 생명수인 빗물도 독식하지 않는다.

대기업들은 숲의 생태계가 보여주는 지혜를 배워야 한다. 약육강식과 정글자본주의로는 대기업과 중소기업의 조화로운 공생은 힘들 수밖에 없다. 지금처럼 우리 사회 저변에 깔려 있는 양극화와 빈부격차 심화, 빈익빈부익부 현상을 방치하면 건강한 공동체의 통합이 어렵다. 대기업들의 지지기반인 경제토대가 흔들리면 지속가능한 성장도 담보할 수 없다.

대기업에 대한 인식도 악화되고 있다. 최근 여론조사기관인 한길리서치 조사에 따르면 우리나라 국민 3명 중 2명은 대기업 개혁이 필요하다고 보고 있다. 중소기업 업종으로의 진입이나, 자영업자를 위협하는 골목상권 진출 등이 재벌에 대한 인식을 나쁘게 만드는 주된 요인으로 꼽혔다. 정부로부터 각종 규제완화와 감세 등의 혜택을 받으면서도 투자와 일자리 창출에 미흡하다는 시각도 강했다.

국민들의 반재벌 정서는 정부와 정치권, 언론의 재벌 때리기가 확산되면서 거기에 편승하는 경향이 강하다. 전후사정을 따져보지 않고 재벌을 무조건 비난하는 시각도 없지 않다. 하지만 투자와 고용의 주체요, 경제 성장의 견인차인 대기업에 대한 국민들의 인식이 나빠지는 것을 방치하는 것은 바람직하지 않다. 재계가 딛고 설 땅이 무너질 수 있기 때문이다.

재계에 대한 무분별한 비난은 지양돼야 한다. 대기업과 오너를 민심 이반 방지 등 정치공학적 셈법으로 매도하는 것은 경제의 성장 활력을 떨어뜨리는 자해(自害) 행위나 다름없다. 글로벌 기업들과 생존을 건 경쟁을 벌이는 한국 대표 대기업들이 신명나게 투자와 고용을 할 수 있도록 경영 환경을 만들어줘야 한다. 한국의 간판기업들을 각종 규제로 옥죄고, 경영진에 대해서도 채찍질만 가한다면 한국 경제의 미래는 암울해질 수밖에 없다.

지금은 대기업들도 깜빡 졸면 도태되는 초경쟁 시대를 맞고 있다. 스티브 잡스의 애플이 아이팟, 아이폰, 아이패드, 아이클라우드 등의 혁신 제품들을 잇따라 내놓아 세계 IT 시장의 최강자로 부상한 것이 대표적이다.

더구나 애플은 전방위 소송전으로 삼성전자를 잔뜩 괴롭히고 있다. 삼성전자가 아이패드의 강력한 대항마가 될 갤럭시탭 10.10을 유럽시장에 내놓자마자 독일과 네덜란드 법원에 판매금지 가처분 소송을 낸 것이 대표적인 사례다. 삼성전자가 소송전에 밀리면 엄청난 타격을 받을 수밖에 없다.

애플이 아이폰으로 세계 휴대폰 시장을 석권하기까지 부동의 세계 1인자였던 핀란드의 노키아가 나락으로 추락한 것을 생각해 보라. 글로벌 대기업들도 순식간에 망할 수 있다는 점을 유념해야 한다.

현대자동차는 일본 도요타의 품질 불량에 따른 리콜 등으로 반사이익을 보면서 2011년 미국 시장점유율 10%를 돌파하는 등 대약진하고 있다. 미국 시장 10%는 마의 시장점유율로 그동안 난공불락의 수치로 여겨졌다. 정몽구 회장이 품질경영에 최우선 순위를 두면서 미국 고객의 반응이 호전된 데다, 2008년 금융위기 이후 미국의 빅3와 도요타 등이 주춤하는 틈을 타 공격적인 마케팅을 벌인 것이 주효했다. 하지만 도요타처럼 품질불량 문제가 터지면 순식간에 현대자동차도 위기를 맞을 수 있다. 그만큼 세계시장은 아슬아슬해지고 있다. 대기업들이 글로벌 경쟁기업과의 경쟁에서 이길 수 있기 위해서는 기술 및 품질혁신, 소프트웨어 부문 경쟁력 강화가 시급하다.

하지만 정부와 정치권 언론, 국민의 지원과 애정도 빼놓을 수 없다. 한국의 자존심을 걸고 해외에서 선진 기업과 경쟁하는 대기업들을 격려해야 한다. 경영을 잘해 영업이익 좀 냈다고 뒷다리를 잡아서는 안 된다. 경영 활동을 위축시키는 각종 규제로 옥죄어서는 더욱 안 된다. 경제올림픽에 나간 삼성전자, LG전자, 현대자동차 등이 이중, 삼중의 규제와 반대기업 정서로 기업 활동이 차질을 빚게 해서는 안 된다.

대기업의 불공정행위, 오너의 투명하지 못한 상속과 증여, 주주와 고객을 배신하는 비자금 조성 등에 대해서는 엄단해야 한다. 정리해고 문제로 온 나라를 뒤흔든 한진중공업 조남호 회장의 행태는 반재벌 정서를 부추겼다. 한진중공업은 부산 조선소의 경쟁력 저하로 수주를 거의 못한 탓에 300여 명의 정리해고를 단행했다. 이에 반발하는 노동계와 좌파 시민단체, 야당은 지속적인 시위와 농성, 단식투쟁 등을 통해 정리해고 철회를 요구해 왔다. 야당과 시민단체, 노동계는 무려 수차례에 걸쳐 부산에 있는 한진중공업 조선소로 몰려가 정리해고 무효 투쟁을 벌였다.

문제는 정리해고가 최대 사회이슈로 부각된 상황에서도 조 회장이 필리핀 현지 조선소에 장기 체류하며 수수방관했다는 점이다. 사안이 워낙 커지면서 정부와 국회로부터 호된 꾸지람을 받았다. 정부의 압박에 귀국한 조 회장은 대국민 사과 기자회견을 가졌지만, 버스 떠난 뒤 손 흔든 것에 불과했다. 그는 국회청문회에도 불려가 문초를 당해야 했다. 조 회장이 긴박한 경영난으로 정리해고가 불가피했다는 점을 정부와 정치권, 국민들에게 해명하고 설득했다면 그렇게까지 궁박하게 몰리지는 않았을 것이다.

모두를 행복하게 만드는 박애(博愛)자본주의는 따뜻한 시장경제를 지향한다. 약육강식과 탐욕스런 시장경제는 오래가지 못한다. 경쟁과 효율, 책임의 시장경제 근간을 지키면서도, 사회적 이웃과 소외된 계층에 대한 관심, 배려, 희생, 나눔을 실천한다면, 시장경제와 자본주의의 발전에도 기여할 것이다. 공동체의 발전과 공생을 위한 따뜻한 시장경제는 확산돼야 할 것이다.

사회통합과 사회적 책임, 사회연대에도 신경을 써야 한다. 대기업과 중소기업이 공존하는 행복한 시장경제가 활짝 꽃피워야 할 것이다. 대기업에 따라다니는 단가 후려치기, 기술 탈취, 승자독식, 약육강식, 정글자본주의 등의 살벌한 용어들이 더 이상 이슈가 되지 않았으면 좋겠다.

대기업들이 정부와 국민의 지원과 희생을 바탕으로 성장했음은 부인할 수 없다. 대한민국 공동체에 대해 일정 부분 빚을 지고 있는 셈이다. 국가와 사회의 발전을 위해 노블레스 오블리주가 필요한 시점이다. 이는 재벌에 대한 부정적 인식을 해소하고, 존경받는 기업인상을 정립하는 데 도움을 줄 것이다.

기업의 본질적 의무는 이익을 내서 임직원과 주주들에게 급여 및 배당 등 복지를 제공하는 것이다. 이익을 내서 세금을 내서 국가재정에 기여하고, 공정거래법을 지켜 중소기업과의 공정경쟁을 하는 것도 필수적이다.

한국 경제를 이끌어가는 삼성, 현대자동차, LG, SK 등은 기업의 본질적 의무를 넘어서 더 큰 숲을 봐야 한다. 이중에서도 삼성은 특히 주목을 받는다. 모든 재벌 비판은 궁극적으로 재계 1위인 삼성으로 통하기 때문이다. 정부, 정치권, 언론은 재벌 이슈가 제기될 때마다 삼성을 겨냥하고, 삼성의 행보를 주목한다. 삼성의 움직임에 따라 재계의 움직임도 달라진다. 삼성으로선 무거운 사회적 짐이다. 그게 삼성의 숙명이다. 이 운명에서 피할 수 없다.

우리 재계는 삼성과 비(非)삼성으로 불릴 정도로 한국 경제에서 차지하는 삼성의 비중과 역할이 압도적이다. 삼성의 매출은 우리나라 GDP의 20%를 차지하고 있다. 삼성은 재벌문제의 알파이자 오메가이다. 외환위기 전에는 삼성과 현대, LG, 대우 등 4대 그룹이 선의의 경쟁을 벌였다. 하지만 환란 이후 대우가 망하고, 현대도 형제간에 분가를 하면서 삼성의 독주체제가 공고해졌다.

정부와 정치권, 언론의 모든 요구가 삼성에 집중될 수밖에 없는 이유가 여기에 있다. 현대자동차가 최근 수년간 비약적 성장을 하면서 삼성의 뒤를 바짝 추격 중이지만 당분간 삼성 독주는 지속될 전망이다. 너무 잘나가도 한국에선 견제와 시기의 대상이 된다. 배고픈 것은 참아도 배 아픈 것은 못 참는 게 우리 정부, 정치권, 국민들이다. 삼성으로선 경영만 잘해도 벅찬 과제인데, 여기에 사회적 책임까지 고민해야 하는 어려운 상황을 맞고 있다.

02
장하준의 사회민주적 '삼성통제론'

　장하준 영국 캠브리지대 교수는 진보진영의 경제이론을 대표하는 경제학자다. 2010년 11월에 출간한 《그들이 말하지 않는 23가지》는 베스트셀러가 되었다. 딱딱한 사회과학 서적으로는 대단한 일이다. 인터넷을 검색하면 그에게 감동받았다는 네티즌들의 글이 엄청나게 올라와 있다. 가히 장하준 신드롬이다.

　주류 경제학과는 다른 이론으로 경제현상과 해법을 설파하고 있는 장하준 열풍의 실체는 무엇인가? 무엇보다 개방화와 세계화로 어려움을 겪는 일반 국민들이 듣고 싶어 하는 이론들을 제시하고 있다는 점이 두드러진다. 예컨대 시장경제의 근간인 경쟁과 개방, 규제완화보다는 정부지원과 보호가 필요하다고 강조한다. 우리보다 체급이 훨씬 더 위인 미국과 FTA를 체결하면 국익에 손상이 간다며 보호무역을 옹호했다.

　사다리 걷어차기 이론은 이를 뒷받침하는 비유이다. 선진국들은 일찌감치 강력한 보호무역을 통해 산업혁명을 이룩한 후 후발주자들이 추격하지 못하도록 개방 압력을 가한다는 것이다. 말하자면 후진국들이 산업화의 사다리를 타고 오르는 것을 걷어차 버린다는 것이다.

장 교수는 북유럽식 복지를 찬양하고 있다. 유럽과 미국, 일본의 재 정위기로 전 세계가 몸살을 앓고 있는데도, 스웨덴 등 북유럽 복지시스 템이 양극화와 소득격차를 없애줘 성장률을 높인다고 강조했다. 공기업 민영화와 감세 정책에 대해서도 반대하는 입장을 보였다.

이 같은 논리는 주류경제학과는 사뭇 다르다. 정통 경제학에선 개인 의 자율과 창의를 존중하는 바탕 위에서 규제완화와 감세 민영화 등 작 은 정부를 지향하고 있다. 주류경제학과 다른 논리를 펼치는 그의 경제 철학은 결과적으로 경제민주화와 재벌개혁, 무상복지 확대, 한미 FTA 반대 등에서 비슷한 입장을 보이는 민주당과 민주노동당 등 진보 좌파 진영의 이데올로기를 제공하고 있는 셈이다.

그는 미국식 신자유주의는 2008년 금융위기 이후 죽었다며 통렬히 비판했다. 이명박 정부는 정권 초기 신자유주의의 핵심인 작은 정부, 감 세, 규제완화, 공기업 민영화 등으로 잠재성장률 이상의 성장률을 달성 하려 했다. 이명박 정부의 경제철학에 대해 회심의 결정타를 고민해 온 좌파진영에게는 장 교수가 '한국의 케인즈'처럼 보였을 것이다.

강남좌파를 자처하는 조국 서울대 교수는 《진보집권플랜》 등을 펴내 서 진보진영의 집권 전략을 제시했다. 장 교수도 반MB노믹스적 경제논 리로 진보진영의 정권 탈환 전략에 중요한 이데올로기를 제공하고 있는 셈이다.

《오마이뉴스》나 《프레시안》 같은 좌파 언론들은 장 교수를 신주단 지 모시듯 하며 인터뷰와 서평 등을 통해 '장하준 신드롬'을 확산시키는 데 열을 올렸다. 심지어 보수 매체인 《중앙일보》도 장 교수의 칼럼을 게

재하고 있을 정도다. 좌파진영의 장 교수 떠받들기는 비이성적인 열기로 보인다. 진보진영이 그에게 열광하는 것은 신자유주의에 대한 '우상 파괴자'를 자처하고 있기 때문이다. 작은 정부를 지향하는 신자유주의는 2008년 세계적 금융위기로 코너에 몰렸다.

장 교수는 《그들이 말하지 않는 23가지》에서 자유주의 시장경제의 뼈대가 되는 작은 정부와 큰 시장, 정부 소유 기업 및 금융기관 민영화, 금융 및 산업 부문 규제완화, 무역과 투자 자유화, 감세, 복지지출 축소 정책이 재앙을 가져왔다고 비판했다. 이들 정책들이 전 세계 국가들의 성장 둔화와 불평등, 불안정을 심화시켰다는 것이다. 이제 고삐 풀린 신자유주의에 대한 맹목적 사랑에서 깨어나 새로운 자본주의를 찾아보자는 게 그의 논지다.

장 교수는 감세 등은 부자들에게 유리한 소득재분배 정책으로 '밀물이 들어오면 모든 배가 다 같이 떠오른다'는 신자유주의 논리는 틀렸다고 지적했다. 신자유주의에서 흔히 강조하는 비유, 즉 꼭대기에서 늘어난 부가 결국에는 아래로 똑똑 떨어지는 '트리클 다운(trickle down, 낙수효과)'은 없다는 것이다. 신자유주의식으로 시장에 소득재분배 문제를 맡겨두면 상류층의 부가 밑으로 흘러내리는 정도가 미약하다고 했다.

이명박 정부의 감세 정책은 부자들만을 위한 것이며, 한미 FTA도 손해를 볼 것이라고 주장했다. 우리보다 몸집이 훨씬 큰 미국과 FTA를 체결하면 잃을 게 더 많다는 논리다. 밴텀급 수준에 불과한 우리나라가 헤비급인 미국과 어떻게 싸워 이길 수 있느냐는 것이다.

그의 논리에는 허점이 너무나 많다. 보호무역 때문에 미국, 유럽 등이 산업화를 이룩해 선진국으로 도약했다든가, 시장경제로 성공한 나라가 없다는 논리도 명백히 틀린 주장이다. 정부가 정책에 대한 개입을 확대하는 큰 정부가 성장률을 높인다는 것도 타당하지 않다. 그의 중요한 주장들은 현실에서 적용될 수 없는 비주류경제학자의 비현실적인 논리일 뿐이다.

그런데도 그의 비현실적인 경제 논리에 야당과 좌파정당, 좌파언론들, 젊은 층이 주목하고 있는 것은 자기가 생각하고 믿는 것만 보고 따르고 싶어 하는 정파적 시각에서 비롯된 것이다.

장 교수의 FTA 반대 논리를 따져보자. 만약 자원 하나 없고 수출로 먹고사는 우리나라가 FTA 체결을 미룬다면 향후 무엇으로 먹고살 것인가? 경제 성장을 어떻게 해 나갈 것인가? 우리 인구가 미국이나 중국처럼 크고 자원도 많다면 보호무역의 담을 쌓고 살 수 있다. 대외의 문을 닫은 북한식 자급자족 경제가 쫄딱 망한 것을 어떻게 설명할 것인가?

선진국이나 개발도상국이나 가릴 것 없이 FTA 체결을 서두르고 있다. 우리가 이 대열에서 낙오된다면 수출이 타격을 받고, 경제 성장도 뒷걸음치거나 정체될 수밖에 없다. 자원이 빈약한 숙명적 상황을 타개하고, 선진국으로 도약하려면 세계 시장을 상대로 공략해야 한다.

장 교수도 우리나라가 세계 13위의 경제대국으로 부상하는 데 수출이 결정적인 기여를 한 것을 모르지는 않을 것이다. 그의 FTA 반대 논리는 우리의 현실을 도외시한 것이다. 1970~1980년대 유행했던 남미식 종속이론의 아류에 불과하다. 반미(反美)로 먹고사는 진보진영 및 좌파 매체에 이용만 당하고 있다. 심각한 패배주의적 발상이다. 우리나라를 세계화에 대열에서 낙오시켜 쪼그라들게 하는 위험한 논리다.

우리 기업들은 미국에 자동차를 한 해 100만 대 이상 수출하고 있다. 반도체, 휴대폰, LCD 등 주력제품의 최대 시장이기도 하다. FTA 체결로 미국의 관세가 더 낮아지면 주력제품의 수출에 날개가 달릴 것이다. 일본 정부와 기업들이 한미 FTA 체결로 커다란 위기를 맞았다며 '제2의 개국 대책'에 부랴부랴 나서고 있는 것은 무엇을 의미하는가?

미국과의 FTA는 수출 확대를 통한 국부 창출의 원동력이 될 것이다. 농산물 등의 수입이 늘어나 관련 산업이 피해를 보는 것은 불가피하다. 하지만 대차대조표를 따져보면 우리나라에 플러스 효과가 훨씬 더 크다. 우리는 여러 국가들과 시장개방협정과 FTA를 체결했어도 안방시장을 선진국 기업들에 호락호락 내주지 않았다. 예컨대 미국의 다국적 유통체인인 월마트가 한국에 진출했다가 코피 흘리고 철수한 사례를 기억하는가? 이마트, 롯데마트 등 토종 유통업체들은 한국 소비자들에 맞는 맞춤형 전략으로 외국 골리앗을 물리쳤다. 프랑스 거대 유통업체인 까르푸도 한국에 들어왔다가 백기 투항하고 보따리를 쌌다.

2000년대 초 한-칠레 FTA가 체결될 당시 포도와 축산농가들은 와인 및 쇠고기, 돼지고기 수입 급등으로 '다 죽게 생겼다'며 반대의 목소리를 외쳤다. 하지만 현재는 어떤가? 우리나라의 전자, 자동차 등의 칠레 시장점유율이 급격히 증가했다.

반면 수입 급증으로 타격이 우려됐던 포도밭 농장주들도 별다른 타격을 입지 않았다. 국산 돼지와 한우 가격은 수입산보다 품질경쟁력이 높아지고 가격도 올라갔다. 한우 등의 사육두수도 줄기는커녕 더 증가했다. 개방에 따른 체질 강화와 품질경쟁력 향상으로 축산농가들의 경쟁력이 높아지고 소득도 증가한 것이다. 두 마리 토끼를 잡은 셈이다. 개방이 가져다준 긍정적 효과다. 미꾸라지가 있는 곳에 메기를 풀어놓으니 미꾸라지가 살아남기 위해 필사적으로 움직이면서 활동성이 높아지고 살도 찌게 되는 것과 비슷하다.

장 교수의 논리는 이렇듯 상당 부분 현실과 동떨어져 있다. 비주류경제학자로서 책상물림의 한계를 벗어나지 못하고 있다. 물론 장 교수가 비판한 것 중에는 주류경제학자는 물론 보수진영에서 고민해볼 것들도 있다. 지식산업 육성과는 별개로 제조업을 지속적으로 발전시켜야 한다는 것과 세계 금융시장에 재앙을 몰고 온 금융파생상품(CDO, CDS 등)을 규제해야 한다는 주장은 공감이 가는 대목들이다. 빈부격차 해소와 소득불평등 개선 등을 위해 최고경영자들의 과도한 보수체계를 바꾸고, 경제위기 시 실업난 타개와 사회안전망 확충을 위한 정부의 역할 확대도 지속가능한 자본주의, 따뜻한 시장경제를 위해 귀담아들을 만하다. 1930년대 대공황을 구원한 케인지언 정책의 흐름을 잇는 이들 대책은 세계 각국이 경제위기 극복을 위해 사용한 카드들이기 때문이다.

장 교수가 신자유주의 비판을 통해 우리나라 정치, 경제, 사회에 엄청난 지적 반향을 일으켰음은 부인할 수 없다. 야당과 진보진영은 물론 심지어 여권의 유력인사마저 그를 초청해 '포스트 신자유주의'가 필요하다는 입장을 개진했을 정도다.

그러나 장 교수의 최근 행보를 보면 경제학자로서의 경계선을 넘어서고 있다. 진보매체가 그를 우상처럼 떠받드는 것에 한껏 고무된 듯 자본주의와 시장경제의 기본 질서를 뒤흔들 수 있는 '위험한 말들'을 거침없이 쏟아내고 있기 때문이다.

위험한 발상의 대표적인 사례는 삼성 등 대기업 통제 방안이다. 그가 2011년 1월 초《프레시안》과의 회견에서 재벌 규제 방안을 제시한 것은 위험한 발상이다. 자본주의를 지지한다는 그가 이런 생각을 갖고 있다는 것 자체가 의심스러울 정도다. 그는 삼성이 이건희 회장에서 아들 이재용 삼성전자 사장으로의 경영권을 이양하려면 세 가지가 필요하다고 강조했다. 삼성 통제방안으로 제시한 것은 다음과 같다.

"이씨 일가(이건희 회장, 이재용 사장)가 그렇게 경영권 세습을 원한다면 그것을 들어주는 대신에 노동조합 허용, 정부·노동조합·시민단체 등의 이사회 참여, 일정기간(10년)이 지난 후 경영성과 평가를 요구하는 것 등의 방법이 있을 수 있다."

2세 승계를 용인해 주는 대가로 노조를 인정하고, 이사회의 40% 정도를 정부, 노조, 시민단체 등에 할당해 사회의 감시를 받게 해야 한다는 논리다. 이런 체제 속에서 10년 후에 그 경영권 세습의 결과를 평가하자는 방안도 제시했다.

삼성을 통제하는 방안으로 시민단체들의 주주자본주의 운동보다는 국유화 방안이 더 낫다고도 했다. 외국 투기 펀드 등을 이용해 삼성을 공격하는 주주자본주의는 삼성을 국제 금융자본의 소유물로 전락시키므로 차라리 국유화를 주장하는 게 일관성이 있다는 것이다.

자본주의를 신봉하는 저명한 경제학자로서 과연 이 같은 시각을 가질 수 있는 것인지 헷갈린다. 그는 《그들이 말하지 않는 23가지》에서 "자본주의는 수많은 문제점과 제약에도 불구하고 인류가 만들어낸 가장 좋은 경제시스템이라고 믿는다"고 했다. 자본주의를 신뢰한다는 학자가 민간기업의 이사회에 정부와 노조, 시민단체를 40% 참여시키라니, 사실상 삼성을 해체하고 이건희 회장, 이재용 사장 등 오너들은 그룹 경영에서 손 떼라는 것과 다름없다. 국유화 방안까지 제시한 데는 어이가 없다. 이 사람이 경제학자 맞나, 아니면 재벌을 해체하자는 민노당 정치인인가 싶을 정도이다.

국영기업도 노조와 시민단체 인사를 40%가량 채우면 효율적인 경영이 불가능해 결국 국민 혈세만 줄줄 새게 될 것이다. 노조와 말싸움하길 좋아하는 시민단체 이사들이 공기업 경영진의 경영 활동, 예컨대 국내외 투자 및 임금 협상, 신규 사업 진출, 인수합병 등에서 사사건건 발목을 잡을 것이 불 보듯 뻔하기 때문이다.

장 교수의 주장은 자본주의와 시장경제의 뿌리를 뒤흔드는 발칙한 논리다. 국가가 모든 것을 통제하고 지시하는 전체주의, 사회주의 또는 공산주의에서나 가능한 생각이다. 기업 지배구조는 주주들이 결정할 사안이다. 삼성의 외형과 사업영역이 아무리 크고 국가경제에 미치는 파급력이 크다고 해서 국가가 사회주의식으로 통제해야 한다는 것은 위험천만하다.

장 교수의 '해괴한 발상'이 실현된다면 어떻게 될까? 생각만 해도 끔찍하다. 삼성은 한국을 대표하는 글로벌 기업이다. 삼성전자 이사진에 정부 인사와 노조, 시민단체 인사들이 포진한다면 신수종 발굴 및 주력사업 육성과 사업재편 등을 위한 전략적 의사결정이 표류할 것이다. 무한경쟁시대에 의사결정이 표류한다면 치명적이다.

가뜩이나 삼성에 반대하거나 삼성 해체를 공언해 온 노조와 시민단체들이 감 놔라 배 놔라 하며 경영진 때리기 경쟁을 벌일 것이다. 10년, 20년을 내다보고 씨앗을 뿌리는 신수종사업의 경우 초기에는 적자가 불가피하다. 삼성의 오너경영은 당장의 적자를 무릅쓰고도 그룹의 미래에 필요하다면 과감하게 투자를 결정하는 게 강점이다. 삼성만이 아니라 현대자동차, LG SK 등 우리나라 주요 그룹들의 오너경영이 단기수익보다는 장기투자를 가능케 했다.

주요 그룹 계열사 이사진에 노조와 시민단체 인사가 포진해 있다면 멀리 내다보는 장기 경영이 가능하겠는가? 삼성이 그동안 벤치마킹하기 바빴던 소니, 도시바, 파나소닉 등 일본 경쟁사들을 제치고 세계 최고의 전자기업으로 부상한 데는 오너의 강력한 리더십과 단기수익에 연연하지 않는 안목경영, 뚝심경영이 결정적으로 작용했다. 일본은 전후 재벌 해체로 전문경영인 중심의 기업 경영이 이뤄지면서 단기 업적주의에 급급했다. 일본 기업들은 중요 투자 등에서 과감한 의사결정을 못했다. 이로 인해 오너의 강력한 리더십이 특징인 한국 대기업들에게 추월당한 것이다.

글로벌 기업은 신속한 의사결정과 스피드경영이 생명이다. 경쟁사를 압도하는 힘의 원천은 효율적이고 신속한 의사결정 시스템에서 나온다. 삼성 이사진에 노조와 좌파 시민단체가 들어오면 이 같은 강점이 무력화될 것이다. 정상적인 경영 활동을 할 수가 없게 될 것이다. 세계적으로 저명한 장 교수가 이를 모를 리 없다. 그런데 이런 무리한 주장을 하다니, 도대체 이해가 가지 않는다.

지배구조는 기업마다 주주들이 자율적으로 결정할 사안이다. 기업별로 성장환경과 사업구조, 기업문화가 다르고, 대주주의 리더십도 차이가 있다는 점에서 획일적으로 강제할 사안이 아니다. 김대중 정부와 노무현 정부는 재벌개혁의 주무기로 지주회사 전환을 강요했다. 경영의 투명성을 강화하는 것은 필요하지만, 정부가 과도하게 기조실 해체와 지주회사 전환을 강요한 것은 기업의 자율성을 심각하게 훼손하는 것이다.

기업들이 계열사 간 순환출자를 통한 가공자본으로 계열사를 확장하는 것은 문제가 없지 않다. 하지만 한국 기업들에게 순환출자가 많았던 것은 일제 강점기와 한국전쟁을 거치면서 근대적 자본축적의 기회가 취약했던 것이 주된 요인으로 꼽힌다. 단기간에 자본을 확충하고 위험을 분산시키는 측면에서 계열사 간 순환출자는 불가피했던 측면이 있다.

순환출자의 문제점을 제기하는 것은 왜 처음부터 자본을 넉넉하게 준비하지 않은 채 사업을 했냐고 공격하는 것과 같다. 삼성은 모직과 설탕으로 자본을 쌓은 후 가전, 반도체, 휴대폰, LCD 등 전자와 금융으로 그룹체제를 갖춰 나갔다. 옛 현대그룹은 건설로 돈 벌어 조선, 자동차, 제철로 사업을 키웠다.

기업의 지배구조 문제는 그룹마다 자율로 결정하도록 하는 게 바람직하다. 그게 부작용이 없다. 정부가 강요한다고 될 일이 아니다. 지배구조 개혁의 최우선 목표는 경쟁력 강화에 초점이 맞춰져야 한다. 특정 방향으로 몰아가는 것은 자칫 기업경쟁력을 죽이고 기업 활력도 약화시키는 부작용을 가져올 수 있다.

삼성은 지배구조 문제로 항상 논란의 초점이 되어 왔다. 삼성은 이에 대해 2008년 4월 김용철 특검사태 이후 발표한 10가지 쇄신안 중 하나로 "그룹 순환출자구조를 4~5년 안에 해소하겠다"고 밝혔다. 재계를 선도하는 입장에서 지배구조 선진화 방안에 대해서도 고심하고 있는 셈이다.

삼성은 2011년 9월에 순환출자 구조 개혁방안을 내놓았다. 삼성카드가 보유중인 삼성에버랜드 지분 25.64% 중 20.64%를 매각키로 한 것이다. 삼성에버랜드는 그룹 지배구조의 정점에 서 있으면서 지주회사 역할을 하고 있다. 이번 매각은 지배구조와 관련해 변화를 가져오는 신호탄이 될 전망이다. 삼성에버랜드는 삼성생명 지분 19.34%를 갖고 있고, 삼성생명은 그룹의 주력인 삼성전자 지분 7.23%를, 삼성전자는 다시 삼성카드 지분 46.85%를, 삼성카드는 삼성에버랜드 지분 25.64%를 각각 보유하면서 그룹의 순환출자 구조를 형성해 왔기 때문이다. 삼성의 현재의 순환출자 구조는 1996년에 이루어진 것이다. 삼성카드의 삼성에버랜드 지분 매각으로 15년 만에 삼성의 순환출자 구조가 단계적으로 해소되는 전기를 마련한 것이다.

삼성은 순환출자 구조 해소에 이어 지주회사로까지 전환하는 것은 당분간 어렵다는 입장이다. 지주회사로 전환할 경우 최소 20조 원이 필요한 것으로 추산되기 때문이다. 이건희 회장 등 오너들도 10조 원 이상 내야 한다. 하지만 이게 가능한가? 삼성전자의 경우 시가총액이 100조 원을 웃돌고 있다. 수출도 연간 1300억 달러가 넘는다. 삼성전자는 이 회장의 지분이 1.7%에 불과하고, 특수관계인 등 오너들의 지분이 5% 미만에 그치고 있다. 이를 감안하면 단기간에 지주회사로 바꾸는 것은 현실적으로 불가능하다. 당장 지주회사로 전환하라고 강요하는 것은 그룹을 해체하라는 것이나 마찬가지다. 단기간에 윽박질러 이를 해소하라는 것은 경영권 방어를 어렵게 하고, 투자를 위축시킬 수 있다. 그룹의 자율적인 판단에 맡기는 것이 최선이다.

삼성과 치열한 경쟁관계를 유지해 온 LG는 2001년 일찌감치 동반관계를 유지해 온 구씨와 허씨 간 분가에 대비해 지주회사 체제를 출범시켰다. LG의 경우 구씨와 허씨가 간에 워낙 복잡한 소유구조로 얽혀 있어 지배구조를 단순화하는 게 불가피했다. LG는 당시 재벌개혁 이후 처음으로 지주회사로 전환, 공정거래위원회로부터 지주회사 모범생으로 평가받았다.

하지만 경영실적과 지배구조는 별개다. 삼성은 2000년대 들어 강력한 그룹경영체제를 바탕으로 사상 최고의 실적을 구가하고 있다. 삼성전자는 매년 10조 원의 순익을 올렸으며, 2010년에는 주력 품목수출 호조로 17조 원을 올렸다. 매출도 2001년 43조 원에서 2010년 150조 원으로 4배 가량 급팽창했다. 2010년에는 인텔 등을 제치고 세계 최고의 전자기업으로 등극했다. 삼성전자를 포함한 그룹 매출은 250조 원을 넘었다.

지배구조 모범생 LG는 어떤가? LG그룹도 2003년 61조 원에서 2009년 125조 원으로 2배가량 증가했으며, 영업이익도 3.8조 원에서 7.6조 원으로 증가했다. 하지만 2010년에는 주력사인 전자의 실적 부진으로 그룹 순익이 뚝 떨어졌다. 지주회사로 전환하는 것이 경영실적 호전으로 이어지는 것은 아님을 보여주는 사례다.

지배구조에는 모범답안이 없다. 장 교수가 이것을 모른다면 세계적인 학자답지 않다. 김대중 정부, 노무현 정부 시절 공정거래위원회는 지주회사 전환이 글로벌 스탠더드에 부합한다고 했다. 우리가 글로벌 기업들을 벤치마킹했던 시절엔 선진국 초우량기업들의 지배구조를 베끼는 게 글로벌 스탠더드처럼 보였다.

하지만 삼성전자는 이제 세계 최고의 전자기업이 됐다. 세계 IT 패권을 놓고 애플 구글과 치열한 경쟁을 벌이는 메이저 플레이어가 됐다. 우리 기업을 만년 추종자로 봤던 일본 기업들이 삼성전자의 경쟁력 원천과 사업모델을 벤치마킹하는 단계가 됐다. 삼성전자는 패스트 팔로어(fast-fallower)에서 퍼스트 무버(first-mover)로 변신했다. 선두와 후발주자가 역전된 것이다. 삼성의 성공을 계기로 '코리안 스탠더드'가 새로운 롤모델이 되고 있다.

장 교수가 삼성의 경영권 승계에 대해 부정적으로 보는 것도 편협하다. 기업을 애써 키워온 대주주가 자식에게 가업을 잇게 하고자 하는 것은 인지상정이다. 아들에게 경영권을 물려주고자 하는 것은 기업심을 북돋우게 하는 견인차가 된다. 아들에게 물려줄 수 없다면 누가 열심히 사업을 하려고 하겠는가?

비상장사인 에버랜드의 유상증자를 통해 그룹경영권을 장악한 것은 현재의 잣대로 보면 편법 논란이 있을 수 있다. 하지만 당시 상법상 열거주의식 상속증여세법을 어긴 것은 아니었다. 삼성이 국내 재계 1위를 넘어 글로벌 일류기업으로 성장한 현재의 시점에서 비난하는 것은 쉽다. 당시의 기업과 정부, 국민들의 법의식이 지금보다는 느슨했다는 점도 감안해야 한다. 삼성에버랜드 파장 이후 상속증여세법이 열거주의에서 포괄주의로 개선된 것은 재계의 투명한 상속증여에 기여했다. 비상장사를 통한 경영권 승계가 어렵게 됐기 때문이다.

기업이나 기업인이 신적인 존재 내지 성직자처럼 무소유의 정신을 갖고 경영을 하는 것이 아닌 바에야 어떻게 처음부터 완벽무오(完璧無汚)한 도덕경영, 윤리경영을 할 수 있겠는가? 미래에 관련법이 어떤 방식으로 개정될 것이라는 점까지 염두에 두고 상속과 증여를 할 수는 없다. 그게 인간의 한계다.

삼성의 경영권 상속을 물고 늘어지는 시민단체 학자들도 부모의 재산을 상속 증여받을 때, 세금을 한 푼이라도 아끼려고 온갖 편법을 쓰지 않았는지 가슴에 손을 얹어 봐야 한다. 부동산 거래 등에서도 어떻게 하면 세금을 덜 낼까 궁리하며 다운계약서 등을 작성하지 않았는지도 자성해 봐야 한다.

90년대의 미흡한 상속증여세 법안에서 그룹지주회사인 에버랜드를 통해 계열사 경영권을 장악하고 있는 이재용 사장에게 경영권을 내놓고 배당이나 받으라는 것은 어불성설이다. 삼성은 국가경제에 미치는 영향이 워낙 크고, 소액주주, 국내외 기관투자가, 협력업체, 관계 금융회사 등도 다양하다는 점에서 '포스트 이건희 체제'는 중요하다.

장 교수가 이재용 사장이 경영권을 물려받는 것이 나쁘다고 비난하는 것은 문제가 많다. 2세가 경영 능력을 갖췄다면 얼마든지 승계할 수 있다. 2세들은 아버지 슬하에서 귀중한 경험들을 전수받는다. 집에서 배우는 경영노하우는 명문대를 나온 전문경영인들이 얻지 못하는 소중한 자산들이다. 가업(家業)을 이어 회사를 더 키워보겠다는 의지를 무력화시켜서는 안 된다.

만약 이 사장이 경영권을 물려받은 후 경영실적이 저조할 경우, 주주들이 그의 진퇴문제를 결정할 것이다. 선험적으로 2세 승계는 안 된다고 못을 박는 것은 주주들의 의사를 무시하는 것이다.

삼성의 2세 승계를 허용하되 10년 후에 경영 평가를 하자는 것도 도를 넘어선 발언이다. 기업들은 사업을 하다보면 부침을 겪는다. 업종 특성상 호황과 불황의 사이클이 있기 때문이다. 신규사업에 대규모 투자가 들어가는 과정에서 주력산업의 재편이 이뤄질 수도 있다. 경영권 승계 10년 후에 경영실적을 평가해서 좋으면 경영을 계속 하도록 해주고, 나쁘면 빼앗겠다는 것인가? 세계적 석학의 아이디어로는 함량 미달이다. 주주가 아닌, 제3자가 경영권을 마음대로 탈취할 수 있다는 것인지 답답할 따름이다. 상법상 주주들이 결정할 문제를, 정부와 노조, 시민단체 등 외부 인사가 삼성 오너십의 생사여탈권을 쥘 수 있다고 주장하는 것은 정말 정제되지 못한 논리다. 한쪽에 치우친 이데올로기적 냄새가 물씬 풍긴다.

오너경영과 선단식 경영이 특징인 재벌들은 1997년 외환위기 주범으로 비판받았다. 하지만 주요 그룹들의 선단식 경영은 2008년 금융위기 이후 우리 경제가 OECD 회원국 가운데 가장 좋은 성적으로 위기에서 벗어나는 데 견인차 역할을 했다. 삼성, 현대자동차, LG, SK 등 주요 그룹들은 금융위기 속에서도 수출 호조로 시장점유율을 높이면서 사상 최대 매출과 순익을 거둔 것이다. 금융위기를 맞아 선진국 경쟁국들은 긴축과 축소경영에 급급한 반면, 국내 재벌들은 그룹 경영의 시너지 효과를 바탕으로 공격적인 투자와 수출 확대로 세계 시장점유율을 높여 갔기 때문이다.

환란 당시 재벌의 선단식 경영 행태에 융단폭격을 가했던 외신들도 한국이 신속히 위기탈출을 한 데는 대기업들의 역할이 컸다고 평가하고 있다. 외환위기 때 단행된 재벌개혁은 미국 등 선진국 기업들이 자신들을 위협하는 한국의 재벌들을 견제하기 위해 IMF를 통해 압박을 가한 측면도 있다.

신장섭 싱가포르 국립대 교수는 《한국 경제, 패러다임을 바꿔라》에서 "재벌들이 90년대 중반 세계화의 긍정적인 측면에 더 많은 관심을 갖고 투자경쟁에 뛰어들었다가 금융위기 관리에 실패했을 뿐"이라고 지적했다. 당시 한국 제조업체들은 경상이익률은 낮았지만, 영업이익률(이자, 환차손 등 금융비용을 제외하기 이전 이익)은 국제적으로 높았다는 것이다. 88년부터 97년까지 한국제조업체들은 평균 7%의 영업이익률을 기록, 미국(6.6%), 일본(3.3%), 대만(6.5%)보다 더 높은 수익률을 유지했다.

김대중 정부와 진보 시민단체들은 국내 기업들의 이 같은 사실을 무시한 채 낮은 순이익률이나 경상이익률만 집중 부각시켰다는 게 신 교수의 반론이다. 유승민 의원(한나라당)도 KDI 연구위원 시절 "재벌은 환란의 종범이며, 주범은 시스템 위험을 방치한 정부"라고 주장한 바 있다.

삼성은 한국의 간판기업이다. 우리나라의 자부심이다. 삼성전자만 한 기업이 10개만 있으면 경제 강국으로 부상하고, 1인당 국민소득 4만 달러 시대를 앞당길 수 있다는 이야기를 많이 한다. 한 해 수출이 1300억 달러로 전체 수출의 20%를 차지하고 있다. 2011년 투자 규모도 43조 원이나 된다. 재계 2위 현대자동차그룹(12조 원), 3위 LG그룹(21조 원)을 압도하고 있다. 그룹이 내는 세금도 8.5조 원(2009년)으로 전체 세수의 7.1%를 차지했다.

장 교수가 삼성의 통제 방안을 제시하는 것은 얼마든지 개인의 자유 영역이다. 하지만 많은 영향력과 독자들을 갖고 있는 그가 제시하는 해법이 자본주의와 시장경제를 부인하는 것이라면 심각한 문제다. 국제적으로 존경받는 경제학자로서 정상적인 궤도를 이탈한 것으로 볼 수밖에 없다. 그의 아이디어는 다분히 삼성을 국영기업화 내지는 사회기업화 하자는 것으로 비춰진다. 삼성을 건드려서 먹고사는 진보진영 및 시민단체, 좌파매체 사람들과 다를 게 없다.

기자는 장 교수가 그동안 내놓은 책들-《사다리 걷어차기》,《쾌도난마 한국 경제》,《나쁜 사마리아인》,《그들이 말하지 않는 23가지》-을 대부분 숙독했다. 그가 더 나은 자본주의를 찾아보자는 것에도 어느 정도 공감했다. 자본주의가 더 좋은 방향으로 가도록 광야에서 외롭게 외치는 선지자 같은 학자라는 생각도 했다. 하지만 삼성 통제 방안으로 내놓은 것은 궤변이라는 생각뿐이다.

장 교수가 진보 좌파진영의 우상화 작업에 도취되어 경제학자로서의 정상 궤도를 이탈하고 있는 것은 아닌지 걱정스럽다.

장하준 교수, 포니정 혁신상 수상 적절한가?

진보진영 경제이론의 아이콘으로 부상한 장하준 영국 케임브리지대학교 교수가 5월 중순 '포니정 혁신상'을 수상했습니다. 포니정 재단 측은 "한국형 경제 성장 모델을 개도국에 보편적으로 적용할 수 있다는 점을 보여줘

개발경제학의 혁신에 기여했다"며 선정 이유를 밝혔습니다. 기자는 이번 선정이 적절한 것인지에 대해 씁쓸한 마음을 금할 수 없습니다.

포니정은 한국에 고유모델의 승용차를 개발하고, 자동차산업을 개척하고 성장 시킨 고 정세영 현대자동차 회장의 애칭입니다. 포니정은 2000년 조카인 정몽구 현대자동차 회장과 정몽헌 현대그룹 회장의 왕자의 난 이후 형인 고 정주영 명 예회장으로부터 자동차 경영권을 내놓고 현대산업개발을 분리해서 경영하라는 지시를 받고 분가했습니다.

그는 국산차 독자모델 1호인 포니를 미국에 수출하고, 미국, 유럽, 동남아 등 글 로벌 생산 및 판매기지를 구축했습니다. 2000년 정몽구 현대자동차 회장이 경영 권을 인수할 때까지 포니정은 불모지였던 한국 자동차산업의 개척자이자, 자동 차산업을 글로벌메이커로 도약시키는 데 소중한 밀알을 놓은 장본인입니다. 자 동차는 그의 분신이나 다름없었습니다.

현대자동차그룹은 정몽구 현대자동차 회장이 맡은 이후 세계 자동차 메이커 5 위 안에 진입하는 쾌거를 이룩했습니다. 2011년엔 월별 판매실적에서 미국 시장 점유율 마의 10%를 돌파했습니다. 생산 규모도 연산 630만 대 체제를 이룩했습 니다. 그동안 도전이 불가능해 보였던 거인 도요타와도 겨룰 수 있는 체력과 전 력을 비축해 가고 있는 셈이지요.

포니정은 현대자동차 경영 시절 투철한 시장경제주의자였습니다. 정부의 기업규 제 완화와 자동차산업에 대한 민관합동의 협력체제 구축, 현대자동차 임직원들 의 헌신과 열정, 성실, 책임감, 국민들의 국산차를 키우려는 애국심 등이 한데 어 우러져 한국의 자동차산업이 도약했습니다.

문제는 장하준 교수가 포니정 상을 받을 만한가 입니다. 장 교수는 시장주의자 가 아닙니다. 유럽에서 경제학을 공부한 영향인지, 큰 정부, 복지, 형평, 분배를 중시합니다. 북유럽식 사회민주주의 성향의 학자입니다.

그가 쓴 《그들이 말하지 않은 23가지》란 책에는 시장경제를 신자유주의로 비판 하며 미국식 자본주의와 감세, 규제완화 등에 대해 강한 반감을 보였습니다. 민 영화 반대, 복지 확대, 노조활동 강화와 대기업 통제 등을 주장했습니다.

특히 장 교수는 한미 FTA 등 자유무역협정 체결에도 반대하고 있습니다. 우리가 체급이 다른 강대국과 FTA를 체결하는 것은 자충수를 두는 것이라며, 일정 수준의 보호무역도 필요하다는 논리를 폈습니다.

하지만 포니정이 일궈온 현대자동차는 미국, 유럽, 중국, 중남미, 동유럽 등 전 세계에 생산기지 건설과 판매로 글로벌 메이커로 부상했습니다. 이는 정몽구 현대자동차 회장의 현 체제에서도 더욱 강화되고 있습니다. 자동차 등 주력산업은 수출국의 관세가 낮춰지면 더 많은 물량을 수출할 수 있는 데다, 경쟁국인 일본과의 관세 경쟁에서도 유리해지는 호기를 맞을 수 있습니다. 이 점도 포니정 생전의 경영전략과 맞지 않을 것입니다.

장 교수는 한국 기업을 대표하는 삼성에 대해서도 강한 적대감을 드러낸 바 있습니다. 그는 삼성전자의 이사회에 정부, 노조, 시민단체 등을 30% 이상 참여시켜 삼성과 이건희 회장의 독단경영과 무노조경영을 통제해야 한다고 강조했습니다. 노조의 경영 참여는 독일과 스웨덴 등 북유럽식 노사문화에서 비롯된 것이지요. 한국에서도 이것을 도입하자고 하는 것 같습니다.

하지만 기업문화가 다르고, 유독 강성노조가 심한 한국에서 노조의 대기업 경영 참여는 대주주의 경영권을 부정하고, 노조의 사사건건 방해로 신속한 경영 활동이 어려워지는 등 숱한 부작용이 초래될 것입니다. 또 정부 인사들을 이사회에 참여시킨다면 사기업을 공기업화 하는 것과 다를 바 없습니다.

이 같은 점을 감안할 때, 시장경제와 기업 규제완화 등을 바탕으로 현대자동차를 성공시킨 포니정의 경영철학이나 이념과 장 교수의 사회민주주의적 경제철학은 상당히 이질적입니다. 포니정 재단이 앞으로 수상자 선정 시 좀 더 신중했으면 하는 아쉬움이 큽니다.

03
이건희 회장의 독특한 화법 "낙제점 면했다"

"이제 겨우 졸업했군."

2003년 말 서울 한남동 승지원. 삼성의 영빈관인 승지원에선 연말을 맞아 이건희 회장 주재로 삼성 사장단이 저녁을 함께 했다. 이 회장은 삼성전자 휴대폰사업을 맡고 있던 이기태 사장에게 이렇게 말했다.

위기에 처한 휴대폰 사업을 정상화시키라는 특명을 받은 이기태 사장은 품질개선과 독창적 모델 개발에 힘써 애니콜 브랜드 인지도를 획기적으로 높였다. 이 사장은 애니콜 사업 성공으로 당시 황창규 반도체 부문 사장과 함께 투톱체제를 형성하며 삼성전자의 간판 최고경영자로 각광을 받았다.

이 회장은 대놓고 그를 칭찬하지 않았다. 대신 휴대폰사업 부문이 현재 성과를 내고 있다고 절대 자만하지 말고, 더 열심히 해서 세계 최고의 제품을 만들라는 의미로 "이제 겨우 졸업했군"이란 다소 인색한 표현을 했다. 칭찬은 아니지만, 애정이 담긴 말이었다.

이 회장은 계열사 최고경영자들이 뛰어난 실적을 내도 공개적인 칭찬은 잘 하지 않는다. 언제나 "잘나갈 때 더 강한 위기의식을 갖고 세계 일류 제품을 만들라"며 채찍질을 한다. 1993년 독일 프랑크푸르트에서 신경영을 선언하며 대대적인 경영혁신에 나섰을 때도 그는 위기의식을 제창했다. 2002년 12월 말 삼성 사장단회의에서도 "앞으로 5년, 10년 후를 생각하면 등에 식은땀이 난다"고 말해 사장단을 잔뜩 긴장시킨 바 있다.

삼성전자가 최근 수년간 반도체, 휴대폰, LCD 등의 호조로 사상 최고의 실적을 매년 갈아치울 때도 "지금이 중대 고비다. 앞으로 10년 후를 내다보고 신수종사업을 키워야 한다"며 담금질했다. 달리는 말에 채찍질을 가하는 주마가편(走馬加鞭)의 리더십이다.

이 회장은 계열사들에 대해서도 혹독한 비판을 하는 것으로 정평이 나 있다. 신경영 선언 이후 유화중공업 등 계열사에 대해선 '암 3기 환자', '선천성 불구자' 등의 격한 표현을 써가며 품질혁신과 구조조정, 신수종사업 등을 통해 환골탈태할 것을 촉구했다.

삼성 특검 이후 일선에서 퇴진했던 그는 2010년 경영 복귀 일성으로 "앞으로 10년 안에 삼성전자의 주력제품들이 무대에서 사라질 것이다"라며 신수종사업에 대한 과감한 투자와 위기경영을 강조한 것도 같은 맥락이다.

이 회장은 다른 총수들과는 달리 독특한 화법을 구사한다. 95년 김영삼 정부 시절 중국 베이징에서 가진 기자회견 도중 "정치는 4류, 정부는 3류, 기업은 2류"라는 표현을 쓴 것도 마찬가지다. 이 비유는 당시 이 회장의 베이징 설화(舌禍)사건으로 유명해졌다. 이 발언은 정치권과 정부를 싸잡아 비판하려는 것이 아니었다. 복잡한 행정 규제와 관료주의, 정치권의 정쟁이 사라지지 않으면 대한민국이 세계 일류국가가 될 수 없다는 점을 강조하기 위한 발언이었다. 기업들은 당시 골프장을 건설하는 데 도장만 1,000개가 필요할 정도로 규제가 많다는 점을 호소해 왔다. 경쟁국들은 과감한 규제완화와 세제감면, 외자유치를 통해 기업하기 좋은 환경을 조성하는 데 비해, 우리나라는 무더기 규제와 관료주의로 기업하기가 힘들다는 점을 경고하기 위한 것이었다. 이래서는 한국의 미래가 없다는 거였다.

하지만 청와대와 정치권, 언론은 이 회장의 진의보다는 4류, 3류 등의 비유에만 주목하고, 기업인이 청와대와 정부에 대들었다는 데만 초점을 맞춰 본질을 흐린 측면이 있었다. 삼성은 설화사건 후 청와대의 기류가 심상치 않자 중소기업에 대한 현금결제 및 투자확대 등의 수습책을 내놓아야 했다.

이 회장의 설화사건은 우리나라 특유의 후진적인 정경(政經)관계, 즉 정치가 경제를 통제하고 압도하는 데서 비롯된 해프닝이었다. 국가의 장래와 나라의 경제에 대한 깊은 고민을 거쳐 발언을 해온 이 회장은 베이징 설화를 계기로 한동안 대외 행보를 자제하고, 언론 인터뷰 등을 기피했다.

일본은 정경관계가 대체로 수평적이다. 재계의 리더들이 집권당의 정치 및 경제정책의 문제점과 해결방안, 중장기 국가 비전 등을 제시하면 일본 집권당은 물론 정치권도 경청하는 게 관례이기 때문이다.

이 회장이 3월 초 전경련 회장단회의에 앞서 가진 기자회견에서 이명박 정부의 경제정책에 대해 "낙제점은 면했다"고 한 발언이 엄청난 파장을 몰고 온 것도 독특한 화법에서 비롯됐다. 청와대는 이 회장의 발언이 전해진 후 불쾌한 반응을 보였다. 다시금 설화사건이 재연되는 것 아니냐는 우려의 목소리도 제기됐다. 하지만 이 회장 발언을 자세히 들여다보면 상당 부분 잘못 받아들여진 점이 많다. 그는 "현 정부의 경제 성적표를 몇 점 정도 주겠느냐"는 기자들의 질문에 "참 어려운 질문"이라고 전제한 후, "계속 성장해 왔으니 낙제점을 주면 안 되겠죠. 과거 10년에 비해 상당한 성장을 해왔으니"라고 말했다.

"낙제는 아니다"라는 표현은 듣기에 따라 현 정부 경제정책에 대한 냉정한 비판으로 받아들일 수도 있다. 하지만 이 회장이 평소 임직원들에게 "현재에 만족하지 말고, 10년 앞을 내다보고 끊임없이 긴장해야 한다"는 점을 강조해 온 것을 감안하면 오히려 상당히 고무적인 평가로 받아들여질 수 있다. 과거 10년에 비해 상당한 성장을 해왔다고 강조한 점은 오히려 이명박 정부가 경제위기를 잘 수습해 왔다는 것을 완곡어법으로 표현한 것이다.

삼성 사장들은 이 회장이 통상 칭찬보다는 자만을 경계하는 말을 많이 한다고 전하고 있다. 윤부근 삼성전자 영상디스플레이사업부 사장은 "이 회장의 스마트 TV에 대한 주문"을 묻는 질문에 "이 회장은 항상 만족하는 경우가 없다. 자만하지 말라고 한다"고 말했다. 윤 사장은 이어 "이 회장은 디지털 시대에는 한눈팔면 언제라도 추락할 수 있다는 점을 지적했다"고 전했다. 2005년 4월 이탈리아 밀라노에서는 "애니콜(삼성전자 휴대폰 브랜드)은 1류지만 삼성 디자인은 1.5류"라고 지적했다.

그는 때론 국가경제가 위기에 처했을 때, 의미 있는 화두를 던지기도 했다. 2007년 1월 노무현 대통령과 30대 그룹 회장들의 회의 후 기자들과 만나 "일본은 앞서가고 중국은 쫓아오는 사이에 우리는 샌드위치 신세로 끼어 있다"고 경고했다. 위기 때마다 그가 던지는 묵직한 한마디는 정치권은 물론 경제계에 중요한 시사점을 던져주곤 했다.

이 회장의 이 같은 기본 철학과 위기의식은 당시 전경련 회장단 발언에도 그대로 녹아 있다. 그의 체질화한 위기의식이 정부의 경제정책에 대한 평가에도 나타난 것이다. 삼성 관계자도 "그룹 안과 밖에서 받아들이는 의미는 다르겠지만 내부에서라면 '낙제는 아닌 것 같다'고 하는 말 자체는 상당히 고무적인 표현"이라고 강조했다.

이 회장 특유의 화법은 언뜻 보면 오해를 불러일으킬 수 있다. 하지만 청와대나 정치권, 시민단체, 언론에서 이 회장 발언을 곡해해서 불필요한 사회적 갈등을 부채질하는 것은 자제할 필요가 있다. 그의 발언은 "우리가 앞서가고 있다고 흥분하지 말고, 신발 끈을 고쳐 매서 선진국 도약을 앞당기자"는 취지로 보이기 때문이다. 그가 "낙제점은 면했다"고 한 것에 대해 "청와대에 정면 도전했다"는 식으로 곡해하는 것은 편협한 시각이다.

우리 경제는 다시금 위기를 맞고 있다. 중동발 민주화 사태로 고유가 행진이 이어지고, 국제 원자재 가격 급등으로 물가 전선에도 빨간불이 켜졌다. 3차 오일쇼크가 장기화되면 경상수지가 악화되고 수출은 급감하는 등 우리 경제가 심각한 몸살을 앓을 수 있다. 서민들도 물가고에 시달리고 있다. 북한의 도발 위협이 더욱 커지면서 지정학적 리스크도 커지고 있다.

미국과 유럽의 재정위기가 가속화 하면서 글로벌 금융위기가 다시 엄습해 오고 있다. 남유럽의 불량학생 그리스가 과도한 국가 채무를 감당 못해 디폴트를 선언할 가능성을 배제할 수 없다. 그리스 국채를 대량 보유한 유럽은행들이 줄도산하면 2008년 금융위기와 같은 상황이 재연될 수 있다. 이는 세계 경제 침체를 야기할 수 있다. 정부와 재계의 위기 인식 공유와 난국을 돌파할 공조체제가 중요해지고 있는 것이다.

외국투자자들은 대외 비중이 높은 한국 경제를 불안한 시각으로 보고 있다. 2011년 9월에 외국인 투자자금이 썰물처럼 빠져나갔다. 증시가 급락하고 환율은 급등했다. 국가부도 위험도 높아졌다. 현 상황을 방치하면, 이명박 정부의 '3% 물가, 5% 성장' 목표는 대외 악재로 인해 물거품이 될 수 있다. 대외 불안이 확산되면 '3% 성장, 5% 물가'의 가능성도 염두에 둬야 한다. 유능한 기업인은 낙관적인 시나리오보다는 비관적인 시나리오를 염두에 두고 경영계획을 수립한다. 최악의 상황에서도 살아남을 수 있는 위기돌파 경영에 지혜를 모은다.

경제대통령을 자부해 온 이명박 대통령은 규제완화와 비즈니스 프렌들리 등을 통해 OECD 중 글로벌 금융위기를 가장 잘 극복했다는 평가를 받고 있다. 2010년에는 6%의 고성장을 이룩하면서 경쟁국들의 부러움을 샀다. 세계 주요국의 정상을 초청, G20 회담을 개최하면서 국격도 높였다.

하지만 국내외의 여러 가지 악재가 분출하는 상황을 감안하면 마냥 자화자찬할 때는 아니다. 2011년에는 성장률이 잠재성장률 이하인 3%대 후반에서 4%대로 낮아지고, 2012년에는 3.5%대로 더 떨어질 것으로 예상되고 있다. 우리 경제에 적신호가 커지고 있는 것이다. 회장은 이같은 위기 요인을 들어 현재에 안주하지 말자는 메시지를 던진 것이다. 정부, 기업, 국민 등 모든 경제주체가 불확실한 국내외 여건에 맞서 배전의 노력을 해야 한다는 취지로 받아들여야 한다. 잠깐의 성과에 도취돼 대외 악재를 방치하면 우리 경제는 그대로 주저앉을 수 있기 때문이다.

이 회장 발언에 대해 집권 후반기가 되면서 총수들이 고개를 드는 것 아니냐고 인식하는 것도 바람직하지 않다. 재계를 대표하는 총수가 한국 경제의 앞날에 대해 깊은 사색을 거쳐 발언한 것으로 받아들일 필요가 있다. 불필요한 갈등을 키워봐야 청와대와 재계 간 갈등만 확산된다. 갈 길 바쁜 우리 경제에 하등 도움이 되지 않는다. 대승적 차원의 인식과 경청이 필요하다.

태풍이 몰려올 때는 배가 뒤집히지 않도록 정부와 재계가 손을 잡아야 한다. 이명박 대통령은 이런 때일수록 경제 활성화의 주역인 재계 총수를 동반자로 여겨 위기의 바다를 함께 헤쳐가야 한다. 지속적인 규제완화를 통해 기업하기 좋은 환경을 만들어야 한다. 기업인들이 적극적으로 투자해서 일자리를 창출도록 해야 한다. 그래야 '고용 없는 성장'의 고질적 문제를 해소할 수 있다.

이명박 정부는 정권 초반기의 경제 성적을 후반기에도 이어갈 수 있도록 재계와 협력하는 게 현명한 리더십이다. 총수가 바른 소리를 한다고 손보기 대상으로 여긴다면 다시금 몰려드는 경제 먹구름을 제거할수 없다. 하수(下手) 중의 하수다. 알을 낳은 닭은 정성스럽게 돌봐야 한다. 놀라게 하거나 못살게 군다면 닭은 알을 낳지 않는다.

이 회장의 발언 이후 청와대와 정부, 정치권 등에선 불쾌하다는 반응이 쏟아졌다. 이명박 정부의 출자총액제한제 폐지, 금산분리 완화 등 친기업 정책의 혜택을 다 본 삼성이 무슨 낙제점 운운하느냐며 노골적인 불만을 드러냈다. 급기야 곽승준 대통령 직속 미래기획위원장은 국민연금을 동원해 이건희 회장의 삼성경영권 견제 방안을 내놓기도 했다.

당시 경제팀장이었던 윤증현 전 기획재정부 장관은 "정부 정책의 지원을 받은 대기업의 총수가 낙제 점수 운운하는 것이 서글프다"고 강조했다. 윤 전 장관은 참으로 당혹스럽고 실망스럽다고 했다. 이 회장의 발언에 대한 청와대, 정부, 정치권의 반응은 참으로 인색했다. "어디 감히 장사꾼이 정부에 삿대질하느냐"는 고압적인 반응이 두드러졌다. 중세 유교사회 사농공상(士農工商)의 신분질서가 현대 한국 사회에서도 사라지지 않은 듯하다.

재계 1위 총수가 심사숙고해서 한 발언에 대해 벌떼처럼 달려들어 비난하는 것은 사려 깊지 못한 행태였다. 일본의 정부와 재계 간의 상호존중 문화가 아쉽기만 하다. 일본 경단련 요네쿠라 히로마사 회장은 2011년 2월 "세금으로 세비 받으면서 국민을 위해 일하지 않는 의원은 봉급도둑"이라고 일본 정치권에 직격탄을 날렸다. 그렇다고 일본 정치인들은 그에게 삿대질하지 않았다. 재계 총리의 발언을 경청하는 자세를 취했다. 한국과 너무나 판이하다.

하기야 허창수 전경련 회장이 정치권의 포퓰리즘 행태를 지적한 것에 대해 국회가 그를 청문회에 세워 호통친 게 우리네 정치인들이다. 정부–정치권과 재계 간의 수평적 상호존중과 소통은 아직 멀었다는 느낌이다. 한국의 정경관계는 아직도 너무나 후진적이다.

04

'환불남' 사태에 왜 노조와 정당이 개입하나

"처음부터 범행 사실을 시인하고 싶어도 상급 노조단체와 좌파정당의 고위 관계자들이 접근해 일인시위 피켓, 생활비, 변호사 비용을 대겠다며 물러서지 말라고 설득했다."

휴대폰이 충전 중 폭발했다며 허위 신고한 후 대기업을 상대로 온갖 협박과 사기행각을 벌여온 한 블랙컨슈머가 2011년 2월에 범행 일체를 자백하면서 경찰에 밝힌 내용이다. 블랙컨슈머란 보상금을 받을 목적으로 악성 민원을 하는 소비자를 지칭한다. 기업을 봉으로 알고 사기행각을 벌여 돈을 뜯어내려는 악랄한 소비자들이다.

이 씨가 경찰에서 언급한 내용이 사실이라면 이번 스캔들은 악랄한 소비자가 과격노조와 좌파정당, 좌파매체와 연대해서 특정기업을 악의적으로 공격한 사례라는 점에서 커다란 충격을 주고 있다. 기업과 소비자 간에 풀어야 할 제품 결함 원인 규명에 편향된 이데올로기를 가진 노조와 정당, 좌파언론 등 제3자가 개입해서 사태 해결을 더욱 꼬이게 했기 때문이다.

휴대폰 폭발 자작극의 주인공은 이모 씨(28). 이 씨는 2010년 5월 자신이 쓰던 삼성전자 애니콜 휴대폰이 "집을 비운 사이 충전기에 꽂아둔 단말기가 폭발했다"면서 허위신고를 했다. 이 씨는 보상을 요구했지만, 성이 차지 않았는지 인터넷과 언론사에 알려 10여 차례 이상 기사가 실리게 했다.

이 씨의 미끼에 걸린 좌파신문 및 인터넷매체들은 그의 자작극 실체도 모른 채 휴대폰의 폭발 소식을 집중 보도했다. 《경향신문》, 《한겨레신문》을 비롯해 《오마이뉴스》, 《프레시안》, 《민중의 소리》 등은 인터뷰는 물론 사기 일인시위를 생중계까지 하면서 그를 영웅 취급했다. 노조, 좌파매체 등이 합작해서 이씨를 '거대 기업에 맞서는 정의로운 시민'으로 미화시킨 것이다. 대기업의 횡포에 굴하지 않는 민주투사로 부풀려 반대기업 정서를 확산시키려 한 것이다.

하지만 이번 사태의 전말을 보면 삼성이라면 무조건 반대하고 비난해야 직성이 풀리는 좌파 집단이 황당한 사기꾼에 걸려 망신을 톡톡히 당한 케이스라는 점에서 우리 사회에 경종을 울려주고 있다.

이 씨의 자작극 행태를 보면 도저히 정상인이라면 할 수 없는 악랄한 수법이 다 동원된 점이 특징이다. 먼저 그는 구입한 지 2개월밖에 안 된 멀쩡한 휴대폰을 전자레인지에 넣고 가열해서 훼손했다. 이 같은 폭발 자작극을 천연덕스럽게 삼성전자에 신고한 후 보상금을 노렸지만 여의치 않자 인터넷 등에 흘려 삼성을 압박했다. 폭발한 휴대폰을 유튜브에 올려 여론의 동정도 유도했다.

그는 이어 삼성전자 서초사옥 앞에서 마스크를 쓴 채 "나는 애니콜 폭발의 피해자이다"라는 내용의 피켓을 들고 장기간 일인시위를 벌이는 뻔뻔함을 보였다. 이건희 삼성그룹 회장 자택과 삼성전자 수원사업장에서도 나 홀로 시위행각을 이어갔다. 이것만으론 삼성을 협박하는 데 성이 차지 않았는지, 이건희 회장이 귀국하는 것에 맞춰 김포공항에서도 같은 행태를 반복했다. 무려 47차례에 걸쳐 시위를 했다.

해외 인터넷사이트에도 허위사실을 올리는 글로벌 사기행각까지 벌였다. 영어와 일본어로 전자제품 정보를 제공하는 미국 사이트 '슬래시 기어(Slash Gear)' 등 인터넷사이트 3개사에 애니콜 휴대폰이 폭발하는 피해를 입었다는 글을 게재한 것이다.

삼성 측은 이 씨의 자작극이 불거질 때, '혹시나 제품 결함에서 비롯됐으면 어쩌나?' 하는 불안감에 이 씨에게 500만 원을 주고 문제의 휴대폰을 달라고 했다. 제품의 결함여부를 분석하기 위해선 해당 휴대폰을 수거, 정밀 분석해야 했기 때문이다. 하지만 이 씨는 제품 인도를 거부했다.

삼성은 이후 이 씨에 대한 설득 끝에 휴대폰을 넘겨받아 경찰과 국과수에 정밀분석을 의뢰했다고 한다. 이 조사 결과, 해당 제품은 전자레인지에 일부러 집어넣어서 폭발된 것으로 판명됐다. 이 씨의 고의적인 발화에 의한 것임이 명백히 밝혀진 것이다. 삼성은 명백한 증거를 토대로 그에게 언론사 등에게 이 같은 사실을 정확히 해명해 줄 것을 요구했다. 하지만 이 씨는 거부했다. 이 과정에서 그는 "삼성이 제품 결함을 숨기고 돈으로 나를 매수하려 했다"면서 일인시위와 언론사 허위제보 등의 사기행각을 전개했다. 적반하장으로 나온 것이다.

삼성전자는 2010년 9월 '정보통신망 이용 촉진 및 정보보호 등에 관한 보호 법률 위반 혐의로 이 씨를 수원 남부경찰서에 고소했다. 정당방위에 나선 것이다. 제품의 결함에서 비롯된 폭발사고가 아닌데도 폭발사고로 둔갑시켜 회사의 명예를 훼손했다는 점을 고소장에 명시했다.

막다른 골목에 몰린 이 씨는 "삼성전자는 반소비자적 행태를 숨기고 문제를 제기하는 개인 소비자의 권익을 짓밟기 위해 사법 권력에까지 영향력을 행사했다"고 강변했다. 삼성전자의 고소에 대해 '18원짜리' 민사소송으로 맞대응하겠다는 제스처를 보이기도 했다. 이 씨는 경찰 조사에서 "좌파정당과 상급 노조단체 등이 물질적인 지원을 약속했다"고 언급했다. 이게 사실이라면 이 씨는 노조와 좌파정당의 반삼성 용병으로 전락한 셈이다.

서울중앙지검은 사기행각이 명백히 드러난 이 씨를 명예훼손과 사기 등의 혐의로 구속 기소했다. 그는 삼성전자만 괴롭힌 게 아니었다. 2008년부터 8차례에 걸쳐 LG전자 등을 상대로 노트북, 팩시밀리 등 각종 전자제품의 결함을 이야기한 후 1000만여 원 상당의 새 전자제품을 받아냈다. LG전자의 경우 전문 사이트까지 만들어 환불을 요구했다.

그를 환불남, 블랙컨슈머라고 하는 이유가 여기에 있다. 가관인 것은, 그가 자신에 대해 인터넷상에서 환불남이란 따가운 별명이 따라붙자 언론에 불편한 심경을 보였다는 점이다. 그는 《오마이뉴스》와의 인터뷰에서 "나도 원인을 모르는 발화사고가 났고 그와 관련해 문제를 제기한다고 해서 블랙컨슈머나 환불남으로 매도해서는 안 된다"고 해명까지 했다.

블랙컨슈머 문제는 기업이미지와 마케팅 등에 심각한 타격을 가한다는 점에서 결코 가볍게 볼 사안이 아니다. 소비자들에게도 비합리적인 공포감과 불안감을 심어줘 해당 제품의 구매를 기피하게 만든다. 기업은 제품 결함이 아니라는 것을 입증하기 위해 법정 소송을 벌여 명예를 회복해야 한다. 더 큰 문제는 사실이 확인되기 전까지 판매 차질, 브랜드 이미지 추락 등이 불가피하다는 점이다. 합리적인 대응을 할 시간도 없이 그동안 쌓은 평판과 브랜드 인지도가 큰 타격을 입을 수 있다.

2010년 연말, 세상을 떠들썩하게 만들었던 쥐식빵 자작극 파문이 단적인 사례다. 쥐식빵 사건은 뚜레쥬르 체인점 사장이 옆에 있는 경쟁점포인 파리바게뜨 점포에 타격을 가하기 위해 파리바게뜨의 식빵에 쥐를 넣고, 이를 언론에 악의적으로 흘리면서 불거졌다. 당시 파리바게뜨나 뚜레쥬르 모두 쥐식빵 파문으로 크리스마스 등 최대 성수기에 판매 급감으로 울상을 지어야 했다. 소비자들도 쥐식빵 파문이 연일 신문과 방송, 인터넷 등에 보도되면서 선뜻 제과점을 찾지 못했다. 엉뚱한 피라미 한 마리에 온 제빵업계가 막대한 피해를 입은 것이다.

물론 정당한 소비자들의 권리는 보호받아야 한다. 하지만 악덕 소비자와 사기 목적의 환불남들에 대해서는 법의 엄격한 잣대가 필요하다. 현재는 블랙컨슈머에 대한 형사처벌 등이 미흡해 제2의 휴대폰 자작극, 쥐식빵 파문이 재발할 소지가 크다.

이씨의 휴대폰 폭발 자작극은 블랙컨슈머의 문제점에 심각한 경종을 울려줬다. 하지만 더 큰 문제는 기업과 소비자 간에 풀어야 할 문제에 제3자가 개입해서 해당 기업을 공격했다는 점이다. 이 씨의 해명대로 상급 노조단체와 좌파정당 관계자들이 어떤 형식으로든 연루됐다면 심각한 문제가 아닐 수 없다. 그는 경찰조사에서 특정 노조, 정당을 지칭하지는 않아 어느 정당과 노조가 연루됐는지 궁금증을 더해주고 있다.

하지만 그는 사기행각을 벌이면서 민주노동당과 삼성 일반노조 등을 방문해서 도움을 요청했다고 밝힌 바 있다. 민변에서도 그에 대한 변론에 적극 나섰지만, 나중에 이를 포기했다. 그의 해명이 오락가락하는 데다, 휴대폰 폭발이 외부 발화에 의한 것임을 입증하는 물증이 나오면서부터 발을 뺀 것으로 보인다.

이 씨의 실토대로 시위, 피켓 제작, 생활비, 변호사비 등에 대해 상급 노조단체와 좌파정당이 연루됐다면 어처구니가 없다. 기업과 소비자 간에 풀어야 할 문제를 특정 정당과 노조가 파고들어 간섭하는 것은 적절치 않기 때문이다. 이 씨는 편향된 이념을 갖고 있는 노조와 정당의 하수인으로 전락했을 뿐이다. 그도 이들 단체와 정당에 농락당한 측면이 있다.

검찰은 2011년 3월 말에 이 씨에 대해 징역 3년형을 구형했다. 다급했던 이 씨는 삼성에 잘못을 뉘우치고 있다면서 선처를 호소했다. 악질적인 블랙컨슈머가 삼성을 물고 늘어지면 여론의 관심을 끌어 뭔가 떡고물을 챙길 수 있다는 얄팍한 계산을 했다가 혼쭐이 난 케이스다. 삼성의 강경 대응은 향후 기업들의 블랙컨슈머 처리 방향에 대한 중요한 시금석이 될 것이다. 그동안 기업들은 악성 소비자에 의해 문제가 불거지면 쉬쉬하면서 반품이나 교환을 해주는 등 수동적으로 끌려간 측면이 많았다.

하지만 자작극이 명백한 사안에 대해 사법당국에 엄정한 처리를 요청하는 삼성식 해법은 블랙컨슈머들이 더 이상 기업을 봉으로 여기는 것을 차단하는 데 결정적인 기여를 할 것이다. 검은 뜻을 품은 소비자들의 근거 없는 기업 공격에 대해서는 정공법으로 대처하는 것이 바람직함을 일깨워 준 사례다.

좌파매체들은 이 씨의 시기행각에 나팔수 노릇 한 것을 두고두고 반성해야 한다. 삼성이 관련되면 사실여부를 떠나 무슨 호재를 만난 듯이 호들갑 떠는 좌파매체가 이 씨의 사기행각에 대해 연일 생중계하고 인터뷰까지 하는 등 이슈화하려 한 것은 언론의 정도를 벗어난 행태다. 진실을 보도하고 정의를 세우겠다고 자부하는 이들 매체들이 진실 추적은커녕 음흉한 사기행각에 볼썽사나운 추임새만 놓았기 때문이다.

환불남 스캔들은 이 씨−좌파정당−과격노조의 합작품이나 다름없다. 블랙 컨슈머 문제에 반대기업 정서를 확산시키려는 좌파세력이 개입해서 기업을 괴롭히는 일은 더 이상 없어야 한다.

05
백혈병 소송에 반삼성 깃발 든 노조와 시민단체들

커다란 논란을 빚었던 삼성전자 반도체공장의 백혈병 소송에 대한 법원 판결이 내려졌다. 서울행정법원 행정14부는 2011년 6월에 삼성반도체 직원과 유족 5명이 근로복지공단을 상대로 낸 유족급여 및 장의비 부지급 처분 취소 청구 소송에서 사망한 직원 황모 씨와 이모 씨 유족에 대해 산재로 인정했다. 법원은 이에 따라 이들 유족에 대한 유족급여 등 부지급 처분을 취소하라며 판결했다. 재판부는 "직원 황모 씨와 이모 씨에게 나타난 백혈병의 발병 경로가 의학적으로 명백히 밝혀지지 않았더라도, 사업장에서 근무하는 동안 각종 유해 화학물질과 미약한 전리 방사선에 지속적으로 노출돼 발병했거나 적어도 발병이 촉진됐다고 추정할 수 있다"고 했다. 또 "백혈병과 업무 사이에 인과관계가 있다고 봄이 상당하다"고 판단했다.

이번 판결은 법원이 삼성전자 반도체사업장 직원의 백혈병 발병과 업무 사이에 일부 연관성을 인정했다는 점에서 의미가 있다. 하지만 과학적이고 의학적인 원인 규명에 대해서는 판단을 내리지 않았다. 유가족이 일부 승소한 셈이다.

백혈병 소송의 발단은 삼성전자 반도체공장에서 근무하다 백혈병으로 죽은 황모 씨 유족과 또 다른 사망자 이모 씨 유족 및 현재 치료 중인 직원 3명 등 5명이 2007~2008년 근로복지공단에 유족급여 및 장의비 부지급 처분 취소 소송을 신청하면서부터다. 원고 측은 소장에서 삼성반도체에서 근무하다 백혈병이 발병했으므로 산재로 보상받아야 한다고 강조했다. 유족들은 소송에서 "삼성전자 기흥, 온양 공장 등에서 생산직 직원으로 근무하거나 퇴사한 이후 급성 골수성 백혈병 등 조혈계 암에 걸려 투병 중이거나 숨졌으므로 산재로 인정해야 한다"고 밝혔다.

하지만 근로복지공단은 "작업장 내 화학물질 노출과 백혈병 등 질병들 사이에 상관관계가 있다는 객관적 증거가 없다"고 반박해 왔다. 근로복지공단은 "역학조사 결과 벤젠 등 발암물질이 나오지 않았다"며 유족급여 지급을 거부해 왔다.

고용부도 그동안 삼성전자 백혈병 근로자의 발병률이 일반인의 발병률과 다르지 않다는 입장을 보여 왔다. 2010년 고용부장관을 역임했던 박재완 현 기획재정부 장관은 2010년 10월 국회 답변에서 "이 문제는 고도의 전문성을 갖고 판단해야 한다. 사실로 얘기해야지 감정만 갖고 하면 안 된다"고 강조하기도 했다.

행정법원의 판결은 동일한 라인에서 근무한 두 명의 직원이 백혈병에 걸려 사망한 것에 대해 작업 환경과 어느 정도 인과관계가 있다는 점을 인정한 셈이다. 하지만 작업 환경 내의 반도체 생산에 쓰이는 화학물질이 백혈병을 일으킨다는 의학적인 인과관계는 인정하지 않았다는 점을 주목해야 한다. 이는 법원이 투병 중인 직원 2명과 유족 1명에 대해 "유해 화학물질에 지속적으로 노출돼 피해를 입었다고 보기 어렵고, 일부 영향을 받았더라도 백혈병의 직접적인 원인으로 볼 수 없다"고 판결한 것에서 잘 드러난다.

1심 판결은 숱한 논란을 초래하며 노사문제의 핵심쟁점으로 부각돼 온 삼성전자 백혈병 파동에 새로운 전기를 가져올 것으로 보인다. 법원이 회사와 유족 중 어느 한쪽의 손을 일방적으로 들어준 게 아니고, 양쪽 모두에게 '일부승소, 일부 패소'를 내린 것이기 때문이다.

문제는 일부 승소판결을 계기로 노동계가 이를 확대 해석해 반삼성 노동운동의 불씨를 키우고, 무노조 삼성에 대해 노조를 심으려는 조직적 움직임을 노골화할 가능성이 있다는 점이다. 민주노총은 그동안 삼성전자 반도체 사업장의 백혈병 문제에 적극 개입해 왔다. 민노총은 이를 지렛대로 삼아 삼성에 노조를 탄생시키겠다는 의욕을 보여 왔다. 마침 복수노조가 2010년 7월부터 허용되면서 민주노총은 삼성전자에 노조를 설립하려는 움직임을 본격화하고 있다. 삼성에버랜드에서는 복수노조 허용 이후 그룹 계열사 중에서 최초로 노조가 설립됐다. 다른 계열사로의 파급 여부도 주목되고 있다.

비교적 온건노선을 걸어온 한국노총과 서울지하철노조 등의 제3노조도 삼성에 노조를 심기 위해 삼성 직원들과 접촉 중이어서 삼성을 긴장시키고 있다. 민노총 등 상급 노조단체가 경쟁적으로 백혈병 사태를 빌미로 삼성에 노조 심기 움직임을 보인다면 그 부작용은 불 보듯 뻔하다. 노조 설립 공작을 통해 사사건건 노사갈등을 부채질할 경우 생산 차질과 매출 감소, 대외신인도 하락 등의 피해가 불가피하다.

정치권의 과도한 개입도 불씨만 키울 뿐이다. 민주노동당, 진보신당 등 좌파정당과 민주당도 국회환경노동위원회를 통해 삼성전자 백혈병 문제를 집요하게 물고 늘어졌다. 야당은 그동안 현대자동차 사내하도급, 한진중공업의 정리해고 사태, 삼성전자 백혈병 문제 등이 발생할 때마다 현장을 찾아서 노조를 일방적으로 지지했다. 국민적 관심을 유도하기 위해 국회 산재소위 구성 등도 요구해 왔다. 정치권이 개입한다고 해도 현장에서 해결할 수 있는 것은 거의 없는데 말이다.

제3자인 노조나 정치권이 선명성 경쟁을 벌이듯이 특정기업의 사내 문제에 개입하는 것은 사태 해결을 더 꼬이게 만들 뿐이다. 이는 근로자들의 불법 및 과격 행위를 부채질하고 문제를 악화시키는 결과를 가져올 수 있다. 정치권의 과도한 개입은 해당 기업 및 임직원들에게 심한 압박감을 준다. 또 사업장에 문제만 생기면 관련자들이 노동계의 지원을 받아 국회로 몰려가게 만드는 현상을 가져올 수밖에 없다.

백혈병 문제는 행정법원 1심의 판결이 난 것을 계기로 당사자인 삼성전자와 유족 및 투병 중인 직원 간에, 원만한 대화와 보상, 치료 등이 이뤄질 수 있도록 분위기를 조성해 주는 게 바람직하다. 삼성전자는 2011년 8월 말 퇴직 임직원 암발병자 지원방안을 내놓았다. 반도체 및 LCD 공장에서 근무한 임직원이 퇴직 후 3년 안에 암에 걸렸을 경우 10년간 최대 1억 원을 지원키로 한 것이다. 또 암 치료 중 사망하면 1억 원을 지급키로 했다. 삼성으로선 퇴직 임직원의 백혈병 논란에 대해 도의적, 윤리적 책임을 다하겠다는 입장을 밝힌 셈이다.

이는 미국 안전보건 컨설팅사인 인바이론이 같은 해 7월에 삼성전자 반도체공장 근무 환경이 백혈병 유발과는 상관관계가 없다는 보고서를 발표했음에도 불구하고, 회사가 임직원의 건강을 끝까지 책임지겠다는 것을 강조하는 차원에서 이루어진 것이다.

인바이론은 2010년 7월부터 1년간 삼성전자 반도체 생산라인 근무환경에 대한 연구조사를 진행했다. 조사를 총괄한 인바이론 폴 하퍼 소장은 "기흥 5라인, 화성 12라인, 온양 1라인을 정밀 조사한 결과 모든 측정 항목에서 위험물질에 대한 노출 수준이 매우 낮은 것으로 나타났다"고 강조했다. 이들 생산라인에서 위험 노출 정도가 비슷한 35개 '유사노출군'(작업이 진행되는 근무 환경)을 분류해 조사한 결과, 33개는 글로벌 노출 기준 대비 10% 미만이었고 2개는 50% 미만으로 위험성이 낮았다는 것이다.

인바이론은 암 발병자 6명에 대한 조사 결과도 직업적 노출로 인한 암 발생 위험이 증가하지 않은 것으로 나타났다고 밝혔다. 4명은 발병 관련 위험물질이 검출되지 않았고 2명은 위험물질에 노출은 됐지만 기준치 대비 미미한 양이어서 발병과 연관관계가 없다고 설명했다. 인바이론의 역학조사가 나온 만큼 유족이나 노조, 야당, 반삼성 시민단체, 좌파언론은 이 문제를 더 이상 사회 이슈나 투쟁의 대상으로 부각시키는 것을 자제해야 한다.

유족의 슬픔이야 무척 클 것이지만, 지나친 감정적 대응은 문제다. 숨진 황모 씨의 부친은 "삼성에서 10억 원을 줄 테니 사회단체 사람 만나지 말라고 했다"는 등 자극적인 발언을 했다. 이 유족은 삼성과 보상문제를 협의하기 위한 접촉도 녹음해 모 언론에 흘려 삼성을 곤혹스럽게 만들기도 했다. 유족들이 직업병 재발 방지와 충분한 보상을 위해 노력 중인 삼성 측을 부도덕한 기업으로 매도하는 것은 사태 해결을 더욱 어렵게 만들 뿐이다. 사망자들이 노조와 좌파 시민단체의 대(對) 삼성투쟁의 도구로 이용되고 있는 것도 유념해야 한다. 회사 측과 원만한 합의를 통해 갈등을 푸는 게 순리다.

반도체산업은 국가 기간산업이다. 모든 정보기술(IT)산업의 핵심 부품이다. 그래서 반도체를 'IT산업의 쌀'이라고 한다. 반도체는 2010년 515억 달러를 수출해 조선을 제치고 수출품목 1위를 차지했다. 삼성전자의 반도체 수출은 한국 반도체 수출의 대부분을 차지하고 있다. 한국이 정보기술 강국으로 도약한 데는 반도체의 힘이 컸다. 그동안 장쩌민, 후진타오 등 전·현직 중국 국가주석과 개발도상국의 숱한 정상들, 각국의 최고경영자들은 한국에 올 때마다 삼성전자 반도체 라인을 필수 방문코스로 삼았다. 삼성전자 반도체공장은 그만큼 한국 제조업의 경쟁력을 상징하는 곳이자, 외국이 갖고 싶어 하는 최첨단 설비였다.

노동계와 시민단체가 삼성전자 반도체 사업장을 근거도 없이 백혈병 다발 사업장으로 공격한다면 그 후유증은 심각해질 것이다. 한국을 대표하는 삼성전자의 회사 이미지는 물론, 국가신인도에도 악영향을 준다. 미국, 일본, 대만 등 반도체 경쟁국에서도 사업장과 백혈병 발병 간에 직접적인 연관관계는 없는 것으로 밝혀지고 있다.

노동계의 억지 주장은 터무니없다. 삼성에 노조가 없어서 백혈병이 발병했다고 매도하고 있기 때문이다. 삼성의 무노조와 직업병 발병은 상관관계가 없다. 무분별한 삼성 공격은 국가적인 자해행위다. 노동계가 하이닉스 등 다른 반도체 회사의 백혈병 문제를 건드리지 않고 유독 삼성만 공격 대상으로 삼는 것도 동기를 의심케 한다. 우리나라에는 삼성을 때려서 먹고사는 단체나 사람들이 너무나 많다.

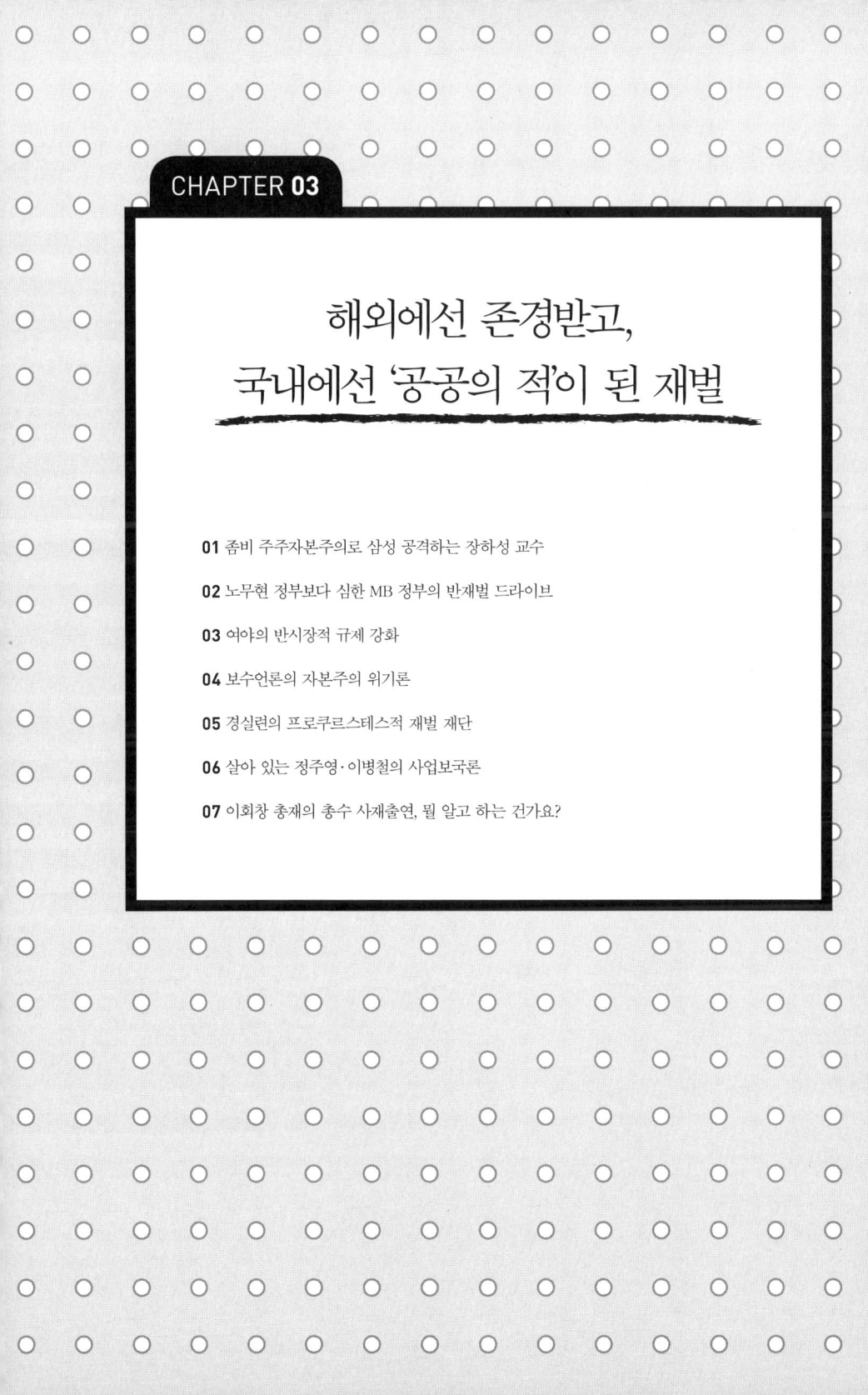

CHAPTER 03

해외에선 존경받고,
국내에선 '공공의 적'이 된 재벌

01
좀비 주주자본주의로 삼성 공격하는 장하성 교수

장하성 고려대 교수(경영대학원장)는 참으로 집요하다. 실체가 불분명하고 모래알 같은 소액주주를 전가의 보도 삼아 대기업의 오너경영을 비난하는 데 이골이 나 있다. 때만 되면 흘러간 레코드판 틀듯이 소수지분을 가진 오너들의 절대 권력을 규제해야 한다고 목소리를 높이고 있다. 세계적으로 보편적인 오너경영, 가족경영을 원천적으로 싫어하는 편향된 시각을 갖고 있다.

장 교수의 반재벌론은 견강부회(牽强附會)가 심하다. 그가 강조하는 오너의 '쥐꼬리 지분론'은 정치의 민주주의 논리를 상법(商法)에 억지로 꿰맞춘 것이기 때문이다. 정치에선 '1인 1표(票)'가 공정한 민주주의로 받아들여진다. 하지만 영리를 목적으로 하는 주식회사는 개인들의 동등한 주권이라는 개념하에 설립되지는 않는다. 주식회사에선 '1인 1표'가 아니라 '1주(株) 1표(票)'만이 유효할 뿐이다. 주식을 갖는 주체는 오너와 친인척 등 개인뿐만 아니라 계열사 법인 등도 포함된다.

장 교수가 대부 역할을 해온 소액주주론은 상법과 주식회사 제도의 기본 원칙을 무시하고 있다. 주주(株主) 민주주의와 정치(政治) 민주주의는 근본적으로 다르다는 점을 모르고 있다. 이를 분간하지 못한 채 2008년 글로벌 금융위기 이후 좀비로 전락한 주주자본주의로 여전히 장사를 하고 있다.

장 교수는 외환위기 이후 10년 넘게 재벌 총수가 소수지분을 갖고 그룹경영을 좌지우지하고 있다고 비판해 왔다. 쥐꼬리 지분을 가진 오너들이 대다수 소액주주들의 돈을 갖고 순환출자(循環出資) 등의 방식으로 그룹경영을 지배하고 있다는 논리다. 이른바 재벌오너의 황제경영론이다.

장 교수는 2011년 8월 12일 《조선일보》에 실은 칼럼 "경제권력도 도전받아야 한다"에서 오너경영의 문제점을 또다시 제기했다. 그가 재벌오너 가운데 주된 타깃으로 삼는 사람은 재계 1위 삼성그룹 이건희 회장이다. 장 교수에 따르면 이 회장의 삼성지분은 0.5%에 불과하고, 가족지분을 합쳐도 1%에 그치고 있다. 이 회장이 0.5% 지분으로 삼성그룹 78개 계열사에 대한 황제경영을 할 수 있는 비결은 계열사 간 순환출자, 상호출자 등의 복잡한 지배구조에 기인한다고 지적했다. 강력한 재벌규제법을 만들어 견제 받지 않는 경제권력을 행사하는 이 회장의 경영권에 대해 족쇄를 채워야 한다는 점을 시사하고 있는 것이다.

그가 비판 대상으로 삼은 그룹은 삼성 외에 롯데도 포함돼 있다. 신격호 회장의 지분은 0.05%밖에 안 된다는 것이다. 신 회장은 가족 지분을 모두 합쳐도 2.2%만 갖고 있다고 비판했다. 더 나아가 재벌 총수와 가족들의 평균 지분은 5%도 안 되고, 재벌 계열사 10개 중 7개는 총수나 가족들이 단 1주의 주식도 갖고 있지 않다고 주장했다. 이쯤 되면

'재벌(財閥)=죄벌(罪罰)'이라고 낙인찍는 셈이다. 재벌오너의 경제권력은 경제민주화를 위해 개혁돼야 할 주요 대상임을 강조하고 있다. 민주당과 진보 좌파진영은 재벌개혁을 2012년 총선과 대선의 핵심 공약으로 부각시키고 있다. 장 교수는 야권진영의 선거정책을 대변하는 이데올로 그가 아닌지 의심이 간다.

그는 황제경영을 타파하는 방안으로 '기업집단법' 제정을 제안했다. 지금도 공정거래법상 경쟁 제한 행위나 지배구조와 관련한 각종 규제가 시퍼렇게 살아 있다. 그런데도 기업집단법을 새로 도입하자는 것은 그 의도가 석연치 않다. 이명박 정부 들어 공정, 상생, 정의, 동반성장 이슈가 불거진 후 나타난 반대기업 분위기에 편승해 재벌 때리기를 주도하는 것은 아닌지 우려스럽다.

쥐꼬리 지분을 가진 재벌 오너들이 독점 권력을 행사한다는 비난은 나무만 보고 숲은 보지 못한 격이다. 선험적으로 재벌을 싫어하는 성향을 드러낸 것이다. 정부의 산업정책과 상법의 취지도 잘 모르면서 무조건 비난하는 것밖에 되지 않는다. 삼성, 현대자동차 등 대기업들은 외형확대 및 이익 증대, 시장점유율 제고를 위해 지속적으로 증자를 해왔다. 이 과정에서 이건희 회장, 정몽구 회장 등 오너의 지분이 낮아진 것은 자연스런 현상이다.

기업가정신의 정수(精髓)인 야수적 충동을 바탕으로 투자가 성공하면 매출과 이익, 시장점유율이 확대된다. 투자가 성공하면 대규모 투자 재원 조달을 위한 증자가 필수적으로 이뤄져야 한다. 증자가 끝없이 이뤄진다는 것은 대주주와 경영진이 경영을 잘하고 성과를 내고 있다는 것을 반증하는 것이다. 정부도 그동안 기업공개를 강력히 유도해 왔다. 자본시장 활성화를 통한 기업의 장기자금 조달을 촉진하려는 포석이었다. 또 재무구조 개선과 수익성 개선, 국민들의 주식 매입을 통한 자산 증식 등도 기업공개를 촉진하는 주된 목표였다. 정부는 기업공개에 비협조적인 기업에 대해서는 금융제재를 가했다. 재계는 기업공개에 적극 나설 수밖에 없었다.

재벌 오너와 가족의 지분이 낮아진 것은 기업공개 정책에 적극 화답하면서 투자재원 조달을 위한 증자를 활발히 추진했기 때문이다. 만약 기업공개를 안 하고 30% 이상 지분을 갖고 있다면 기업 성과의 과실을 오너 가족이 독식한다고 비난했을 것이다. 참여연대와 경제개혁시민연대에선 대주주의 과도한 지분보유는 경제력 집중 심화 또는 총수의 경영성과 독점 및 사익 추구를 심화시킬 것이라고 나팔을 불어댈 것이다.

장 교수는 정치권력과 경제권력을 구분하지 못하는 패착을 범하고 있다. 정치권력은 국민들의 투표를 통해 부여되는 점이 특징이다. 그러나 경제권력은 주주, 종업원, 거래처, 금융회사 등 숱한 이해관계자들에게 의해 시시각각 시장에서 평가받는다. 기업이 생산하는 제품도 하루하루 시장에서 승부가 난다. 이는 경영진의 실적 평가와 인사에 곧바로 반영될 수밖에 없다.

기업의 의사결정 구조는 회사정관과 상법에 근거하는 점이 특징이다. 만약 기업 경영에 위기가 오거나 문제가 발생할 경우 장 교수가 말하는 1% 미만의 '쥐꼬리 지분'을 가진 오너경영자는 이사회 등에서 퇴출될 것이다. 실적이 좋지 않으면 이사회에서 빨간 딱지(해임), 노란 딱지(경고) 등의 제재를 받을 것이다.

무모한 황제경영을 했다가 실패할 경우에는 외국인들이 보유기업 주식을 마구 던질 것이다. 보유 채권도 팔아치울 것이다. 주가는 폭락하고 신용도가 급락할 것이다. 투자재원 조달 등을 위한 채권 및 주식 발행 등도 차질을 빚을 것이다. 금융회사들도 대출의 만기연장이나 신규대출을 기피하는 등 해당 기업 대주주의 목을 조를 것이다. 근로자 등 직원들도 대주주의 경영 실패에 대해 퇴진 등의 목소리를 높일 것이다.

고객들은 어떤가? 합리적인 가격대의 질 좋은 제품을 내놓지 않은 기업에 대해선 등을 돌린다. 기업이 도산하거나 부실해지면 오너는 황제경영은커녕 기업을 유지하기도 버겁다. 짐을 싸서 떠나야 한다. 대통령과 의원, 지자체장들은 선거를 통해 심판을 받으면 퇴진한다. 반면 기업 오너는 시장과 이사회, 주총 등에서 불신임 받으면 떠나야 한다.

장 교수는 정치권력과 경제권력의 차별성을 모르거나 애써 무시하고 있다. 오너경영에 대한 지독한 편견에 사로잡혀 있다. 이 둘을 동일 잣대로 비교해 오너경영을 비난하는 논거는 출발부터가 잘못됐다. 시장경제적인 어프로치가 아니다. 다분히 사회민주적 성향을 드러내는 이데올로그로 전락하고 있다.

그가 도전받지 않는 경제권력이라고 비난한 이건희 회장은 어떤가? 이 회장은 0.5%의 '쥐꼬리 지분'으로 삼성전자를 외형 160조 원, 영업이익 연 15조~20조 원, 시가총액 100조 원 이상의 세계 초일류 IT기업으로 도약시켰다. 시장과 국내외 투자자, 채권 금융회사, 거래선 모두가 그의 경영실적에 긍정적 평가를 하고 있다. 30~40%의 지분을 가진 외국인들은 그의 경영에 만족하고 삼성전자 주식을 사들인 후 장기 보유하는 성향을 갖고 있다.

소수지분으로 글로벌 경쟁기업과의 싸움을 승리로 이끈 이 회장은 세계적인 경영의 대가(大家) 반열에 오를 자격이 충분하다. 오너 특유의 강력한 리더십을 발휘해 삼성전자를 세계적인 기업으로 일궜기 때문이다. 노벨경제학상처럼 '노벨경영학상'이 있다면 이 회장에게 줘야 할 것이다.

소수지분을 가진 오너경영은 우리나라 기업만의 현상은 아니다. 일본 도요타 창업주의 4세인 도요타 아키오 사장의 지분은 이 회장의 0.5%에도 못 미치는 아주 극히 미미한 수준이다. 그래도 아키오 사장은 수년 전부터 품질하자 문제 등으로 전문경영인 체제가 심각한 위기를 맞으면서 사장에 취임했다. 도요타의 경우 모기업인 도요타자동직기가 도요타자동차 등 계열사들과 직접 상호출자의 고리를 이뤄 그룹체제를 유지하고 있다.

국내 그룹들의 경우 다양한 지배구조를 갖고 있다. LG, SK 등은 지주회사 형태로, 삼성, 현대자동차 등은 순환출자 형태로 강력한 그룹체제를 유지하고 있다. 재계는 외환위기 이후 김대중 정부와 국제통화기금(IMF)의 재벌개혁 로드맵에 따라 글로벌 스탠더드에 부합하는 지배구조를 구축해 왔다. △경영투명성 제고 △상호보증채무 해소 △업종 전문화 △대주주의 책임경영 강화 △재무구조 개선 △순환출자 억제 △부당내부거래 및 변칙 상속·증여의 차단 △제2금융권 경영지배구조 개선 등이 대표적이다.

계열사에 대한 출자한도를 규제하는 출자총액제한제도는 경제력 집중 억제를 위해 도입됐다가 진보정권인 노무현 정부 당시 예외규정이 너무 많아 누더기가 됐다는 비판이 제기됐다. 기업 규제완화를 내걸고 출범한 이명박 정부는 투자 촉진을 위해 출총제를 아예 폐지했다. 하지만 2012년 총선, 대선 승리에 비상이 걸린 한나라당 소장파와 정운찬 전 총리 등은 오히려 출총제를 부활해야 한다고 주장하고 있다.

외환위기 이후 재계의 지배구조 개선 노력이 효과가 없다고 한다면 정부뿐만 아니라 IMF의 대기업 개혁을 부인하는 것밖에 안 된다. 그동안의 정부와 재계의 노력을 무력화시키는 것이기 때문이다.

장 교수의 쥐꼬리 지분론, 경제권력론은 선정적이다. 재벌에 대한 반감을 드러내는 프레임이다. 그의 논리는 포퓰리즘적인 재벌 때리기에 이론적 토대를 제공하고 있을 뿐이다. 학자적 논리와 이성은 온데간데없다. 항상 그 밥에 그 나물이다.

재벌의 문제점으로 지적되는 소유지배괴리도도 선진기업에 비해 과도하지 않다. 소유지배괴리도는 총수가 실제 영향력을 행사할 수 있는 의결지분율에서 본인과 친인척이 직접 갖고 있는 소유지분율을 뺀 것을 말한다. 오너경영의 문제점으로 지적되는 소유지배괴리도의 경우 실제보다 과장된 측면이 강하다. 공정위에 따르면 30대 그룹의 소유지배괴리도는 30~35%로 나타났다. 의결권 승수도 7~9배로 나타났다. 하지만 도요타 등 선진 기업들의 경우 소유지배괴리도와 의결권 승수가 국내 그룹보다 3~4배 높은 실정이다.

오너경영이 좋으냐, 전문경영인 체제가 좋으냐는 가치관에 따라 평행선을 달릴 수밖에 없다. 독일과 일본 모두 순환출자와 상호출자 등의 형태로 그룹 경영체제를 유지하고 있다. 다만 한국은 오너경영이 지배적이고, 이들 나라는 전문경영인이 많다는 점에 차이가 있을 뿐이다. 미국도 60%대의 기업들이 가족경영 형태를 취하고 있다.

장 교수와 소액주주 운동가들은 상법상 계열사들의 법인 소유지분을 정면으로 부정하는 오류도 범하고 있다. 소액주주 운동가들은 재벌마다 복잡한 순환출자 구조를 갖고 있기 때문에 계열사들의 지분을 다시 개인 지분과 법인 지분으로 나눌 것을 주장하고 있다. 이중 순수 법인이 보유한 지분은 실질적인 소유권을 따질 때 제외해야 한다고 강조하고 있다.

공정위에 따르면 자산 5조 원(2011년 4월 말 현재) 이상 상호출자 제한 기업집단 중 총수가 있는 38개 기업집단의 주식은 총수 및 가족 지분 4.47%, 계열사 지분 47.36%(비영리법인 소유지분 등은 제외)로 나타났다. 소액주주 지분은 45.80%였다.

장하성 교수의 논리에 따르면 47.36%의 계열사 지분은 의제(擬制)자본, 또는 가공(架空)자본이 된다. 계열사 지분을 제외하면 소액주주들이 45.80%의 절대 다수지분을 보유하는 주인이 된다. 소액주주가 다수지분을 갖고 있음에도, 4.47%의 소수지분만 보유한 총수 및 친인척들이 그룹 경영을 오로지한다는 게 장 교수의 주장이다.

이는 오로지 개인들의 주식 소유권만 정당하고, 법인들의 지분은 개인 지분으로 환원돼야 한다는 논리나 다름없다. 개인에 대해서만 주권(株權)을 인정하는 셈이다. 이는 민주주의 사회에서 투표권이 기업에게는 없고, 개인에게만 있다는 것과 마찬가지다.

법인의 주식소유권을 부정하면 어떻게 되는가? 법인이 활동하는 데 결정적인 어려움을 갖게될 것이다. 은행이나 기업이 투자를 할 수 없게 된다. 새로운 사업에 투자할 때마다 이 돈을 누가 갖고 있고, 해당 지분은 얼마나 되는지를 꼼꼼하게 분류해야 한다. 이는 사실상 불가능하다. 정부가 바람직한 지배구조로 제시하는 지주회사(持株會社)도 설립할 수 없다. 한마디로 주식회사제도의 기반을 뿌리부터 손질해야만 한다.

소액주주 지분이라는 것도 모호하다. 장 교수 등 주주자본주의 시각을 가진 사람들은 소액주주들이 동질적인 집단인 것처럼 간주한다. 이게 합당한 주장인가? 아니다. 소액주주 지분을 하나하나 합해서 이들이 실질적인 최대주주라고 주장하는 것이기 때문이다. 장 교수의 주장과는 달리 소액주주들이야말로 이질적인 집단이다. 왜냐하면 소액주주에는 개미투자자들 외에도 각종 연기금, 금융회사, 투자회사 등 기관투자자들도 포함되기 때문이다. 계열사가 아닌 일반 회사들도 투자 목적으로 주식을 취득하는 사례가 있다.

재벌 계열사들의 주식 보유를 가공지분으로 취급해야 한다면 소액주주의 지분에 대해서도 마찬가지 원리를 적용해야 한다. 소액주주들 중 법인 보유 지분에 대해 개인들의 궁극적인 지분도 따져야 하기 때문이다. 말이 안 되는 논리다. 예컨대 45%의 소액주주 지분 중 25%를 알파펀드사가 소유하고 있다고 가정해보자. 이 펀드에 투자한 개인들이 10명이라고 한다면 각 개인들이 2.5%씩의 지분을 갖고 있다고 봐야 하는가?

문제는 연기금 등 각종 기관들이 자기자본 내지 원금만 갖고 투자하지 않는다는 점이다. 월가에서 배운 최첨단 금융공학을 동원해 자기자본금 이상의 투자를 하기 때문이다. 헤지펀드들은 수백~수천 퍼센트 이상의 높은 레버리지를 사용해서 투자하기도 한다. 장 교수처럼 개인의 궁극적인 지분에만 정당성을 부여한다면 기관들의 차입금 운용에 따라 기업의 경영지배권이 엿가락처럼 늘어나거나 줄어드는 등 종잡을 수 없게 된다.

상법은 이 같은 불확실성을 없애기 위해 개인과 법인의 소유권을 동일하게 허용하고 있다. 빚을 활용하건, 그룹 계열사 간 상호출자를 이용하건, 해당기업의 주식을 소유하고 있는 개인과 법인을 동등한 주주로 인정하고 있다.

다시 한 번 강조하지만, 상법에 개인들의 주권(株權)을 보장하는 민주주의는 없다. 주식을 얼마나 갖고 있느냐 하는 소유비율에 따른 주권(株權)만 있을 뿐이다. 재벌 총수가 상법에 맞게 정당하게 경영권을 행사하는 것에 대해 가공자본과 소수지분에 의한 황제경영, 비민주적 경제력 집중이라고 강변하는 것은 그야말로 어불성설이다.

재벌 총수들이 소액주주의 돈으로 경영권을 행사하는 것은 아니다. 오너 및 친인척 지분은 물론 계열사들의 지분을 바탕으로 정당한 경영권을 행사하고 있을 뿐이다. 이건희 회장, 정몽구 회장, 구본무 회장, 최태원 회장 등 주요 그룹 총수들은 매년 경영실적을 주총과 이사회에서 평가받고 있다. 또 경제력 집중과 불공정 경쟁과 관련한 규제권과 신규 사업 등에 대한 인허가권을 갖고 있는 정부는 물론, 투자자, 종업원, 노조, 국내외 거래선, 채권 금융회사 등 다양한 이해관계자들로부터 냉엄한 평가를 받고 있다.

장 교수는 경영권은 지분에서 나온다는 주식회사의 기본이 우리나라 재벌에는 성립되지 않는다고 강조하고 있다. 하지만 이것도 앞서 지적했듯이, 상법은 물론 주식회사 제도를 제대로 이해하지 못한 데서 비롯된 억지 주장이다.

장 교수는 또 재벌들의 경영권을 아예 법으로 보장해주는 '포이즌 필(poison pill)' 법이 추진되고 있다고 비판했다. 포이즌 필은 경영권 방어 수단의 하나로 적대적 M&A(기업인수 합병)나 경영권 침해 시도가 발생하는 경우에 대주주 등 기존 주주들에게 시가보다 훨씬 싼 가격에 지분을 매입할 수 있도록 미리 권리를 부여하는 제도를 말한다.

포이즌 필은 스웨덴의 발렌베리그룹, 미국의 포드 등 세계 각국의 기업에서 도입, 운용중인 글로벌 스탠더드법이다. 하지만 포이즌 필 관련 법이 국회에서 통과된다고 해도 삼성전자, 현대자동차, LG전자, SK텔레콤 등 국내 상장사들이 이를 활용하는 것은 현실적으로 불가능하다. 포이즌 필 도입을 위해선 회사 정관을 변경해서 주주들로부터 3분의 2 이상 찬성을 얻어야 한다. 국내 대기업의 경우 외국인이 30~50%의 지분을 갖고 있는 실정이다. 이런 상황에서 포이즌 필을 도입한다면 외국인 주주의 대거 이탈로 해당 기업의 주가 하락과 신용도 저하 등이 발생할 수밖에 없다.

외국인 지분이 절반이 넘는 삼성전자의 경우 주총에서 정관 변경이 이뤄질 가능성은 극히 희박하다. 장 교수가 이를 고려하지 않고 포이즌 필 법의 문제점에 대해 지적하는 것은 포퓰리즘적 반재벌 선전 선동에 불과하다. 반시장적 억지 논리다. 다만 포이즌 필 법은 외국인 지분이 거의 없는 중소 벤처기업들의 적대적 인수합병(M&A) 등에 의한 경영권 불안을 해소하는 데는 도움이 될 수 있다.

장 교수의 경제권력 견제론은 외환위기 이후 그가 확산시킨 주주자본주의의 연장선상에서 나온 것이다. 그는 1997년 외환위기 이후 월가식 주주자본주의를 한국에 도입했다. 이를 바탕으로 소액주주 운동을 벌여 삼성전자 등 대기업들의 지배구조와 투자행위 등에 대해 사사건건 물고 늘어졌다. 그는 2000년대 초까지 삼성전자 주총장에 참석해 집중투표제 도입과 소액주주들의 이해를 대변할 사외이사 선임방안을 놓고 경영진과 치열한 설전을 벌였다.

장 교수와 참여연대 측은 더 나아가 삼성 지배구조의 핵심인 이건희 회장과 이재용 삼성전자 사장 간의 경영권 승계까지 문제 삼았다. "왕후장상(王侯將相)의 씨가 따로 있느냐"는 다분히 선동적인 발언을 통해 삼성의 경영권 승계를 따졌다. 그는 총수들의 황제경영을 차단하기 위해선 경영투명성을 높이고 지배구조를 선진화해야 한다고 주장했다. 주력사의 부실을 막으려면 순환출자 등에 의한 계열사 간 연결고리를 차단하는 것도 중요하다고 설파했다.

장하성식 주주자본주의가 환란 이후 재벌들의 경영투명성 제고 등 일부 긍정적인 역할을 했음은 부인할 수 없다. 하지만 숱한 부작용을 양산했다. 오죽하면 그의 사촌동생인 장하준 영국 케임브리지대학 교수마저 주주자본주의에 대해 강력히 비판했을까?

주주가치 극대화를 명분으로 내건 주주자본주의는 잭 웰치 전 GE 회장이 1981년 한 연설에서 제창한 후 2008년 금융위기 때까지 전 세계를 풍미했다. 한국에서도 장하성 교수와 참여연대가 재벌식 경영을 공격하는 무기로 활용했다. 하지만 주주자본주의가 성행한 미국의 경우, 모든 경영의 최우선 순위를 주주가치 극대화에 두면서 기업경쟁력이 약화됐다. 예컨대 50년대에서 70년대까지 전체 기업 수익에서 배당금이 차지하는 비율이 35~45%였으나, 70년대 말 이후 60% 수준으로 급등하면서 근로자 해고가 급증하고, 원가절감과 투자 감축 등이 빈발했다.

미국 자동차업체인 GM과 크라이슬러가 2008년 금융위기 이후 부도 직전까지 갔다가 구제금융을 받고 기사회생한 것은 주주자본주의의 저주에 따른 것이다. 전문경영인과 주주들이 자신들의 보수와 배당몫 챙기기에 급급했기 때문이다. 반면 기업경쟁력의 생명줄인 투자와 연구개발은 소홀히 했다.

사회민주적인 경제관을 가진 장하준 교수마저 주주자본주의가 원가절감과 근로자 구조조정 등 단기실적에 급급해 주주배당과 전문경영인의 보수를 극대화하는 등 도덕적 해이에 빠졌다고 비판했다. 이러니 기업 경영에 필수적인 중장기 투자는 제대로 하지 못해 경쟁력이 점점 약화됐다.

주주자본주의가 대세를 이루면서 한국의 간판기업들의 주주를 의식한 배당 성향이 외환위기 이전보다 훨씬 높아졌다. 배당과 유보금이 많아지면서 투자는 위축됐다. 미래를 위해 씨앗을 뿌리는 작업은 더디게 이뤄졌다. 미래 먹거리에 비상이 켜진 것은 이 같은 주주자본주의의 단기경영과 배당 확대 등의 부작용에서 비롯된 측면이 강하다.

주주자본주의의 대부였던 잭 웰치마저 금융위기가 터지자 "주주가치란 세상에서 가장 바보 같은 아이디어"라고 자아비판을 해야 했다. 하지만 장하성 교수는 잭 웰치의 참회에도 아랑곳하지 않고 '주주가치병'에서 여전히 벗어나지 못하고 있다. 그는 재벌식 그룹 경영에 대해 강한 거부감을 갖고 있다. 오너경영과 그룹경영은 자본을 소수에게 집중시켜 경쟁을 제한하고, 시장 퇴화 및 자본주의 실패를 가져온다고 했다. 그룹경영은 비민주적이라는 것이다.

그러나 장하성이 비난하는 오너경영, 그룹경영은 한국식 경영의 커다란 장점으로 평가받고 있다. 삼성전자가 소니를 앞지르고, 일본 전자업체를 잇달아 추월해서 글로벌 최강자로 부상한 것은 이건희 회장 특유의 오너경영과 그룹경영이 상승작용을 일으켜 빛을 발했기 때문이다.

그룹 계열사들이 순환출자 형태로 얽혀 시너지 효과를 내는 것은 외형 확대와 투자, 시장점유율 확대 등에 매우 효율적인 경영시스템이다. 계열사 간 내부거래는 수익성이 높은 우량계열사를 통해 신규사업, 신수종사업을 벌여서 조기에 안정시키는 데 가장 적합한 방식이다. 이 경우 당분간 우량기업의 수익성이 떨어질 수 있기에 주주자본주의자들은 반대하거나 불만을 가질 수 있다.

하지만 그룹의 시각에서 보면 계열사 지원은 주력기업의 수익성이 떨어지더라도 신수종사업이 조기에 정상화되는 효과를 가져온다. 이를 통해 그룹 전체의 이익과 매출, 시장점유율은 더욱 늘어나게 된다. 한국의 반도체, LCD, 휴대폰, 화학, 자동차, 조선 등 주력제품은 대부분 그룹 계열사들의 출자 등을 통해 조기에 경쟁력을 확보했다. 삼성과 옛 현대 등이 신흥시장의 원자력 건설과 자원 개발 입찰에 참여할 때, 미국 등 선진 기업을 제친 것은 그룹경영이 강점을 발휘했기 때문이다.

종합플랜트 산업인 원전과 대규모 투자자금이 소요되는 자원 개발의 경우 재벌들은 계열 건설만이 아니라, 중공업, 자동차, 종합상사, 금융계열사 등을 총동원해 외국 경쟁사들과 붙어 승리를 따냈다. 원전이나 자원 개발만이 아니라 도로 건설, 중공업 합작 등 패키지 개발방식을 제시해 입찰국의 대통령이나 수상, 합작파트너 최고경영자의 마음을 사로잡았기 때문이다. 자금조달력 등에선 선진 기업에 비해 열세였지만, 계열사를 총동원한 벌떼전략으로 외국의 골리앗들을 물리칠 수 있었다. 그게 한국적 그룹경영의 최대 장점이다.

그룹경영은 주력업종뿐만 아니라 신수종사업을 키우는 데도 시너지 효과를 갖고 있다. 그룹경영, 선단식 경영에 따른 내부거래와 소액주주 등 외부인 간의 대립을 민주 대 비민주의 갈등으로 보는 것은 바람직하지 않다. 외부인과 내부인 간의 서로 다른 합리성의 대결로 보는 것이 타당하다.

장하성 교수의 주장처럼 그룹경영을 규제한다면 그룹경영의 장점을 사장시키는 것이다. 금융위기 이후 대기업들이 공격적인 마케팅과 투자를 벌여 시장점유율을 더욱 높인 것은 오너의 강력한 리더십과 그룹 계열사 간 시너지 효과가 주된 요인으로 작용했다. 선진 기업들이 비틀거리고 있는 동안 국내 대기업들은 그룹의 지원을 받아 외형을 더욱 확대하고 수익도 늘어나는 성과를 거뒀다.

일본 기업들은 엔고 이후 기업경쟁력 약화와 투자 부진으로 주춤거리고 퇴보하는 면이 있다. 반면 삼성, 현대자동차, LG, SK 등은 오너의 리더십, 미래전략실 등 그룹 참모조직, 계열사 간 선단식 경영 등을 바탕으로 주력사업 분야에서 글로벌 강자의 위상을 다져가고 있다.

삼성과 현대자동차가 글로벌 강자로 도약하는 데는 사운을 건 오너의 결단이 핵심역할을 했다. 삼성이 일본 도시바 트렌치방식의 반도체 회로 기술을 따라가지 않고, 스택방식의 독자적인 것을 개발한 것은 이건희 회장의 최종 결심에 의해 가능했다. 현대자동차는 90년대 대형차 생산을 위한 대형엔진 개발을 둘러싸고 기술 제휴선인 미쓰비시자동차 엔진을 수입해야 하는 문제로 격심한 논쟁을 벌였다. 현대자동차가 대형엔진을 독자 개발하는 것은 엄청난 자금과 시간이 필요했다. 기술적으로도 힘겨운 도전이었다 하지만 현대자동차 회장은 뚝심으로 독자 개발을 밀어붙였다. 전 세계 엔지니어들을 영입해 불철주야 연구 개발에 매진한 결과, 마침내 대형엔진의 기술 자립을 이룩하는 쾌거를 이루었다.

엔진 국산화에 박차를 가한 현대자동차는 최초 알파를 거쳐 베타, 세타엔진을 잇따라 내놓은 데 이어 2009년에는 타우엔진까지 선보여 명실상부한 엔진 분야의 선진 기업으로 우뚝 섰다. 현대자동차는 핵심 부품인 엔진의 기술 자립과 함께 연산 650만 대 생산체제를 구축, 세계 5대 자동차메이커로 발돋움했다. 정몽구 현대자동차 회장이 왕자의 난을 거쳐 계열 분리할 당시, 현대자동차는 세계 11위의 군소메이커에 지나지 않았다. 미국의 빅3, 일본의 도요타, 혼다, 유럽의 벤츠, 폭스바겐 등 골리앗에 밀려 금세 사라질 것이라는 우려도 적지 않았다. 하지만 정몽구 회장의 강력한 리더십과 공격적인 투자 및 글로벌 마케팅, 지독한 품질경영 등이 어우러져 비약적인 성장을 한 것이다.

장 교수식으로 소수 지분을 가진 정몽구 회장에게 소액주주의 의사에 반해 경영을 좌지우지하니 이젠 현대자동차 경영에서 물러나라고 했다면 어떻게 됐을까? 누가 회장이 됐어도 결과는 마찬가지일 것이라고 우기는 사람도 있을 것이다. 하지만 현대자동차가 세계 빅5에 진입한 데는 정 회장 특유의 카리스마적 리더십을 빼놓고는 이야기를 할 게 별로 없다.

한국식 오너경영은 위험을 수반하는 사업일수록 효율적이다. 일본 기업들이 활력을 잃어버린 것은 대부분 최고경영자들이 중요한 순간에 과감하게 결정하지 못하는 현상이 확산되고 있기 때문이다. 일본 기업들이 결정을 미루는 것을 '사키오쿠리(先送り) 현상'이라고 한다. 투자 등 핵심 의사결정은 부하에게 전가하고, 정작 자신은 외부 활동에 많은 시간을 할애하는 전문경영인이 많다. 특히 재임 중 획기적인 성과보다는 전임자와 비슷한 성과를 내는 것에 대체로 만족하는 경향이 강하다. 대규모 투자는 후임자에게 미루는 것도 일본 전문경영인들에게 만연해 있는 현상이다.

장 교수가 '기업집단법' 제정을 제안한 것은 오너경영 체제를 계열사별 전문경영인 체제로 바꾸고, 순환출자식 그룹경영도 규제하는 것을 목표로 하고 있는 듯하다. 그의 생각은 한국식 그룹경영의 장점을 부정하고, 갈 길 바쁜 한국 경제의 지속적 성장도 둔화시킬 잘못을 범할 수 있다.

일본 정부와 기업들은 요즘 '타도 삼성', '타도 현대자동차'의 기치를 높이 들고 있다. 글로벌 강자로 부상한 삼성, 현대자동차 등을 경계하면서 이들 기업의 경쟁력 원천과 재추월 전략을 분석하느라 바쁘게 움직이고 있다. 《일본경제신문》은 2011년 8월에 삼성을 따라잡는 방안에 대해 심층 분석한 기획기사를 시리즈를 내보냈다. 일본 기업의 영원한 추종자, 모방자로 간주됐던 한국 기업들이 자국 간판기업들을 잇달아 제치며 세계시장을 향해 질주하는 것에 대한 강한 경계심을 드러내고 있는 셈이다. 삼성 이건희 회장의 리더십과 세계적인 수준의 경영효율, 경쟁력은 미국 하버드대 비즈니스 스쿨에서도 연구대상이 되고 있다.

장하성이 한물간 주주자본주의와 편향된 논리에 입각해 한국식 오너경영과 그룹경영을 물고 늘어지는 것은 아직도 한참 달려야 할 한국 제조업의 미래에 재를 뿌리는 것과 같다. 세계적으로 주목의 대상이 되는 한국식 경영의 장점을 비난하는 것은 영향력 있는 학자의 태도가 아니다. 국민소득 2만 달러에 불과한 한국은 아직도 3만 달러, 4만 달러를 향해 달려야 한다. 그렇잖아도 잠재성장률 하락으로 한국 경제의 미래가 불투명한 상황에서 성장과 고용, 투자의 견인차인 대기업에 '짱돌'을 던지고, 억지로 끌어내리려는 것은 자해(自害) 행위이다.

물론 재벌식 그룹경영의 문제점도 숱하게 많다. 정경유착과 비자금 폐해, 편법 상속 등의 문제점은 바로잡아야 한다. 재벌의 경영투명성을 지속적으로 개선하고, 2~3세에 대한 떳떳한 상속절차를 밟는 것도 중요하다. 미흡하다는 비판을 받는 중소협력업체와의 동반성장에도 더욱 신경을 써야 할 것이다. 비정규직 등 사회적 약자를 배려하고, 양극화 등으로 소외된 이웃들을 위한 나눔과 기부에도 관심을 가져야 할 것이다. 돈만 버는 샤일록 이미지를 벗어내는 작업은 시장경제와 자본주의의 건전한 발전을 위해서도 해야 한다. 그런 점에서 정몽구 현대자동차 회장, 정몽준 현대중공업 대주주(의원) 등 범현대가 대주주들이 1조 원대 규모의 재산을 출연키로 한 것은 고무적이다.

재벌 총수들의 대규모 재산 기부는 대기업과 오너의 사회적 책임을 요구하는 이명박 정부의 공생발전 방안에 화답하는 성격이 강하다. 하지만 따뜻한 시장경제, 사회적 약자와 함께 더불어 사는 경제를 위해서는 대기업과 오너들이 일정 부분 역할을 해야 하는 것은 피할 수 없다. 시장경제의 문제점을 보완하고, 모두의 행복을 위해서는 시장경제를 이끌어가고, 시장경제 시스템을 통해 부를 축적한 대기업과 대주주들이 박애자본주의를 실천해야 한다.

장 교수가 비판하는 소액주주의 이익 침해는 경영투명성을 확보하고, 감사기능 강화를 통해서 해결하면 된다. 그룹별 내부거래 기준과 한도를 설정해 놓으면 소액주주들은 처음부터 그 위험을 감안해서 투자할 것이다. 내부거래 상한선 이상의 거래를 할 경우에는 이사회의 승인을 거치게 하는 등의 규제를 하면 그룹경영의 폐단을 제거해 나갈 수 있다.

지배구조에는 정답이 없다. 소유와 경영이 일치된 한국식 오너경영이 좋으냐, 소유와 경영이 분리된 미국식 전문경영인 체제가 좋으냐는 국가별 기업 역사와 기업문화, 대주주의 리더십, 시장 상황 등에 따라 다양하게 나타날 수밖에 없다.

미국, 유럽, 일본 등 선진국은 기업 역사가 100~200년 이상 경과하면서 오너경영과 전문경영인 체제가 혼재돼 있다. 한국은 기업 역사가 60여 년밖에 되지 않아, 아직은 오너가 진두지휘하는 오너경영, 그룹경영이 주류를 이루고 있다. 한국식 오너경영에 대한 비판도 많다. 하지만 오너경영은 단기경영보다는 멀리 내다보는 중장기경영으로 대규모 투자와 시장점유율 확대를 추진함으로써 글로벌 경쟁력을 높여가고 있다.

한국 기업들은 삼성전자, 현대자동차, 현대중공업, 포스코 등 일부 초일류기업을 제외하면 세계적인 수준의 기업에 비해 경쟁력이 취약하다. 매출, 투자, 순익, 기술력, 시장점유율 등에서 아직 갈 길이 멀다. 허리띠 바짝 조이고 더 달려야 한다. 헤비급 수준의 선진 기업에 비해 라이트급, 미들급 수준의 한국 기업들은 오너의 강력한 리더십을 바탕으로 벌떼전략을 써서 선진국 골리앗들과 맞상대해야 한다. 조금만 방심해도 죽는 치열한 경쟁 환경이다.

장 교수는 세계 시장에서 혼신의 힘을 다해 영토를 넓혀가는 대기업들의 뒷다리를 잡지 말아야 한다. 다시금 미국 및 유럽발 재정위기로 인해 세계 금융시장이 출렁하고 있다. 이는 전 세계 실물경제에도 악영향을 미치고 있다. 수출과 외환보유액 확충의 견인차인 대기업들이 반대기업 정서 확산과 정부의 각종 규제로 경영활동이 위축되면 투자가 축소될 것이다. 이는 고용과 재정, 성장에도 좋지 않은 영향을 준다. 대기업들의 실적이 나빠지면 외국인이 돈을 빼갈 것이다. 증시는 '셀코리아'로 큰 타격을 받을 수밖에 없다. 그리스 부도위기로 유럽계 자금이 대거 이탈하면서 주가 폭락, 환율 급등의 충격파가 일어나고 있다.

유럽계 자금의 '셀코리아' 속에서도 삼성전자, 현대자동차 등의 주가는 큰 충격을 받지 않고 있다. 그만큼 한국 대기업의 제품경쟁력과 글로벌 시장 지배력을 신뢰하기 때문이다.

장 교수는 한국식 기업의 장점인 그룹경영을 비난만 하지 말고 건전한 대안을 마련해야 한다. 그래야 학자로서 존경을 받고, 그의 말 한마디에 국민들이 경청하는 경영그루가 될 수 있다. 그는 경제권력을 견제하지 못한다면 "정권은 유한하지만, 재벌은 영원하게 될 것"이라고 비아냥거렸다. 그의 지적은 한참 잘못됐다. 외환위기 이후 30대 재벌 중 대우, 쌍용, 진로 등 무려 16개 재벌이 망했다. 대마불사(大馬不死) 신화는 깨졌다.

지금도 재벌들은 하루하루 시장에서 평가받고 있다. 스마트폰 시장에서 뒤늦게 대응한 LG전자 최고경영자가 시즌 중에 경질되고, 회사도 주가 하락과 대대적인 구조조정으로 몸살을 앓는 것은 무엇을 뜻하는가? 경제권력은 이처럼 견제받지 않는 게 아니다. 시장에서 냉혹한 심판을 받고 있다.

장 교수는 경제권력도 도전받아야 한다고 했다. 하지만 외려 대학교수들만이 여전히 도전받지 않는 성역으로 남아 있다. 한국에서 모든 부문이 경쟁에 노출돼 격심한 생존경쟁을 치르고 있지만, 대학교수들만은 경쟁 무풍지대에서 권위를 누리고 있다. 편향된 논리로 재계를 괴롭히는 대학교수들도 견제받아야 한다. 장하성 교수도 예외가 아니다. 그가 좀비로 전락한 주주자본주의, 소액주주 논리를 바탕으로 대기업들에 대해 똑같은 훈수를 둔다면 학자로서의 명성은 퇴색할 것이다. 권위도 세울 길이 없다. 국가 장래, 기업의 진정한 경쟁력을 생각하는 학자적 자세가 아쉽다.

02
노무현 정부보다 심한 MB 정부의 반재벌 드라이브

"노무현 정부보다 더 반(反)기업적이다." "참여정부도 상상 못했던 일들이 벌어지고 있다. 대단히 충격적이다." "우회전 깜빡이를 켜고 좌회전한다. 좌파세력의 재집권을 도와주는 꼴이다."

이명박 정부의 반대기업적인 행보가 재계를 몹시 불편하게 만들고 있다. MB 정부의 행태를 보면 우파의 강점을 포기하고, 좌파와 똑같은 포퓰리즘(인기영합주의)에 빠지는 잘못을 범하고 있다. 이대로 가면 잘 잡히지 않는 '산토끼' 잡으려다 충성스런 '집토끼'마저 도망갈 조짐을 보이고 있다. 2012년 대선에서 보수우파의 정권재창출 가도에 비상등이 켜질 수도 있다고 주류경제학자들은 경고하고 있다. 보수를 부끄러워하는 보수정권이 반기업, 반시장적 정책들을 양산하고 있기 때문이다. 재계는 지금처럼 기업들을 불편하게 하고, 경영 환경마저 악화시키는 정책 어젠다들이 양산된다면 좌파정부보다 나을 게 없다고 불만을 터뜨리고 있다.

가장 큰 문제점은 좌파정부 시절과 차별성이 없어진다는 점이다. 노무현 정부는 집권기간 내내 재계와 불편한 긴장관계를 유지해 왔다. 서슬퍼런 재벌개혁 로드맵을 만들어 금산분리 강화와 가공자본에 의한 순환출자 억제 및 지주회사 도입을 밀어붙였다. 비자금과 X-파일사건 등에 연루된 이건희 삼성회장, 정몽구 현대자동차 회장 등은 검찰 수사로 곤욕을 치러야 했다.

참여정부는 재벌들의 경영권 본질에 대한 제도적 규제를 하려다 성공한 것이 별로 없었다. 오히려 중소기업 고유업종을 폐지한 데다, 한미자유무역협정(FTA) 협상 과정에서 경제 논리로 접근해 재계의 공감을 샀다. 뜨거운 이슈였던 아파트 분양가 공개 문제도 시장원리에 맞지 않는다며 유보하는 융단을 보였다. 당시 열린우리당 김근태 전 의원 등 강경파, 좌파 시민단체에서는 분양원가 공개를 촉구한 바 있다.

이명박 정부에 대해 역대 정권 중 가장 반시장적인 정부라며 볼멘소리를 하는 재계 인사도 적지 않다. '여우 피했더니 호랑이가 나타났다'는 것이다. 재계가 현 정부의 경제정책에 대해 노무현 정부보다 더 무섭다며 불만을 터뜨리는 것은 무엇 때문일까?

무엇보다 참여정부도 주저했던 것을 마구 도입하고 있기 때문이다. 주요 업종에 대한 무리한 가격인하 압박이 대표적이다. SK에너지 및 GS칼텍스 등 정유사와 SK텔레콤, KT 등 통신사들에 대해 원가공개와 가격인하를 거의 협박 수준으로 요구해 왔다.

최중경 전 지식경제부 장관은 심지어 정유사들이 손해를 보더라도 정부의 물가안정 정책에 협조하라고 강변했다. 정유사들은 2011년 4월부터 6월까지 울며 겨자 먹기로 리터당 100원을 내려야 했다. SK에너지의 경우 4월 초 가격을 인하한 다음 날 증시에서 2조 원의 시가총액이 허공으로 사라졌다. 정유사 4개사는 3개월간의 가격인하로 2분기 경영수지가 적자로 반전됐다. 정부는 이들 정유사들이 마치 공기업인 양 가격을 내리라거나, 원유 수입원가를 공개하라는 등의 요구를 해왔다. 최 전 장관은 정유사들이 2분기에 적자를 낸 것에 대해 '아름다운 희생'이란 궤변을 늘어놓았다.

공정경쟁을 다뤄야 할 공정거래위원회도 요즘 '물가잡기위원회'로 변질됐다. 김동수 위원장은 이명박 대통령이 물가억제 정책을 지시한 후 곧바로 물가안정전담팀까지 신설해 가격인하에 비협조적인 업종마다 불공정경쟁 조사를 벌이고 있다. 업종별 대표를 불러다가 협약식을 갖는 등 이벤트성 행사도 부쩍 늘리고 있다.

정부가 정유사에게 적자를 감수하고 가격을 내리라고 위협한다면 그 손실은 누가 감당할 것인가? 정부가 국민세금으로 보전해줄 것도 아니면서 무리하게 기업의 팔목을 비틀면 어느 기업이 버텨낼 재간이 있는가?

원가공개와 가격인하 압박은 법적 근거도 모호하다. 자칭 공인회계사라며 정유사의 원가구조를 파헤치겠다며 객기를 부린 최 전 장관의 발언에는 어이가 없다. 시장경제 존중과 기업의 자율, 창의, 기업하기 좋은 환경을 공약으로 내걸었던 이명박 정부의 'MB노믹스'는 이미 형체도 알아볼 수 없을 만큼 만신창이가 됐다. 당정이 2011년 9월 초 내년 세법개정안에서 소득세, 법인세 감세마저 철회키로 한 것은 MB노믹스에 사망선고를 내리는 기념비였다. 현 정부의 경제정책은 우파포퓰리즘과 좌파포퓰리즘이 마구 뒤섞인 '잡탕밥'으로 전락했다.

이명박 정부 출범 초기인 2009년에 기업하기 좋은 환경 조성과 투자활성화를 위해 폐지시킨 출자총액제한제도도 부활시켜야 한다는 목소리가 높아지고 있다. 정운찬 전 총리는 동반성장위원장을 맡아 초과이익공유제로 재계를 발칵 뒤집어놓은 데 이어 출총제 부활의 필요성을 개진해 또다시 재계를 불안케 하고 있다.

경제력 집중이 심화되는 것을 억제하려는 출총제는 규제 효과가 거의 없는 것으로 판명이 났다. 공정위에 따르면 20대 그룹의 신규 편입 계열사는 2008년 128개, 2009년 143개, 2010년 115개사가 늘어난 것으로 조사됐다. 출총제 폐지 이후 3년간 20대 그룹에서 총 386개사가 신규 계열사로 편입된 것이다.

이 같은 계열사 증가는 출총제 폐지가 성공했음을 보여주는 사례다. 늘어난 계열사 중 789.1%인 305개사는 기존 업종의 수직계열화를 위해 설립됐기 때문이다. 또 신규 편입 계열사 중 총수 일가가 직접 지배권을 가진 계열사는 8개에 불과했다. 노무현 정부 때도 출총제는 누더기 법안으로 전락했었다. 첨단 업종이나 사업에 대해서는 예외 인정을 많이 해주고 있었기 때문에 규제의 실효성이 거의 없다는 비판이 참여정부 안팎에서 제기된 바 있다.

그런데 보수정부가 다시금 출총제 부활의 필요성을 언급하고 있다. 출총제 폐지는 이명박 정부의 치적으로 평가받아 왔다. MB노믹스가 무대 뒤로 사라진 상태에서 유일하게 남은 규제완화였다. 이것마저 부활시킨다면 이명박 정부의 경제정책 정체성은 심각하게 훼손될 것이다. 출총제 규제를 하는 나라는 우리나라가 유일하다.

정부가 법인세의 감세를 철회한 것도 정치권의 포퓰리즘에 굴복한 것이다. 감세는 기업들의 투자를 활성화시켜 성장을 촉진하고, 일자리를 창출하는 효과를 가져온다고 강조했던 정부가 야당의 부자감세 프레임에 갇혀 백기 투항한 것이다.

보수정부인 이명박 정부가 반시장적인 정책을 양산하는 것은 경제팀의 성향과도 관련이 있다. 현 경제팀은 모피아(옛 재무부 출신 관료들과 마피아를 합성한 말)가 대다수 점령하고 있기 때문이다. 최중경 전 지경부장관, 김석동 금융위원장, 권혁세 금융감독원장 등은 대표적인 옛 재무부 이재국 출신이다. 윤증현 전 기재부장관도 97년 말 재정경제원 금융정책실장을 맡은 후 환란 책임으로 불명에 퇴진했다가 노무현 정부들어 금융감독위원장을 거쳐 이명박 정부에서 기재부장관으로 영전을 거듭했다. 경제기획원(EPB) 출신인 박재완 기재부장관(성균관대 교수 역임)과 김대기 경제수석을 제외하면 주요 경제부처를 모피아들이 쥐락펴락하고 있는 것이다. 이들은 환란 당시 재경원 이재국과 국제금융국 등에서 일하면서 한솥밥을 먹은 정통 재무관료들이다.

모피아들은 나라 곳간을 관리하는 업무 특성상 금융기관들과 대기업들에 대한 규제 지향적 정책을 많이 해왔다. 금융회사의 인사를 좌지우지하고, 대기업 여신규제 정책도 주도하는 등 관치금융의 달인들이었다. 외환정책에서도 규제의 칼을 휘둘렀다. 이러니 금융회사나 만성적인 자금 부족에 시달리던 대기업들은 모피아들의 '밥'이었다. 이들의 정책에 따라 대출한도가 결정되고, 기업의 생사가 달라지고, 은행장이 결정됐기 때문이었다. 모피아는 속칭 젖과 꿀이 흐르는 부처 관료였다.

모피아들은 규제 위주의 정책을 해오다 보니 멀리 내다보고 국가경제의 미래 전략이나 비전을 가다듬는 데 미흡했다. 반면 EPB 관료들은 나라 경제의 기틀이나 미래를 고민해야 하는 특성상 미래에 대한 고민을 많이 했다. 또 모피아처럼 산하부처도 없었기 때문에 개인의 능력만이 성공을 보장한다는 생각이 강해 실력을 연마하는 데 힘을 쏟았다. 모피아들은 현실적인 이야기를 주로 하는 경향이 강하다. 반면 EPB맨들은 종종 나라를 어떻게 설계하고 시스템을 바꿔 나갈지를 놓고 걱정하고 고민했다. 스타일이 달랐다. 모피아가 규제 지향적이라면, EPB맨들은 규제완화 성향이 두드러졌다.

김영삼 정부가 환란을 당한 데는 재무부와 경제기획원을 합쳐 재정경제원을 출범시킨 것과 연관이 있다는 지적도 나오고 있다. 당시 부총리 겸 재경원장관의 업무는 워낙 과중했다. 각종 행사에 얼굴을 내밀어야 하는 데다, 경제팀장으로서 주관하는 회의 등이 많았다. 이러니 과거 EPB 장관처럼 현실의 급박한 현안에서 벗어나 경제체질 개선방안이나 국가경제 미래전략 등을 구상하는 데 한계가 있을 수밖에 없었다.

현 정부 경제팀에 모피아들이 전면포진하면서 규제완화 지향의 보수 정권의 정체성과는 맞지 않게 규제 위주의 정책과 행정지도들이 남발되고 있다. 실물을 다루는 지경부마저 모피아 출신의 최 전 장관이 맡았던 것도 문제가 됐다. 지경부는 산업정책과 에너지를 관장하는 부서로 기업과 산업의 경쟁력 강화를 위해 친기업적인 행보를 보여도 시원치 않을 부서다. 그런데도 모피아의 특성이 몸에 밴 최 전 장관은 실물경제의 특성을 무시한 채 고압적인 발언으로 재계를 불편하게 만들었다. 그는 "중소기업의 납품단가를 깎는 대기업 임원은 해고시켜야 한다", "공인회계사로서 정유사의 원가구조를 파헤치겠다", "손해를 보더라도 물가안정을 위해 가격을 내려야 한다"는 등의 반시장적 발언을 쏟아내 원성을 샀다.

정운찬 전 총리의 초과이익공유제도 반시장적인 정책의 대표적인 사례다. 친서민과 정권지지도 회복에 도움이 된다면 시장경제 근간을 흔들고 기업가정신을 죽이는 좌파 인기영합 정책이라도 마구 갖다 쓰겠다는 조급증이 두드러진다. 이들 정책들은 좌파 노선의 노무현 정부조차 생각하지 못했던 사안들이다.

곽승준 대통령 직속 미래기획위원장이 2011년 4월에 국민연금을 동원한 삼성전자 등 재벌 견제 방안을 밝힌 것도 재계를 긴장시키는 대표적인 사례다. 곽 위원장의 구상은 국민연금이 보유 중인 삼성전자, 현대자동차, LG화학, SK이노베이션, KT, 포스코 등 주요 상장대기업들의 주주권을 최대한 행사해 재벌 총수의 경영권을 견제하겠다는 데 초점이 맞춰져 있다. 국민연금은 현재 324조 원이 조성돼 있으며, 139개 상장사에 대해 5% 이상의 지분을 보유하고 있다.

곽 위원장의 의도는 재벌들이 동반성장과 공생발전에 미흡하다는 것을 전제로 깔고 있다. 국민의 노후 쌈짓돈을 재벌들의 경영을 감시하고, 경영투명성을 높이는 지렛대로 활용하겠다는 포석이다. 국민연금은 앞으로 주식 매입규모를 더욱 늘릴 예정이어서 기업에 대한 견제도 강화될 수 있다. 현재 시가총액의 4%를 보유 중인 국민연금은 2015년에는 그 비중이 8%로 높아지고, 2021년에는 무려 18%까지 확대될 예정이기 때문이다.

국민연금의 주식매입이 급증하면 상당수 재벌 계열사의 최대주주로 부상할 것으로 전망된다. 정부 정책에 미온적인 재벌과 총수들을 손볼 수 있는 강력한 통제수단을 갖게 되는 셈이다. 이는 자칫 연금사회주의, 국가지주회사로 변질될 수 있다.

국민연금은 기업 가치를 극대화하는 투자자는 아니다. 특히 정권의 정치적 의도를 강요하는 수단으로 국민연금을 사용하는 것은 시장원리에 어긋난다. 국민 모두의 공유재산인 국민연금을 이용해 임기 5년 동안 한시적으로 권력을 위임받은 특정 정권이 미운털 박힌 대기업과 오너들을 쥐락펴락한다면 그 후유증은 불 보듯 뻔하다.

국민연금이 수익 극대화를 위해 주주권을 행사하는 것은 필요하다. 하지만 국민연금의 기업 투자는 투자수익을 높이기 위한 재무적 투자에 그쳐야 한다. 이를 무시하고 기업들을 노골적으로 견제하는 지렛대로 사용한다면, 기업의 활력을 크게 훼손하고 자본주의의 혼을 죽일 수 있다. 국민연금 활용 방안은 노무현 정부 시절 386세대들이 재벌을 혼내주겠다며 기획했지만 폐기된 사안이다. 그런데 시장경제를 기치로 내걸고 출범한 이명박 정부의 청와대 참모가 다시 서랍에서 꺼낸 것이다.

곽 위원장의 이 같은 방안에 대해 책상물림의 해프닝으로 폄하하는 시각도 있다. 하지만 청와대 핵심들과 사전조율된 것이라면 문제는 커진다. MB 정부의 정체성과도 맞물린 사안이기 때문이다. 곽 위원장이 국민연금 카드를 꺼낸 것은 이건희 회장을 견제하려는 것이 주된 요인으로 작용했다. 이 회장은 2011년 3월 전경련 회장단 회의에 앞서 현 정부의 경제정책에 대해 평가를 해달라는 기자들의 질문에 "낙제점은 면했죠"라고 답변했다.

대통령의 신임이 두터운 곽 위원장은 이 회장의 발언에 대해 격앙된 반응을 보였다고 한다. 그동안 법인세 등 감세와 규제완화 등을 통해 대기업들을 지원했는데, 대기업 총수가 정작 정부에 대해 인색하게 평가했다며 불편한 감정을 드러냈다는 것이다. 곽 위원장은 청와대 내 '이너서클' 모임에서도 재벌의 상징인 '삼성 견제'가 필요하다는 점을 개진했다고 한다. 이처럼 국민연금 동원 발상은 재벌 군기잡기 차원에서 나온 것으로 보인다.

곽 위원장의 성급한 구상은 오히려 이명박 대통령에게 누를 끼칠 수 있다. 정권의 지지기반을 뒤흔드는 악수가 될 수밖에 없기 때문이다. 정통 경제학자인 그가 이런 발상들을 한 것 자체가 충격적이다. 갈등을 유발하는 정책을 내놓는 것은 청와대를 위해서도 바람직하지 않다. 곽위원장의 대통령에 대한 충성심은 높이 살 만하다. 이 대통령이 퇴임 후에도 성공한 대통령으로 평가받도록 나름대로 충정에서 이 같은 방안들을 내놓은 것일 수도 있다. 하지만 농익지 않은 정책들을 불쑥불쑥 던지는 것은 대통령에 대한 과잉충성으로 비칠 수도 있다. 오버하면 사고를 내기 십상이다. 과유불급(過猶不及)이라고 했다.

그가 삼성전자를 예로 들어 "거대 권력화된 집단"이라며 "삼성의 거대 관료주의를 깰 필요가 있다"는 점을 강조한 점도 예사롭지 않다. 삼성전자가 기존 핸드폰 시장에 안주하며 애플의 아이폰 쇼크에 초기 어려움을 겪은 것은 관료주의 기업문화에 기인한다고 비판한 것이다. 그의 비판은 책상물림의 안이한 생각이다. 삼성전자는 전 세계 휴대폰업체 중 유일하게 스티브 잡스의 아이폰에 맞서 세계 스마트폰 시장에서 선전하고 있기 때문이다. 초기엔 어려움을 겪었지만, 최근엔 스마트폰 판매대수에서 비슷한 수준으로 올라간 것도 삼성의 기동성을 잘 설명해 준다.

휴대폰 시장의 절대 강자였던 핀란드의 노키아는 애플의 아이폰 돌풍에 밀려 시장점유율이 추락 중이다. LG전자도 뒤늦게 대응하면서 고전하고 있다. 그래도 삼성전자는 애플을 맹추격하며 안드로이드폰 진영의 대표주자로 위상을 굳히고 있다. 삼성전자는 갤럭시S, 갤럭시S2 등을 잇달아 내놓아 애플과 함께 글로벌 2강 구도를 형성하고 있다. 갤럭시S와 갤럭시S2는 각각 천만 대 이상 팔리는 초베스트셀러 휴대폰이 됐다. 곽위원장이 굳이 삼성의 관료문화를 비난 안 해도 삼성은 신속하게 스마트폰 생산체제를 구축하고 애플에 도전장을 던지고 있다. 위기를 실감한다면 곽 위원장보다도 이건희 회장과 삼성전자 임직원들이 더할 것이다.

삼성이 관료주의에 빠져 신수종 개발에 불안한 모습을 보이고 있다는 비난도 어불성설이다. 삼성은 어느 그룹보다도 5년, 10년 이후의 새로운 먹거리 찾기에 부심하고 있다. 이건희 회장은 2010년 경영 복귀 후 일성으로 "앞으로 10년 안에 지금 삼성을 대표하는 주력제품들이 다 사라질 것"이라며 경각심을 일깨웠다.

삼성은 태양전지, 자동차용 전지, 발광다이오드, 바이오제약, 의료기기 등 5대 신수종사업을 선정하고, 총 25조 원을 투자한다는 야심찬 계획을 추진 중이다. 삼성이 새만금에 7조 6000억 원을 투자해 태양전지 등 그린에너지 산업단지를 조성키로 한 것도 이 같은 맥락이다. 미래 먹거리 시장 선점을 위한 발 빠른 행보인 셈이다. 청와대가 훈수를 두기 전에 이미 삼성은 신수종사업 발굴에 혼신의 힘을 기울이고 있는 것이다.

현대자동차, LG, SK, 포스코 등 다른 그룹들도 사활을 걸고 미래 먹거리 찾기에 나서고 있다. 재계는 지금 같은 글로벌 경쟁 환경에서 투자를 늦추면 시장에서 도태된다는 위기의식을 갖고 있다. 만약 곽 위원장의 국민연금 동원 방안이 현실화된다면 삼성전자 사장과 현대자동차 사장 등 주요 대기업들의 최고경영자는 청와대의 낙점을 받아야 하는 사태가 올 수 있다. 지금도 민영화된 KT와 포스코의 회장 등 최고경영자(CEO) 인선에 정부의 입김이 논란을 빚고 있다. 더 나아가 민간기업 CEO까지 청와대와 정부의 사전내락을 받아야 하는 코미디 같은 일이 벌어질 수도 있는 것이다. 기업의 공기업화 등 국가자본주의의 가능성까지 우려된다.

그의 발언은 견강부회한 측면이 많다. 주식회사는 기본적으로 1인 1표가 아니라, 1주(株) 1표의 주권(株權) 개념이 적용되기 때문이다. 주식회사는 개인들의 동등한 주권이라는 개념 위에 만들어져 있지 않다. 상법상 주권은 정치민주주의와는 완전히 다르다는 것을 전제해야 한다. 이런 점에서 보면 국민연금도 소액주주에 불과하다. 삼성전자의 지분 분포를 보면 이 회장(3.38%), 부인인 홍라희 여사(0.74%), 아들인 이재용 사장(0.57%) 등이 주식을 소유하고 있다. 여기에 삼성생명(7.45%), 삼성화재(1.26%) 등 이 회장과 특수관계인이 상당수 갖고 있다. 이 회장과 특수관계인이 삼성전자 주식의 15.25%를 갖고 경영권을 행사하고 있는 셈이다. 국민연금은 이 회장과 특수관계인에 비하면 소액주주인 셈이다.

곽승준의 미래기획위원회가 좌파정부 시절 주주자본주의의 나팔수가 된 참여연대의 잘못된 시각을 대변하는 것 같아 안타깝다. 곽 위원장이 재계를 발칵 뒤집어놓는 구상들을 내놓는 것은 전통적 지지 세력인 재계를 혼란에 빠트리는 악수가 될 수밖에 없다. 청와대가 민심과 정권지지도만을 고려한 정무적 판단에 함몰되지 않았으면 한다. 정무적 판단에 치우치면 포퓰리즘에 빠질 가능성이 크다.

이명박 정부는 보수정권의 재창출을 위해서도 정권 출범 초기의 초심으로 돌아가야 하지만 이젠 되돌아갈 언덕마저 없어졌다. 여당의 포퓰리즘에 밀려 감세, 작은 정부, 규제완화 등 MB노믹스의 핵심들이 줄줄이 폐기되고 있기 때문이다. 그래서 이 정부의 경제철학은 누더기가 됐다.

경제가 어려울수록 정체성을 지키면서 체질 개선을 통해 난국을 돌파하는 게 순리다. 성장과 일자리 창출의 주역들인 대기업들이 일하기 좋도록 규제 혁파 등 제도를 개선하고, 금융 및 조세제도 등을 손질하는 데 힘써야 한다. 다시금 산업정책이 규제 위주의 정책으로 회귀한다면 시계바늘을 거꾸로 돌리는 일이다.

기업이 신나게 일할 수 있는 분위기를 만들어줘야 투자가 살아나고 일자리도 늘어날 것 아닌가? 동반성장도 강압적으로 요구할 게 아니라 대기업들의 자발적 협조를 유도하도록 분위기 조성에 힘쓰는 게 효율적이다. 매를 드는 게 능사는 아니다.

보수정권인 이명박 정부가 집토끼가 언제나 선거 때만 되면 우파정권에 표를 줄 것이라고 안이하게 생각하고 있다면 큰 오산이다. 집토끼를 내팽개치고 '산토끼'를 잡는 데만 혈안이 된다면 지지층 이탈로 더 큰 화를 초래할 수 있다. 집토끼도 도망갈 수 있음을 유념해야 한다. 민간경제를 이끌어가는 기업인들의 심리를 다독거려야 한다. 그들을 뿔나게 해서는 안 된다.

03
여야의 반시장적 규제 강화

동네북이다. 마녀사냥의 표적이 됐다. 승자독식의 포식자라는 비난이 난무한다. 경제민주화를 위한 개혁 대상으로 전락했다. 반공정, 반상생으로 중소기업 고사시키는 악당이 됐다.

요즘 대기업을 두고 하는 말이다. 과도한 재벌 때리기가 정부, 여야를 가리지 않고 전방위로 이루어지고 있다. 장마철 장대비가 내리듯이 재계에 폭풍우가 몰아치고 있다. 그 기세가 너무나 서슬 퍼렇다. 다들 재벌 못 잡아 안달하는 늑대가 된 것 같다. 반재벌 정서에 편승해 혼 좀 내줘야겠다는 분위기마저 감돌고 있다.

국회는 툭하면 총수들을 청문회에 나오라고 압박했다. 조남호 한진중공업 회장은 경영난으로 200여 명을 정리해고 했다가 청문회에 불려나가 호되게 매를 맞았다. 허창수 전경련 회장 등 경제단체장들도 불려가 의원들로부터 질책을 당했다. 의원들은 재계를 대표하는 기업인들이 청문회 등에 출석하면 합리적 토론이나 경쟁력 강화 방안, 비정규직 대책 등에서는 대화를 닫아버리기 일쑤다. 국민들을 의식한 고함, 질타 등에 몰두하곤 한다. 재계의 목소리를 대변하는 경제단체장들이 정부와 정치권에 쓴소리를 했다고 해서 불러다 혼내는 게 한국 정치권의 슬픈 풍경이다.

재계는 말을 못하는 분위기다. 허창수 회장이 6월에 여야의 감세 철회 움직임에 대해 투자와 일자리 창출을 저해할 수 있다고 비판했다가 청문회에서 의원들로부터 십자포화를 당한 것이 대표적인 사례다. 허회장은 이어 반값 등록금 등 무분별한 포퓰리즘이 국가 장래와 재정에 악영향을 줄 수 있다고 강조했다. 정치권은 재계 총수의 고언에 대해 차분히 따져보지도 않고 발끈한 채 호통만 쳤다. 여의도 정치인들은 무슨 열병환자 같다.

선진국에선 의회가 기업인들을 청문회 등에 출석시키는 건, 천재지변이나 비상시국에만 한다. 한국에선 기업인을 졸(卒)로 보는 사농공상의 과거 잣대가 그대로 유지되는 듯하다. 세계를 무대로 경쟁하는 총수들을 오라 마라 하는 것은 국격마저 떨어뜨리는 것이다. 개념이 없는 의원님들이다.

정치권과 보수언론들이 재벌 비난의 단골메뉴로 비판하는 식음료사업을 보자. 김영환 국회 지식경제위원장은 "대기업이 두부, 떡볶이, 학원, 피자, 빵, 콜택시, 임플란트, 막걸리 등으로 문어발식 확장을 벌여 서민 주머니에서 푼돈까지 털어가고 있다"고 주장했다.

이들 품목은 대기업 전체의 문제가 아니다. 신세계, 롯데, 풀무원 등이 연관사업 다각화 차원에서 추진해 온 사업들이다. 삼성, 현대자동차, LG, SK 등 상위재벌들은 국가기간산업에서 승부를 걸고 있다. 일부 유통, 식음료 대기업들에 국한된 사업품목을 들어서 재벌 전체의 문제로

비화시키는 것은 억지 논리다. 재벌들이 그런 소소한 사업까지 손대 중소기업인과 골목 자영업자들을 고사시킨다는 주장은 과대포장된 것이다.

재벌들이 제과, 제빵사업까지 벌여서 개인 빵집을 문 닫게 해서야 되겠느냐는 비난에 대해 냉정히 생각해 보자. 유통업계의 라이벌인 롯데와 신세계의 피자 및 제빵사업은 상품 다양화 차원에서 필요한 품목들이다. 매장을 찾은 고객들이 과자와 빵은 필수적으로 구매하기 때문이다. 이들 상품을 갖추지 않는 것은 고객에 대한 불친절행위나 다름없다.

개인 제빵업체들이 타격을 받는 것은 백화점이나 유통업체들 때문만이 아니다. 오히려 파리바게뜨, 크라운베이커리 등 대형 프랜차이즈업체들이 전국 구석구석에 직영점과 대리점을 공격적으로 오픈한 것이 주된 요인이다. 대기업 유통업체가 제빵사업을 벌여서 골목상권이 붕괴된 것이 아니다. 정치권과 보수언론의 재벌 비난은 상당 부분 근거도 없이 비합리적으로 이루어지는 게 많다. 감정적인 대기업 때리기 수준을 벗어나지 못하고 있는 셈이다.

여야가 경쟁적으로 도입하려는 중소기업 적합업종도 기업의 경쟁력을 떨어뜨리는 부작용을 양산할 수밖에 없다. 사업을 칼로 무 자르듯 대기업이 할 것이 있고 중소기업이 할 것이 있다고 할 수 있는가? 이걸 경제민주화, 경제정의, 공정, 상생의 이름으로 마구 칼을 휘두르면 소비자 권익이 침해받는다는 점도 알아야 한다. 특정업종에 대한 대기업 참여를 봉쇄한다면 해외 기업들이 국내시장에 들어와 버젓이 활개 칠 것이다. 관련 산업의 기술 발전도 저해된다. 진입장벽을 높이 쌓아 중소기업과 대기업의 시장을 가름으로써 동반성장을 이루겠다는 발상은 시대착오적이다.

중기 적합업종 지정제도를 부활하려는 시도는 자가당착적인 발상이다. 중소기업에 적합한 업종이 있다면 정부 개입은 필요가 없다. 중소기업이 맡는 경우가 더 적합하고 효율적이라면 시장의 힘에 의해 대기업이 경쟁에서 밀릴 것이기 때문이다. 중소기업이 중기 적합업종에서 밀려났다면 중소기업에 적합하지 않은 업종에 진출했거나, 업종은 적합했지만 기업의 역량이 떨어졌기 때문으로 봐야 한다.

이 같은 부작용에도 불구하고 동반성장위원회는 2011년 9월 말에 고추장, 된장, 간장, 순대, 막걸리, 떡, 세탁비누, 재생타이어 등 16개 품목을 중소기업 적합 품목으로 선정해 발표했다. 검토 품목 45개 중 나머지 29개는 추가로 내놓기로 했다. 물론 대기업의 사업영역이 무분별하게 확장돼 중기의 설 땅을 없애는 것은 바람직하지 않다. 하지만 동반성장위가 강제적으로 지정하는 것은 시장 생태계를 교란시킬 수 있다. 억지춘향으로 될 일이 아니다. 대기업과 중소기업이 시장에서 자율조정토록 해야 부작용을 줄일 수 있다.

중소기업과의 불공정거래 문제는 공정거래법을 엄격히 적용하면 된다. 납품단가를 대기업이 마냥 후려친다고 비난만 할 게 아니다. 사실 피 말리는 납품단가 인하는 기업의 본질적 경영 활동의 일환이다. 기업들의 원가 인하 노력은 경쟁에서 살아남기 위한 처절한 혁신 과정의 일환이다. 이런 노력을 중단하면 기업이기를 포기하는 것이다. 이 과정에서 소비자잉여도 만들어진다. 경쟁 기업과의 피 말리는 경쟁에서 생존을 위해서는 마른 수건도 짜는 원가절감 노력이 필수적이다.

납품업체들도 고통을 겪을 것이다. 우월적 지위를 이용한 대기업의 반강제적인 가격 깎기는 시정돼야 한다. 하지만 이를 조정할 공정경쟁 정책과 사법적 질서가 있다. 공정거래위원회는 경제검찰이다. 공정위는 하도급과 관련해 대기업이 납품단가를 후려치거나 부당하게 깎을 경우, 시정명령을 내리고 과징금을 부과할 수 있는 강력한 권한을 갖고 있다. 정부나 정치권이 섣불리 개입하면 가격구조의 왜곡을 가져온다. 원가절감 노력은 기업의 본질이고, 생존을 위한 불가피한 수단이기 때문이다. 적정가격이란 개념은 존재하지 않는다. 상생과 공정의 명분으로 적정가격을 강제하면 부작용만 커질 뿐이다.

정치권은 재벌개혁을 통해서 혼을 내겠다며 으름장을 놓고 있다. 야당과 좌파 사회단체 등이 그동안 제시해 온 대기업의 지배구조 개선방안을 보수정당인 한나라당마저 마구 수용할 움직임을 보이고 있다. 당정은 2012년부터 대기업의 일감 몰아주기에 대해 과세방안을 마련키로 했다. 대기업 총수 일가가 3% 이상 지분을 갖고 있는 계열사에 대한 일감 몰아주기를 할 경우 증여로 간주해 세후 영업이익에 증여세를 부과하겠다는 방침이다.

내부거래는 대기업이 그룹경영의 강점을 살리고 비용절감과 경영효율성을 높이기 위해 하는 것이다. 이를 변칙 상속 및 증여를 위한 일감 몰아주기로 보고 세금으로 응징하는 것은 위헌(違憲) 소지가 있다. 계열사와 정상가격으로 거래를 했다면 상법상 문제가 없기 때문이다. 불공정거래도 아니다.

예컨대 삼성전자가 계열 삼성전기와 독립 납품업체인 서울반도체에서 반도체용 부품을 구입한다고 가정해 보자. 삼성전기에서 공급받는 것은 몰아주기이고 서울반도체에서 납품받는 것은 몰아주기가 아니라고 단순하게 규정할 수 있는가? 삼성전자가 삼성전기로부터 정상가격에 부품을 구입했다면 불공정거래가 아니다. 현재 정치권은 이런 경우에도 계열사 몰아주기로 판단해 과세를 하겠다는 방침이다. 그럼 삼성전기와 서울반도체에 똑같이 50%씩 납품받으면 괜찮은가? 이걸 어떻게 정치하게 납품 물량을 나눌 수 있는가? 정부가 일감 몰아주기에 대해 실질적인 과세를 하기까지는 풀어야 할 난제가 적지 않다.

정부와 여당의 일감 몰아주기 과세방안을 보면 삼성전자가 계열사인 삼성전기와 비계열사인 서울반도체에서 50%씩 부품을 공급받는 것만 몰아주기가 아닌 것으로 인정할 것 같은 분위기다. 그런데 만약 삼성전자가 서울반도체에서만 납품받으면 이것은 특정기업에 대한 몰아주기가 아닌가? 이 같은 문제점을 어떻게 설명할 것인가?

그룹의 내부거래를 세금 없는 부의 대물림이라며 몰아가면 그 후유증은 클 수밖에 없다. 조세형평성에 어긋나는 데다, 미실현 이익에 대한 과세라는 점에서 재계의 반발이 거셀 수밖에 없다. 산업 측면에서 보면 부품과 소재 등을 계열사로부터 공급받는 수직계열화 방식의 경영시스템이 무너질 수 있다. 가족기업 형태로 계열사를 두고 있는 중소기업들도 계열사 간 거래가 많은 만큼 세금 폭탄을 피하기 어려울 것으로 보인다.

일감 몰아주기 과세는 자칫 90년대 토지초과이득세의 전철을 밟을 수도 있다. 노태우 정부 시절 전 국토에 대한 투기 광풍이 불었다. 정부는 토지의 효율적 이용과 땅값 안정을 위해 토초세 도입을 강행했다. 하지만 이 법은 조세법률주의에 배치된다는 이유로 헌법불합치 판정을 받고 폐지된 바 있다. 재계는 일감 몰아주기 과세도 같은 운명을 겪을 것으로 보고 있다.

정치권의 대기업 때리기는 국민들의 불만을 전가시키는 포퓰리즘적 발상이다. 정부와 여당은 진보 좌파진영, 야당인 민주당의 재벌개혁 요구에 끌려다니지 말고 보수의 정체성을 갖고 시장경제체제를 공고히 해야 한다. 표 지상주의에 빠진 한나라당 소장파에 끌려 다니며 작은 정부와 감세, 규제완화 정책을 포기하고, 거꾸로 가는 것도 문제다. 이는 한나라당의 정강정책과 공약을 보고 찍었던 유권자들에 대한 배반이다.

정부는 반대기업, 반재벌만 외칠게 아니라 현행 헌법과 법체계를 감안해서 합리적인 논의를 거쳐 기업하기 좋은 환경을 조성해야 한다. 재벌이 밉다고 포퓰리즘적으로 규제를 가하는 것은 민주당, 민노당 따라 하기나 다름없다. 요즘 한나라당은 민주당 2중대를 넘어 민노당 2중대 역할을 하는 것 같다는 재계의 불만이 나올 정도다.

지금처럼 경제가 어려울 때 기업들이 마음껏 투자하고 일자리를 창출할 수 있는 여건을 조성해주는 것도 시원찮을 판에 규제를 오히려 덧씌우는 악수를 두고 있다. 정부나 여당이나 공정, 상생, 동반성장, 공생발전이란 담론에 매몰돼 시장경제의 치열한 경쟁과 책임, 희생, 효율을 포기하는 듯한 양상을 보이고 있다.

지금과 같이 경제정책이 지속된다면 우리 경제의 효율성은 떨어지고, 활력도 저하될 것은 불 보듯 뻔하다. 성장이 멈추면 대기업보다는 중소기업, 부자보다는 월급쟁이와 자영업자, 일자리를 구하지 못한 젊은이들부터 고통을 당할 것이다. 우매한 정부나 정당은 시장의 덕을 볼 수가 없다. 당정의 최근 행태는 이를 확인시켜 주고 있다.

여당 내 소장파를 대표하는 정두언 의원은 반대기업, 재벌개혁의 필요성을 주도하고 있다. 그는 삼성, 현대자동차 등의 2세 상속에 대해 북한의 세습체제를 능가하는 세습 지배구조, 문어발 족벌경영, 중소기업 쥐어짜기 등 자극적인 용어까지 구사하며 비난했다. 이러니 재벌개혁을 해야 한다고 목소리를 높이고 있다.

또 한 명의 소장파인 김성식 의원은 "앞으로 대기업이 갑갑할 정도의 대책을 내놓겠다"고 으름장을 놓고 있다. 한나라당 홍준표 대표가 우파 포퓰리즘을 강조하며 헌법 119조 2항을 강조하는 것도 심상찮다. 여당이 앞으로 2012년 총선과 대선 승리를 위해 분배와 형평, 시장지배력 규제를 골자로 하는 경제민주화를 위해 재벌 규제를 대폭 강화하겠다는 것이나 다름없다. 2012년 말까지 재벌들은 가혹한 시련을 견뎌내야 할 것 같다. 재벌의 지붕 위로 폭풍우를 동반한 우박이 줄줄이 떨어질 수밖에 없다.

정두언 의원처럼 정치권이 경영권 상속에 대해 강도 높은 규제를 하려는 것은 사유재산권을 부정 내지 침해하는 것이나 다름없다. 이들은 외국의 동향에는 애써 눈을 감고 있다. 캐나다, 뉴질랜드, 싱가포르 등은 아예 상속세가 없다. 이런 점을 무시하고 기업상속을 막아야 한다는 재벌개혁론은 위헌 소지가 다분히 있다.

한나라당 의원들의 경제민주화 방안과 관련, 민주노동당이나 진보신당 의원과 똑같은 발언을 하고 있다. 보수 가치와 이데올로기를 표방한 한나라당 간판으로 당선된 여당의원이 좌파정당의 정치인 행세를 하고 있다. 민노당이나 진보신당은 할 일이 없어진 셈이다.

민노당 등 좌파정당은 10여 년 전부터 주요 산업 공기업화, 재벌해체, 부유세 도입, 전 근로자의 정규직화 등을 주요 정강정책으로 채택했다. 좌파정당의 주요 정강정책들은 나라 거덜 내고, 대한민국의 정체성을 부정하는 것이라는 이유로 국민들로부터 외면당했었다. 그런데 여당이 좌파정당의 주요 정책들을 베끼는 데 재미를 붙이고 있다. 보수임을 부끄러워하는 보수정당의 행태이다. 선별적 복지를 견지해 온 여당은 올해 들어 보편복지에 버금가는 복지정책과 비정규직 대책, 반값 등록금 등을 잇달아 내놓고 있다. 야당이 주장해 온 무상복지 시리즈와 비정규직 대책과 별 차이가 없어졌다. 여야가 모두 좌클릭 경쟁을 벌이고 있는 형국이다.

정치권의 좌클릭 강화는 나라 재정이야 거덜 나든 말든 표만 얻으면 된다는 무책임한 발상에서 비롯되고 있다. 정치권이 중심을 잃고 혼란스러워지고 있다는 반증이다. 정당의 정체성이나 이데올로기는 온데간데없는 듯한 무책임한 발언들이 쏟아지고 있는 것이다. 여권에선 재벌 때리기가 시장경제를 지키기 위한 것이라고 강변하고 있다. 하지만 이대로 가면 시장경제와 자본주의의 근간이 훼손되고, 평등주의에 입각한 남미식 복지 포퓰리즘에 빠져 나라 전체가 허우적대게 될 것이다.

먼저 서민경제 파탄시키고 대기업만 배를 불렸다는 정두언 의원의 비난을 보자. 삼성, 현대자동차, LG, SK 등 재계가 글로벌 금융위기 이후 정부의 고환율 정책과 감세, 규제완화의 혜택을 독식한 채 서민경제의 어려움은 도외시했다는 게 비난의 골자다.

이명박 정부의 경제정책이 대기업의 배만 불렀는가? 이명박 정부의 경제정책은 금융위기를 극복하기 위한 국가적 목표하에서 진행된 것이지, 대기업만 위한 것은 아니었다. 경쟁국들이 금융위기로 휘청거리거나 후퇴하는 동안 대한민국 경제는 플러스 성장을 기록했다. 이 정부는 위기를 조기 극복한 점을 정권의 최대 치적으로 내세우고 있다.

금융위기를 조기 극복한 데는 대기업들의 공격적이고 과감한 투자와 글로벌 마케팅이 결정적인 원동력으로 작용했다. 전경련 산하 30대 그룹은 2011년 100조 원 이상 투자하는 등 공격적인 경영 활동을 벌이고 있다. 고용도 늘리고 있다. 삼성의 경우, 2011년 신입사원 2만 5,000명을 뽑기로 했다. 이는 전년도 전체 연간 취업자 32만 3,000명의 8%에 해당

한다. 이 같은 채용규모는 2009년 1만 6,700명, 2010년 2만 2,500명에 비해 크게 늘린 수치다. 청년실업 해소와 일자리 창출에 재계가 적극 협조하고 있다는 것을 보여주는 사례다.

투자도 대폭 늘렸다. 30대 그룹의 2011년 투자규모는 114조 8000억 원으로 전년보다 14%나 늘어날 전망이다. 신규채용도 사상 최대 규모인 12만 4,000명으로 12.4% 증가할 것으로 예상됐다. 재계의 공격적인 투자 및 고용 확대는 재벌들이 정부 정책에 적극적으로 화답하고 있음을 보여주는 수치들이다.

그런데도 정치권은 사실관계는 확인도 하지 않고, 대기업들이 100조 원 이상 쌓아놓고도 투자는 안 하고 고용도 늘리지 않는다고 집단 이지메를 가하고 있다. 참으로 무책임한 정치권의 행태가 아닐 수 없다. 민심 이반의 책임을 대기업에게 돌리려는 얄팍한 술책이다.

대기업을 대표하는 삼성전자를 보자. 삼성전자는 2011년 1분기에 2조 7800억 원, 2분기에는 3조 7500억 원의 영업이익을 냈다. 국내 대기업 중에는 최고의 실적이다. 이 같은 수조 원의 이익은 피나는 경영혁신과 원가 절감, 생산성 향상, 공격적 투자 등이 주효했기 때문이다. 그런데도 정치권은 삼성전자가 중소기업을 쥐어짜 천문학적인 이익을 내고 있다고 난리를 피우고 있다. 문제는 2분기 영업이익이 전년 같은 기간에 비해 무려 28%나 감소한 수치라는 점이다. 반도체와 LCD의 가격하락이 주된 요인이다. 3~4분기에는 더욱 어려움이 예상된다. 주력품목의 가격하락세가 이어지고, 유럽, 미국 등의 재정위기로 수출에 적신호가 켜졌기 때문이다.

삼성전자의 이익이 줄어들면 공격적인 투자를 하는 데 어려움이 있을 수밖에 없다. 삼성전자의 실적이 나빠지면 외국인들이 삼성전자 주식을 처분할 것이다. 국내 증시에 악영향을 줄 수밖에 없다. 삼성전자가 이익을 더 내야 외국인들이 주식을 더 보유하고, 국내 증시도 상승하는 등 선순환하게 된다. 조 단위의 이익을 냈다고 마구 두들기면 삼성을 위해서도, 국가경제를 위해서도 바람직하지 않다. 삼성전자의 대외환경이 어려워지는 상황에서 정치권이 "삼성만 호의호식하고, 협력업체나 국민들은 배고파 죽겠다"며 돌멩이를 던지는 선동정치는 어리석은 자해행위이다.

반면 세계 IT 시장의 황제로 부상한 미국 애플을 보자. 애플은 2011년 회계연도 2분기 순이익이 59억 9000만 달러로 지난해 같은 기간보다 95% 급증했다. 이 기간 매출도 247억 달러로 전년 동기보다 83%나 급증했다. 애플이 아이팟, 아이폰, 아이패드 등을 앞세워 세계 시장을 장악하며 천문학적인 이익을 낸 것에 대해 미국 정부와 언론에선 애플이 자기들 배만 불렸다고 비판하지 않았다. 오히려 세계 IT 시장이 다시금 창의와 혁신에 바탕을 둔 애플을 중심으로 재편되는 것에 대해 박수를 쳤다.

애플이 사상 최대 실적을 낸 데는 우리 식으로 말하면 부품업체에 대한 쥐어짜기가 큰 역할을 했다. 애플 대호황을 구가하는 동안, 부품을 납품하는 삼성전기, LG디스플레이와 LG이노텍의 1분기 실적이 부진했기 때문이다. 삼성전기는 시장 예상치를 밑도는 실적으로 고전했다. 다른 나라 부품업체들도 고전하기는 마찬가지다. 홍하이는 2억 1800만 달러의 순손실을 입었다. 중국의 애플 휴대폰 공장인 폭스콘은 매년 자살자가 수십 명씩 발생하고 있다. 지독한 저임금에다 근무 환경도 열악해서 자살자가 속출하고 있다.

삼성전자가 국내 공장에서 이랬다면 협력업체와 근로자의 고혈을 짜

내는 악덕 대기업으로 몰려 맹비난 받았을 것이다. 삼성전자는 애플과 사운을 건 특허소송 전쟁을 벌이고 있다. 한국 경제의 대표 선수가 세계 IT 황제와 싸워 이길 수 있도록 정부, 정치권, 언론이 도와주지 못할 망정 조 단위 영업이익을 냈다고 배 아파하는 것은 참으로 아쉽다. 경제 올림픽에 나가 국가의 명예를 걸고 사력을 다해 뛰는 선수에게 뒤에서 총질해대는 것이나 마찬가지이기 때문이다.

브라질의 룰라 전 대통령은 노조운동가 출신임에도 시장경제를 존중하고, 노조의 포퓰리즘적 요구를 단호히 배격해 퇴임 직전까지 80%의 높은 지지율을 유지했다. 룰라의 재임 시절 브라질 경제는 급속한 성장세를 달리면서 중국, 인도와 함께 신흥국가 선두주자로 발돋움했다. 대기업은 미우나 고우나 일자리 창출의 주역이다. 국부의 원천이기도 하다. 박재완 기획재정부 장관은 "기업에 반감을 가질 필요는 없다"고 강조했다. 맞는 말이다. 기업이 일자리를 만들고 세금을 내서 재정을 튼튼히 한다. 외화를 벌어와 금융위기 시 버팀목 역할을 톡톡히 한다. 우리나라가 외환보유액 3000억 달러를 돌파한 데는 대기업들의 수출 확대가 결정적인 기여를 했다.

대기업에 대한 무분별한 비판은 지양해야 한다. 이주영 한나라당 정책위의장은 "대기업들이 감세철회와 동반성장, 반값 등록금 등을 배격하는 것은 계층 이동을 위한 사다리 걷어차기"라고 했다. 주요 서민정책을 시장에 맡겨야 한다고 주장하는 것도 시장만능주의에 불과하다고 비판했다.

물론 시장은 완벽하지 않다. 다만, 시장은 기득권 보호 등 특권 특혜 경제구조를 혁파하고 경쟁을 촉진하는 최선의 대안이다. 시장은 만능 해결사가 아니지만, 각 부문의 문제점과 실패를 찾아서 해결하는 진화적 게임이라고 할 수 있다. 시장경제야 말로 근대화를 촉진하고 계급 해방을 촉진했다. 시장 실패로 인한 문제점도 있다. 하지만 정부 개입으로 인한 정부 실패 사례도 무수히 많다.

기업의 창의와 자유를 바탕으로 한 시장경제는 한국 경제의 발전 방향이다. 빈곤층과 저소득층 등 사회적 약자 문제, 취업난, 대—중기 양극화 문제는 대기업만의 책임이 아니다. 물론 대기업들도 사회적 이슈에 대해 기여하고 사회적 책임을 강화할 필요는 있다. 하지만 절대평등주의에 입각해 대기업을 혼내주고, 활력을 저해하는 각종 규제를 도입하는 등 발전퇴행적인 정책들이 남발되면 국가적 불행이다. 우리 경제의 성장은 정체되고, 미래경쟁력도 약화될 수밖에 없다.

대기업들은 글로벌 시장에서 살아남아 세계 시장을 선도하고 있다. 국가적 자산이다. 삼성전자 10개만 있으면 우리나라가 세계 5위권 경제 강국으로 도약할 것이라고 한다. 그러면서 삼성전자 등 간판기업이 커가는 것을 질투하고 있다. 미국 《뉴욕타임스》의 해외판 신문인 《인터내셔널 헤럴드 트리뷴(IHT)》은 2011년 9월 중순 한국 재벌 특집기사에서 "해외에선 존경받는 대기업들이 국내에선 공공의 적으로 매도당하고 있다"고 보도했다. 한국의 빈부격차가 심해지면서 재벌에 대한 비난의 화살이 집중되고 있다는 것이다.

재벌들은 한국 수출 물량의 70%, 국내총생산(GDP)의 절반 이상을 차지하고 있다. 한국 대기업들은 해외 시장의 조선, 반도체 등의 분야에서 역사적 라이벌인 일본을 제치며 선전하고 있다. 자동차, 휴대전화 분야에서 벌어지고 있는 세계적인 경쟁자들과의 싸움에서도 분투하고 있다. 하지만 이 신문은 재벌이 보통 사람들의 생계를 빼앗는 포식자, 또는 야수로 비난받고 있다고 실었다. 참으로 아이러니다. 오히려 국내에서 존경받아야 할 대기업들이 악당으로 비난받고 있으니 말이다. 대기업 최고경영자들의 어깨가 처질 수밖에 없다.

경제가 지속적으로 성장하려면 시장은 스스로 돕는 자를 돕는다는 경제발전 원리를 확산시켜야 한다. 획일주의, 집단주의, 평등주의는 경제발전을 저해하고 성장침체를 가져온다. 옛 사회주의국가의 경제파탄과 영국병, 남미병, 남유럽의 복지포퓰리즘에 따른 국가부도 위기 등을 보라. 대기업을 질시하고 때리려고만 해서는 안 된다. 스스로 열심히 해서 세계 시장을 주도하는 대기업들을 규제하고 차별하면 안 된다.

여당마저 대기업 때리기와 절대평등주의에 빠지면 국가경제의 장래는 암울하다. 여당은 헌법 119조 2항의 경제민주화에 매달릴 게 아니다. 이 조항은 민주노동당이 금과옥조로 여기는 조항이다. 한나라당이 사회민주주의를 지향하는 민노당의 2중대가 돼서야 쓰겠는가? 홍준표 한나라당 대표는 119조 2항보다는 개인과 기업의 창의와 자율을 중시하는 119조 1항에 승부를 걸어야 한다. 우리가 사회민주주의 국가로 전락하지 않으려면 창의, 효율을 중시하는 시장경제, 잘하는 사람과 기업을 우대하는 정책으로 가야 한다.

비이성적인 포퓰리즘이 성공한다면 사회민주주의로 흘러 시장경제를 황폐화시키고, 그리스 등 남유럽처럼 고사위기를 맞을 것이다. 정치권의 대기업 때리기가 포퓰리즘 광풍을 몰고 온다면 기업가의 기업심과 투자 의욕이 쇠퇴한다. 이는 경제 활력을 죽이는 부메랑이 될 것이다. 그땐 대한민국의 성장의 엔진이 꺼지는 소리가 들릴 것이다.

04
보수언론의 자본주의 위기론

　보수언론들의 재벌 군기잡기도 두드러지고 있다. 재벌이 성장하면서 메이저 보수언론들은 언론사 중에서도 가장 많은 광고 및 협찬금액을 받아왔다. 그런 보수언론들이 재벌이 죄벌인 양 뭇매를 가하고 있다. 보수언론의 재벌 때리기는 명분이 거창하다. 시장경제를 지키기 위해서라는 것이다. 신자유주의와 개방화가 가져온 살벌한 시장만능주의와 양극화 현상을 해소하기 위해서는 경제력 집중을 억제해야 한다는 주장이다. C일보는 더 나아가 약육강식과 승자독식의 자본주의 3.0에서 역동적인 자본주의 4.0으로 진화시켜야 한다고 제안했다.

　종편 참여 언론사들은 2011년에 재벌 비난 기사 비중을 부쩍 늘리고 있다. C일보는 공정위로부터 담합에 따른 과징금 2억 원대를 부과 받은 모 식음료 대기업에 대해 대서특필하며 오너의 부도덕성 문제에 초점을 맞추었다. 그동안 2억 원대 과징금 발표기사는 모든 신문에서 기껏해야 단신거리에 지나지 않는 사안이었다. C일보는 한 지면의 3분의 2 가량을 할애해서 마치 해당 그룹이 엄청난 담합행위를 한 것인 양 대서특필했다. 해당 그룹은 경쟁사 종편과 관련한 사업에 참여한 것에 대한 보복으로 보고 있다며 한숨만 쉬었다.

C일보는 재벌에 대한 기획기사와 사설을 통해 삼성과 이건희 회장 등 오너들을 집중 겨냥했다. 2011년 4월 말의 사설 중 '사상 최대 순이익 잔치, 거대기업과 은행들만 즐기나'에선 소수 거대기업끼리의 '1조원 잔치'에 많은 중소기업과 국민들이 위화감을 느끼고 있다고 비판했다. 또 현대자동차가 지난 1분기 중 1조 8275억 원의 사상 최대 영업이익을 낸 데 이어 SK이노베이션 등 정유 3사, 삼성전자, KB은행 등도 엄청난 이익을 내며 환호성을 지르는 가운데, 납품업체와 은행거래기업, 소비자들은 고통스런 비명소리를 내지르고 있다고 강조했다. 더 나아가 대기업들만의 돈 잔치가 지속되면 단순히 먹고살기 힘들다는 불만을 넘어 시장경제에 대한 믿음까지 흔들릴 것이라고 경고했다.

K 주필도 칼럼을 통해 "세계 1등하는 상품을 몇 개씩 갖고 있다는 재벌의 안테나도 눈치 없고 물정 모르기는 마찬가지다"라고 비판했다. 대기업 대주주들과 친인척들이 1분기 중 1000억~2000억 원의 배당을 받은 것에 대해 눈치 없고 물정 모른다고 비판한 것이다. 록펠러나 카네기, 빌 게이츠나 워런 버핏처럼 대학교육 혁신과 의학 진보를 위해 배당금을 내놓았다는 소문이 없다는 점도 거론했다. K 주필은 대주주들이 자신에게 이익을 안겨준 체제를 방어할 뜻이 없다고도 비난했다.

K 에디터도 칼럼에서 "삼성은 구조적으로 상생경영, 동반성장이란 단어가 어울리지 않는 기업이다. 하도급업체를 쥐어짜야 임원이나 CEO가 돈을 더 받는다"고 주장했다. 그는 "협력업체가 원가 절감 요구를 받아들이지 않으면 높은 연봉을 제시하고 협력업체 핵심기술자를 빼가서 회

사를 차린다"며 "삼성 이건희 회장이 직접 나서서 일일이 납품단가를 챙겨야 한다"고 지적했다. 그는 이어 "현대자동차, LG 등 모든 대기업 총수가 협력업체를 점검하지 않으면 언젠가 폭동이 일어날지 모른다"면서 "재벌만 잘사는 나라가 돼서는 안 된다"고 말했다.

C일보는 또 이날 수도권 한나라당 의원들을 대상으로 전수(全數) 조사를 벌여 재보선 패인으로 여당의원들이 민생경제정책의 실패를 꼽았다는 점을 강조했다. 서민들은 민생고로 분노하고 있는 반면, 삼성이 수조 원의 이익을 내고, 6%의 성장률을 기록하면 뭐 하느냐는 기사도 실었다.

재보선에서 여당이 패한 것은 경제난과 한나라당의 정체성 상실, 포퓰리즘 정책 등 복합적인 요인이 작용한 것이다. 여당과 보수신문의 지적처럼 재벌들의 승자독식에서 비롯된 것은 아니다. 민심이반과 경제난의 모든 책임을 재벌에 전가하는 것은 논리적인 비약이다. 재벌 때리기의 전형적인 선동정치요, 선동언론에 불과하다. 보수언론들의 논조는 재벌들만 잘사는 나라가 될 경우 폭동이 일어날 수 있다거나 자본주의 체제가 위협받을 수 있다는 경고가 두드러진다. 우파 저널리즘의 프로파간다치고는 섬뜩하다.

재계를 주도하는 삼성, 현대자동차, LG, SK 등 4대 그룹은 종편 참여 보수언론사들의 집중 타깃이 되고 있다고 하소연했다. 효성, CJ, 두산, 한화, GS 등 중견 그룹들도 종편의 출자 및 협찬 요구에 시달려야 했다. 종편에 비협조적인 그룹들은 지배구조는 물론 소모성 자재구매사업(MRO) 등과 관련해 집중 난타당했다.

주요 그룹들은 보수언론사들의 사실상의 강압 요구에 대해 버틴다는 입장을 보여 왔다. 일부 그룹은 종편언론의 압박에 못 이겨 수십억 원의 협찬금을 주었다고 한다. 재계 관계자들은 보수언론마저 포퓰리즘적 반대기업 조장 보도 행태를 보이는 것에 대해 최대한 맞대응하지 않겠다는 입장이다.

재계는 보수언론들이 시장경제와 대기업 성장으로 가장 많은 혜택을 입어놓고는, 이제 와서 기업의 등에 비수를 들이대고 있다며 볼멘소리를 하고 있다.

재계는 우군이 없어졌다. 글로벌 금융위기를 조기 극복하는 데 결정적인 기여를 했다며 칭찬을 받았던 대기업들이 이젠 경기침체와 양극화, 청년실업난의 주범으로 내몰리고 있다. 이대로 가면 뭔가 사달이 날 것 같은 분위기다. 정글자본주의, 탐욕스런 자본가, 승자독식, 지네발 확장 등의 거친 용어를 써가며 대기업과 오너 망신주기에 혈안이 돼 있다. 대기업이 과연 악의 화신인가? 정치권이 주장하듯 재벌들은 단죄돼야 할 중죄인인가?

보수언론이 맹폭격하는 재벌의 2세 상속문제를 보자. 보수언론들은 2세 상속을 막아야 한다는 선험적인 가이드라인을 갖고 물고 늘어지는 것처럼 보인다. 반면 보수언론사 사주들이 한결같이 2, 3세들에게 경영권을 물려주는 것은 어떻게 설명해야 하나?

보수언론사들은 재벌들의 비상장 계열사를 통한 일감 몰아주기는 부의 편법승계라고 비판하고 있다. 반면 보수언론사들이 종편, 인터넷매체, 출판사 등 다양한 계열사를 차려서 2, 3세들에게 경영권을 상속하는 것은 어떻게 봐야 하는가? 자기 얼굴에 침 뱉는 것은 아닌지 모르겠다. 언론사 사주들이 여태껏 경영권을 자식이 아닌 전문경영인에게 물려준 곳은 전무하다. 보수언론은 자기가 2세에게 상속하면 로맨스이고 재벌이 2세에게 물려주면 불륜이라고 비난하는 것과 마찬가지다.

보수언론이 재벌을 비난하는 또 하나는 문어발 확장이 심화하고 있다는 점이다. 대기업들은 글로벌 경쟁 환경에서 살아남기 위해 주력업종은 물론 신수종사업에 대해 적극적인 투자를 하고 있다. 투자를 하지 않고 계열사를 늘리지 않는다면 퇴보하거나 정체돼 조만간 도태될 수밖에 없다. 계열사를 늘렸다는 것은 그만큼 대기업들이 투자를 많이 하는 등 공격경영을 했다는 것을 반증하는 것이다. 오히려 열심히 경영했다고 칭찬해 줘야 할 사안이다.

하지만 보수언론들은 이 같은 기업의 왕성한 경영을 도외시한 채 지엽말단적인 비난만 해댔다. 모 신문은 재벌비판 기사에서 신규계열사 절반가량이 적자에 허덕이고 있다느니, 오너 2세들이 취미로 하는 사업들이 많다느니 하면서 재벌의 계열사 확장을 비난했다. 그룹마다 사업 특성과 문화, 성장전략이 다른 것을 감안하지 않은 채 계열사 확대는 나쁜 것인 양 매도했다.

기업을 하다보면 어느 사업이든지 초기엔 적자를 내는 게 불가피하다. 처음부터 흑자를 낸다면 대단한 행운이거나, 전지전능한 신이 경영하는 경우일 것이다. 대기업들이 초기 적자를 무릅쓰고 신규사업을 왕성하게 벌이는 것은 오너경영의 강점으로 평가해야 한다. 오너경영은 멀리 내다보고 경영을 하는 점이 최대 강점이다. 당장 이익이 나지 않을지라도 미래 전망이 있으면 과감하게 투자를 한다. 글로벌 금융위기 이후 삼성, 현대자동차, LG 등의 오너경영이 빛을 발하는 것도 이 같은 연유에서다.

한국의 주력업종인 자동차, 전자, 반도체, 휴대폰, LCD, 조선 등은 오너의 리더십과 그룹 참모조직을 활용한 선단식 경영에 힘입어 글로벌 기업들로 성장했다. 반면 일본 기업들이 추락하는 것은 기업가정신의 쇠퇴 때문이라는 시각이 지배적이다. 일본 게이오대 야나기마치 이사오 경영학과 교수는 반도체, 조선 등 주요 제조업에서 일본 기업의 경쟁력이 한국에 뒤처진 가장 큰 원인은 기업가정신이 쇠퇴했기 때문이라고 강조했다. 90년대 이후 한국과 일본의 반도체 D램의 경쟁력이 엇갈린 것은 일본의 샐러리맨 사장과 한국의 오너경영의 차이에서 비롯된 것이라는 게 이사오 교수의 시각이다.

한국 대기업들은 오너가 멀리 내다보고 과감한 투자를 단행한 반면, 일본은 임기를 생각하는 월급쟁이 사장들이 과감한 투자를 하지 못했다는 것이다. 이런 점에서 대기업들이 신규계열사를 마구 늘렸다는 비판은 타당성이 없다. 포퓰리즘적 비난에 불과하다. 왕성한 기업가정신을 바탕으로 투자를 활발히 하고 있다는 점에서 긍정적인 평가를 해야 한다. 일부 유통대기업의 순대, 제빵, 피자 등의 사업을 근거로 재벌의 무분별한 확장을 비난하는 것은 숲은 보지 못하고 나무만 보는 것에 불과하다. 근시안적이고 여론에 편승한 대기업 때리기이다. 이들 사업마저 중기 적합업종으로 선정돼 유통대기업들이 해당 사업을 접거나 수출로 판로를 전환해야 할 판이다.

삼성, 현대자동차, LG, SK, GS, 한화, 두산 등 주요 그룹들은 계열사를 늘리는 게 주력업종 경쟁력 강화와 미래 먹거리사업과 관련이 있다. 주력업종의 경쟁력 강화를 위해선 연관사업의 다각화가 필요하다. 새로 계열사를 만드는 것은 당연하다. 지속가능한 경영을 위해서는 신수종사업 진출도 과감히 추진해야 한다. 대기업들도 머뭇거리면 도태되는 세상이다. 세계 휴대폰 시장을 장악했던 노키아가 스마트폰 대응 실패로 나락으로 떨어진 것을 보면 잘 알 것이다.

오너들이 기부에 인색하다는 비난도 편향적이다. 미국의 록펠러는 퇴임을 앞두고 전 재산을 내놓았다. 빌 게이츠와 워런 버핏 등은 경영권에 대한 위협이 없기에 재산의 사회 환원이 가능했다. 미국의 부호들은 전문경영인 체제가 정착돼 경영권에 대한 위협이 상대적으로 덜하다. 프로테스탄티즘의 영향으로 미국 기업인들은 소득의 1%를 기부하는 기부문화가 정착돼 있는 점도 우리나라와 다르다.

반면 한국은 기업 역사가 짧아 대주주가 직접 경영활동을 하는 오너경영 체제가 지배적이다. 오너들이 한창 경영 활동 중인 상황에서 대규모 주식을 내놓을 경우 적대적 인수합병 등에 노출될 수밖에 없다. 경영권을 위협받으면서까지 주식을 출연하라는 것은 지나친 요구다. 이같은 한국적 기업 특수성으로 인해 재벌들은 계열사들이 갹출해 기부하는 게 관행이 되고 있다. 모 신문의 K 에디터가 10대 재벌 총수 중 최신원 SKC 회장을 제외하고 1억 원 이상 개인 돈을 사회복지공동모금회에 기부했다는 이야기를 들어보지 못했다고 비난한 것은 적절치 못하다.

최신원 회장은 SK그룹의 조그만 계열사를 맡고 있을 뿐이다. 그룹 계열사를 통해 매년 수백억 원에서 수천억 원의 기부를 하는 삼성, 현대자동차, SK, LG 등 다른 그룹 총수와 비교하는 것도 견강부회하는 것이다. 사회에 대한 가장 좋은 기부는 경영을 잘해서 이익을 많이 내고 채용도 많이 하는 한편, 세금도 많이 내서 국가경제에 기여하는 것이다.

그렇잖아도 총수들의 나눔 기부문화도 빛을 발하기 시작하고 있다. 정몽구 현대자동차 회장, 정몽준 현대중공업 대주주 등 범현대가가 1조 원을 복지재단에 출연키로 했다. SK 최태원 회장이 저소득층의 자립을 촉진하기 위한 사회적 기업을 집중 육성키로 한 것도 눈여겨볼 만하다. 다른 그룹들도 사회적 책임을 다하기 위한 대책을 준비 중에 있다. 기업인의 이 같은 노블레스 오블리주가 확산되면 기부에 인색하다는 비난은 수그러들 것이다.

이건희 삼성 회장과 정몽구 현대자동차 회장, 김승연 한화 회장, 조양호 대한항공 회장 등 상당수 총수들이 평창올림픽 유치 등 국가적 스포츠 행사 유치에 앞장서는 것도 넓은 의미의 사회에 대한 기여 활동으로 볼 수 있다. 총수들이 자기 돈 들여 해외 원수와 국제 스포츠계 거물들을 만나 유치 활동을 하는 것도 개인과 해당 그룹의 이익보다는 국가에 대한 봉사로 평가해 줘야 할 것이다. 이건희 회장은 평창올림픽을 유치한 후 눈물을 흘려 국민들에게 진한 감동을 안겨줬다. 삼성, 현대자동차 같은 글로벌 기업이 탄생하지 않았으면 국제 스포츠 행사 유치도 힘들었을 것이다. 총수들이 민간외교에서도 소중한 역할을 하고 있는 셈이다.

기부문화 확산을 가로막는 규제도 문제다. 이를 고치지 않고 기부문화가 확산되기를 바라는 것은 연목구어(緣木求魚)에 불과하다. 대주주들의 기부를 가로막는 조세 등 관련법 정비가 시급하다.

정치권, 정부에 이어 보수언론마저 대기업에 대한 마녀사냥을 계속하는 것은 시장경제와 자본주의의 활력을 저해할 수 있다. 보수언론들은 재벌 비판이 자본주의를 지키기 위한 것이라고 주장하지만, 속셈은 따로 있는 것 같다. 재벌을 바짝 길들여 종편 등에서 과실을 챙기려는 이해타산이 적잖이 개입돼 있기 때문이다. 대기업들을 도매금으로 싸잡아 비난해서 반대기업 정서가 확산되면 국가경제에 미치는 후유증이 얼마나 클지도 생각해 봐야 할 것이다.

좌파신문 관계자들은 요즘 보수신문이 자기네 할 일을 대신 해주고 있어 할 일이 없어졌다고 말한다고 한다. 보수신문들이 오히려 대기업에 대한 비난 기사를 쏟아내고 있기 때문이다. 보수신문이 좌파신문의 밥 그릇까지 빼앗아가는 듯하다.

05
경실련의 프로쿠르스테스적 재벌 재단

　경제정의실천시민연합이 2011년 7월에 재벌들이 계열사를 마구 늘려 경제력 집중이 심화됐다는 보고서를 냈다. 재벌개혁을 자신들의 소명인 양 활동해 온 경실련이 다시 한 번 재벌의 경제력 집중 현상이 심화됐다는 것을 널리 알리려는 보고서였다.

　하지만 이 자료는 의욕만 앞설 뿐, 주먹구구식 엉터리 통계에 불과했다. 재벌들이 제조업보다는 부동산, 건설, 임대 등 비제조업에 집중적으로 진출했다는 분석 역시, 사실 확인도 하지 않은 채 억지로 짜 맞춘 견강부회(牽强附會)가 심했다. 대기업에 대한 지속적인 비판의 날을 세워 온 경실련이 이명박 정부의 기업규제완화 정책이 실패했으므로 재벌 규제를 다시 강화해야 한다는 반재벌 여론을 조성하기 위해 고의적으로 통계자료를 왜곡했다는 의혹마저 일고 있다.

　경실련은 15대 재벌 경제력 집중 실태 관련 분석 자료를 통해 이명박 정부의 대기업 정책이 실패했다는 점을 부각시켰다. 이명박 정부는 금융위기 이후 투자 확대와 경제 회복을 위해 출자총액제한제도의 폐지 등 대기업 규제를 풀었지만, 재벌들이 계열사 수를 늘리는 데 치중했고 제조업보다는 부동산 등 비제조업에 열을 올렸다는 비난이다. 대기업들이 신규 설립한 제조업 계열사들도 기계장비, 의료, 정밀기기, 전기전자, 통신기기, 금속, 음식료 등 중소기업 적합업종이 많다고 지적했다. 이들 제조업종에 대한 재벌들의 진출로 중소기업과 서민상권의 생존이 위태로워지고 있다고 주장했다.

과연 경실련의 분석 자료와 결론 도출이 타당한가.

먼저 경실련의 자료를 보자. 경실련은 〈15대 재벌의 4년간 계열사 수 및 신규편입업종 분석 결과〉를 통해 이들 재벌의 계열사 수가 2007년 4월 472개사에서 2011년 4월 778개로 4년간 306개사로 64.8%가 증가했다고 밝혔다. 그룹별 계열사 증가 수는 통계적 숫자놀음에 불과했다. 신규 편입됐다는 그룹별 계열사들은 상당수가 한시적으로 운영되는 부동산 분야 특수목적법인(SPC)이었기 때문이다. 이들 SPC 회사들은 사업이 끝나면 계열분리 되거나, 사라지는 경우가 대부분이다. 이를 감안하지 않고, SPC들을 모조리 부동산, 건설, 임대업 계열사로 부풀려서 대기업들의 비제조업 진출과 문어발 확장이 기승을 부리고 있다고 주장하는 논리는 억지 춘향에 불과하다.

경실련은 이 자료에서 현대중공업이 기간 중 7개에서 21개로 200%(14개) 증가했다면서 증가율 1위 그룹이라고 지적했다. 이어 포스코가 23개에서 61개로 165.2%(38개) 증가, LS가 20개에서 47개로 135.0%(27개) 증가, STX가 11개에서 21개로 90.9%(10개) 증가로 각각 급증하면서 증가율 면에서 2, 3, 4위를 차지했다고 주장했다.

문어발 확장 증가율이 가장 높은 그룹으로 꼽힌 현대중공업의 경우 금융 및 정유, 무역 등에 대한 공격적인 인수합병과 태양광 및 풍력 등 차세대 유망산업에 대한 투자를 대폭 확대했다. 옛 현대가 계열사였던 현대종합상사와 현대오일뱅크를 인수하고, 하이투자증권과 하이자산운용을 사들였다. 무주풍력발전, 태백풍력발전, 창죽풍력발전 등 신재생에너지 분야에 대한 신규투자도 두드러졌다. 경실련이 재벌들의 무분별한 투자 사례로 지적하는 부동산, 임대, 건설은 없고, 대부분 제조업과 신규사업에 집중된 것이다.

경실련 자료의 가장 큰 문제는 의도적인 왜곡에 있다. 예컨대 신규 편입 계열사가 38개나 된다는 포스코가 대표적이다. 포스코가 신규로 편입한 38개사 중 16개사가 부동산, 건설, 임대업이라는 것이다. 이들 업종은 막대한 사업이익이 있어 재벌들이 경쟁적으로 진출했다는 게 경실련의 시각이다. 하지만 이들 16개 계열사들은 상당수가 이미 없어졌거나 계열에서 분리됐다는 점에서 사실 자체가 틀렸다. 계열사인 포스코건설이 지역별 부동산사업 시공과 시행을 위해 한시적으로 가공의 회사(paper company)를 설립했다가 해당 사업이 끝나 폐업한 특수목적회사(SPC)들이 무려 7개나 되기 때문이다. 또 사업장이 있는 지역의 저소득층과 빈곤층의 자활을 돕는 사회적 기업도 적지 않았다는 점에서 부동산, 건설, 임대 계열사를 마구 늘렸다는 주장은 통계적 장난에 불과하다.

포스코가 새로 편입했다는 계열사들은 다음과 같다. 푸른천안(주), 우이신설지하경전철(주), 청라국제업무타운(주), (주)메가에셋, 유니버셜스튜디오리조트개발(주), 유니버셜스튜디오리조트자산관리(주), (주)대우엔지니어링, (주)엔트란, (주)대우테크, 마포하이브로드파킹(주), (주)포스에코하우징, (주)플랜트이에스티, 청정익산(주), 성진지오텍(주), (주)신기이앤티, (주)안정지구사업단 등 총 16개사이다. 이중 7개사는 포스코건설이 부동산사업을 위해 한시적으로 운용한 회사들이다. 부동산업계는 전국의 도로 및 항만 등 인프라 건설과 신도시 건설을 하면서 사업기간에만 유지하는 SPC를 설립해 운용한다. 포스코건설도 지자체 등과의 민자사업 및 리조트 건설 등을 위해 7개의 SPC를 세웠다가 해당 사업이 끝나 법인을 해산하거나 계열분리하였다. 포스코건설이 설립한 특수목적법인들은 푸른천안(주), 우이신설지하경전철(주), 유니버셜스튜디오리조트개발(주), 유니버셜스튜디오리조트자산관리(주), (주)엔트란, (주)대우테크, 청정익산(주) 등 총 7개사이다. 이들 SPC를 감안하면 포스코가 지난 4년간 부동산, 건설, 임대 관련 계열사를 마구 설립했다는 경실련 비난은 말장난에 불과하다. 고의적인 통계 조작이나 다름없다.

또 다른 문제점은 포스코가 이 기간에 설립한 사회적 기업을 경실련이 막대한 사업이익을 내려고 설립했다고 매도한 점이다. 경실련은 "건설, 부동산, 임대업은 한국 건설산업 및 부동산 시장의 특성상 특별한 기술력과 자원이 필요 없고, 막대한 사업이익 때문에 자본력에서 우위가 있는 재벌에게는 진출 1순위 업종으로 인식되어 왔다"고 지적했다.

포스코그룹은 가족경영이 아니란 점에서 재벌도 아니지만, 대기업의 사회적 책임과 고용촉진 차원에서 사회적 기업을 설립했다. 부동산, 건설업종으로 분류된 포스에코하우징은 포항에서 스틸하우스를 지어서 분양하고 있는 사회적 기업이다. 이 회사에는 포항 지역의 취약계층과 장애인 등이 취업해 일하고 있다.

또 부동산, 건설업종으로 분류되지 않은 송도SE는 빌딩 및 건물청소를 하는 계열사로 탈북자들을 고용해 남한 내 정착을 돕고 있다. 광양에서 창고 운수업을 하는 포스플레이트도 광양 주민들을 고용해서 지역의 일자리 창출에 기여하고 있다. 포스코가 이익과 영리를 목적을 하지 않고, 저소득층과 빈곤계층을 위한 일자리 창출용 사회적 기업을 만든 것에 대해 문어발 확장 운운하는 것은 타당하지 않다.

현대자동차의 경우 지난 4년간 27개의 계열사가 증가했다. 이중 13개사가 건설, 부동산, 임대업 계열사로 분류됐다. 하지만 현대자동차는 2010년 현대건설을 인수하면서 현대도시개발 등 20개 현대건설 자회사들도 함께 편입했다. 이를 고려하면 부동산, 건설, 임대업 분야의 몸집만 불렸다는 지적은 숫자놀음에 불과하다.

현대자동차는 현대건설 인수로 미래세움제이차, 제2영동고속도로, 희망세움 등 5개의 종합건설업종 계열사가 늘어났다. 이중 현대건설을 제외한 4개사는 현대건설이 한시적으로 특정 부동산사업을 영위하기 위해 설립한 SPC들일 뿐이다. 또 부동산업종으로 분류된 부산파이낸스센터에이엠씨, 송도랜드마크시티, 하떠이알앤씨, 현대도시개발 등 4개사도 현대건설 인수로 그룹에 편입된 회사들이다. 건축기술 및 엔지니어링, 기타 과학기술 서비스업종으로 분류된 현대엔지니어링, 현대종합설계건축 등 2개사, 전기가스 조절 및 공기조절 공급 업종인 부산정관에너지, 현대에너지 등 2개사도 신규계열사로 들어왔다. 이들 13개 부동산, 건설, 임대업 계열사 중에는 경인운하, 미래세움제이차, 제2영동고속도로, 희망세움, 부산파이낸스센터에이엠씨, 송도랜드마크시티, 하떠이알앤씨, 현대도시개발, 부산정관에너지, 현대에너지 등은 해당 사업이 끝나면 사라질 특수목적회사들이다. 경실련은 현대자동차의 이 같은 특성을 감안하지 않고, 기계적으로 숫자가 늘어난 것만 고려한 것으로 억지 논리일 뿐이다.

STX그룹 사례도 마찬가지다. STX가 지난 4년간 10개의 계열사를 늘렸고, 이중 8개사가 부동산, 건설, 임대업종이라는 주장을 보자. STX가 이 기간에 설립한 씨엑스디, 제일에이앤씨, 캐비드, 진해오션 등은 특정 부동산사업을 위해 설립한 SPC들이다. 이들 특수목적회사들은 사업이 끝나 법인이 폐업됐거나, 해당 사업이 완료되는 대로 없어질 예정이다. 에스티엑스산업플랜트는 이미 새롬성원에 흡수합병 됐다. STX가 10개의 계열사를 늘리고, 이중 부동산, 건설, 임대업 계열사가 8개가 된다는 경실련의 주장은 억지 주장일 뿐이다. 통계적 착시현상을 불러일으킬 뿐이다.

한화그룹이 이 기간에 8개의 건설, 부동산, 임대업 계열사를 늘렸다는 주장도 과대 포장돼 있다. 예를 들어, 여수씨월드, 일산씨월드, 검단에코텍, 경주환경, 군포에코텍, 양주앤바이로, 환경시설운영 등 7개사는 각 지자체의 하수 처리와 수족관 건설 등 민자사업을 위해 설립한 SPC들이다. 사업이 끝나면 없어질 회사들인 것이다. 이를 감안하지 않고, 한화가 부동산, 건설, 임대업 계열사를 8개나 늘렸다는 경실련 주장은 숫자 부풀리기의 전형적 사례다.

금호아시아는 38개사에서 36개사로 2개사가 오히려 감소했다. 그룹이 의욕적으로 인수했던 대우건설을 채권단에 다시 매각하면서 대우건설과 관련 자회사들이 그룹에서 분리된 데 따른 것이다. 하지만 경실련은 이 기간에 금호아시아나가 부동산, 건설, 임대업 계열사를 9개 늘렸다고 지적했다. 금호아시아나는 대우건설, 맑은물지킴이, 지오시티에스, 부곡환경, 우리자산관리, GK해상도로, 태천개발, 푸르지오서비스, 한국도로관리 등 총 9개의 부동산, 건설, 임대업 계열사를 편입한 것으로 조사됐다. 하지만 대우건설을 매각하면서 이들 회사들은 전부 계열분리 됐다. 그런데도 금호아시아나가 이 기간에 9개의 부동산, 건설, 임대업 계열사를 신규 편입해서 문어발 확장을 했다는 주장은 조사의 신뢰성만 떨어뜨릴 뿐이다. 조사 자체가 엉터리이다.

전경련 관계자는 "경실련이 사실관계도 파악하지 않고, 주먹구구식으로 사실을 왜곡했다"고 강한 불만을 표시했다. 의도적인 과장이 심하다는 것이다. 그리스 신화에 프로크루스테스의 침대에 관한 이야기가 나온다. 이 괴물은 사람을 잡아다가 자신의 침대에 눕혀서 그 침대보다 길면 잘라서 죽이고, 침대보다 짧으면 늘여서 죽였다. 귀에 걸면 귀걸이요, 코에 걸면 코걸이의 억지 행위나 궤변을 지칭할 때 쓰는 말이다.

경실련의 〈15대 재벌의 4년간 계열사 수 및 신규편입업종 분석 결과〉는 프로크루스테스를 연상케 한다. 사실관계나 업종별 특성을 고려하지 않고, 재벌은 경제력 집중을 심화시키고 중소기업을 말려 죽이는 악당이란 좌파 진보단체의 이데올로기를 확산시키기 위해 고의적인 통계 조작을 했기 때문이다.

재벌들이 제조업보다는 부동산, 건설, 임대 등 비제조업 분야의 계열사 수를 늘렸다는 경실련의 지적은 신뢰를 잃었다. 대기업들이 부동산 사업을 위해 다양한 특수목적회사를 설립하고, 해당 사업이 종료되면 해체되거나 폐업되는 특성을 감안하지 않은 통계상의 농간이기 때문이다. 이명박 정부 들어 대기업 규제가 완화되면서 이 같은 문어발 확장과 경제력 집중 심화가 초래됐다고 비난하고 있다. 포스코처럼 빈곤계층의 일자리 창출을 위한 사회적 기업들도 문어발 확장으로 매도당했다. 이는 경실련의 이번 조사가 대기업을 비난하기 위한 의도가 강하게 내포돼 있음을 시사하고 있다.

경실련은 경제정의 실현을 목표로 대기업의 경제력 집중 문제와 재벌 개혁을 주창해 왔다. 과거 민주당 10년 기간에 오너의 황제경영과 경영권 상속 문제, 정경유착 문제는 물론, 지배구조 개선방안 등에 대해 진보적이고 반대기업적인 시각을 대변해 왔다. 경실련의 그동안의 행보는 지나치게 대기업을 비난한다는 지적도 받았지만, 글로벌 스탠더드에 맞는 기업 지배구조 확립을 요구하는 등 긍정적인 역할도 했다. 하지만 대기업 비판은 구체적인 사실관계 확인은 물론, 통계자료 및 분석의 신뢰가 전제돼야 한다. 이번 자료는 그런 점에서 신뢰와 공정성을 얻지 못했다. 대기업은 악이므로 무조건 채찍질하고 규제해야 한다는 진보적 선입관을 갖고, 이에 필요한 수치를 억지로 만들어냈기 때문이다.

좌파언론들은 경실련 자료의 맹점을 검증도 하지 않고, 대기업 비난에 가담했다. 《오마이뉴스》는 "재벌들이 규제완화 외치더니, 자신들의 몸집만 부풀렸다"고 지적했다. 《프레시안》도 "MB 정부 4년간 재벌 계열사 306개가 급증했다"며 이중 부동산, 건설, 임대업 등 비제조업 계열사가 많았다고 비난했다. 앵무새처럼 경실련 자료를 베낀 것이다. 이들 언론의 보도행태는 언론으로서 최소한의 사실 확인도 하지 않고 인용했다는 점에서 저널리즘의 기본 윤리와 책임을 방기했다는 비판을 받아 마땅하다. 경실련의 재벌 관련 보고서는 통계의 활용과 분석과정에서 객관성과 신뢰성, 타당성이 얼마나 중요한지를 새삼 일깨워주고 있다.

06
살아 있는 정주영·이병철의 사업보국론

"대기업은 때론 목전의 이익도 초월할 수 있어야 한다."

호암(湖巖) 이병철 삼성 창업주의 말이다. 호암은 1974년 4월 《서울경제신문》에 실린 "재계회고"에서 다음과 같이 강조했다.

"기업에는 기업에 따르는 사회적 책무가 있다. 작은 기업은 작은 기업 대로, 큰 기업은 큰 기업대로 책무가 다르다. 작은 기업주는 큰 기업주보다는 보는 시야의 넓이나 깊이가 작다. 작은 기업은 자기 기업만을 살리는 데 힘을 쏟기만 해도 된다. 큰 기업주는 그래서는 안 된다. 요즘처럼 수많은 관련 기업들과의 밀접한 연관을 고려해야만 할 때에는 큰 기업주는 단순히 자기 기업만을 살리려 애써서는 안 된다. 자연 시야가 넓어야 한다. 목전의 이익을 초월한 기업 활동을 해야 할 때도 있다."

호암은 기업인에게는 사회여망(輿望)에 대한 책임이 있으며, 사업은 공익성을 염두에 둬야 한다고 설파했다.

호암의 평생 라이벌이었던 아산(峨山) 정주영 현대그룹 창업주도 기업 활동이 국익에 직결되는 사업보국(事業報國)론을 강조했다. 국가를 위해 사업을 일으킨다는 사업보국주의는 한국의 산업화 과정에서 중요한 역할을 했다. 아산은 《현대 50년사》에서 "현대는 단순히 장사를 하는 단체가 아니라 국가 발전을 위해서 분투하는 중추적인 집단"이라고 역설했다. 아산의 사업보국은 중화학공업을 통한 국가의 중추 설립, 포니 같은 독자모델 생산을 통한 자주적 경제모형 구축, '밖에서 벌어 안을 살 찌운다'는 해외시장 개척론, 경제적 이익의 사회환원을 통한 공생공영정신 등으로 집약된다.

한국 산업화의 두 영웅이 지녔던 사업관을 보면 사업보국정신이 두드러진다. 일제강점기를 거쳐 전쟁으로 인한 폐허와 불모지에서 한국 산업을 일으키려는 경영 민족주의와 공익정신이 돋보이기 때문이다. 호암과 아산 어록을 되짚어보는 것은 요즘 재벌의 사업 행태가 사회적 논란이 되고 있기 때문이다. 청와대와 정부, 여당은 양극화, 고물가, 청년실업 급증 등에 따른 민심이반을 타개하기 위해 재벌 때리기에 앞장서고 있다.

상생, 동반성장, 공정사회, 공생발전 등의 기치를 내걸고 부당내부거래조사, 세무조사, 중기 적합업종 선정, 국민연금을 동원한 총수 견제, MRO사업 규제, 일감 몰아주기에 대한 과세 정책 등을 잇달아 내놓았다. 이명박 정부 경제정책의 핵심인 소득세, 법인세 감세도 철회됐다. 작은 정부와 규제완화, 감세를 통한 성장정책을 추구한 MB노믹스는 집권 4년을 맞아 완전 퇴장한 것이다.

청와대는 고환율과 규제완화, 감세로 천문학적인 이익을 내는 재벌들이 성과를 독식하면서 일자리 창출과 물가안정, 동반성장 및 상생에 소홀히 하고 있다고 불만을 터뜨려왔다. 곽승준 미래기획위원장이 국민연

금을 동원해 삼성 등을 견제해야 한다고 강조한 것도 재벌들이 동반성
장과 상생 등에 협조적이지 않다고 보기 때문이다.

민주당과 좌파정당, 시민단체들도 재벌개혁과 경제민주화를 내세우며
재벌을 불편하게 만들고 있다. 유시민 국민참여당 대표는 2011년 4월에
내놓은 책《국가란 무엇인가》에서 경제 정의를 위해선 경제민주화와 재
벌규제 강화가 필요하다고 주장했다. 유시민은 이 책에서 김상봉 전남
대 교수의 재벌해체론까지 인용하고 있다. 김상봉 교수는 "자본의 민주
적 통제를 위해서는 궁극적으로 사회제도가 변화돼야 한다. 그 변화의
시작은 가장 전제적이고 폭력적이며 탈법적인 특정자본을 타도하는 데
서 시작해야 한다"면서 "지금 한국 사회에서 그런 자본권력은 삼성이다"
라고 강변했다. 그의 재벌해체 이데올로기는 대한민국 헌법을 부정하는
것으로 공산주의와 사회주의 등 극좌파 논리를 따르고 있다. 아직도 이
런 극좌파 인사가 국민의 세금으로 운영되는 국립대학에서 학생들을 버
젓이 가르치며 사회주의 사상을 전파하고 있다니 놀라울 따름이다.

청와대와 여당의 재벌 압박은 국민들의 불만을 돌리려는 정략적 의
도가 강하다는 점에서 문제가 많다. 이명박 정부는 금융위기 이후 한국
이 가장 먼저 경제 회복에 성공했다며 자화자찬했다. 정권의 주된 치적
으로 내세웠다. 이런 자랑을 하는 데는 재벌들의 예상 밖의 선전과 실
적 호조가 일등공신 역할을 했다는 점을 모르는 것 같다.

대기업들은 미국, 일본, 유럽 등 선진국 경쟁 기업들이 금융위기로 어
려움을 겪는 동안 공격적인 투자와 마케팅을 바탕으로 세계시장 점유
율을 확대하고 조 단위의 영업이익도 냈다. 대기업들의 실적 호전에 고
무된 월가 등 외국투자자들은 '한국물'(한국 정부와 대기업들이 발행한
주식이나 채권)을 대거 사들이면서 한국 경제에 대한 신뢰를 나타냈다.

하지만 이명박 정부는 집권 후반기로 갈수록 민심이반이 확산되자 돌연 재벌 손보기로 국면을 전환했다. '비즈니스 프렌들리'는 '비즈니스 프레스(business press)'로 바뀌었다. 재벌을 경제 회복의 파트너로 삼다가 이젠 오히려 개혁 대상으로 삼아 채찍질해대기 바쁜 형국이다.

대기업들은 경제 회복의 과실을 독점한 채 그들만의 우리에서 호의호식하고 있다는 비난을 받는 처지가 됐다. 글로벌 시장에서 사운을 걸고 경쟁을 벌이는 대기업들은 국내에서 전방위 압박을 받고 의기소침해 있다. 역대 정권마다 재벌개혁이 반복됐지만, 최근의 반재벌 정서는 위험 수위를 넘어서고 있는 점이 문제다.

청와대와 정치권의 정치공학적 반재벌 움직임은 재계의 어깨를 축 처지게 만들고 있다. 대기업들은 금융위기 이후 공격적인 해외수출과 시장점유율 확대 등으로 우리나라가 금융위기를 조기에 극복하고 외환보유액을 단군 이래 최대 규모인 3200억 달러 이상 쌓는 데 결정적인 기여를 했다. 이 같은 실적에도 불구하고, 대기업들은 질시와 비난의 대상으로 전락했다. 아이러니다.

외국 신용평가회사들은 삼성, 현대자동차, LG, 현대중공업 등 대기업들의 괄목한 성과에 대해 긍정적인 반응을 보였다. 무디스와 S&P는 금융위기 이후 우리나라의 국가신용등급을 올렸다. 한국 제조업의 경쟁력을 신뢰하기 때문이다.

재계로선 국가경제를 위해 충분한 도리를 다했는데도, 청와대와 정치권, 보수언론으로부터 몰매를 맞는 것에 대해 억울해 하고 있다. 나라 경제와 일자리 창출을 위해 분투했는데, 돌아온 것은 비난뿐이라는 것이다. 재계는 정치권의 막가파식 포퓰리즘과 반재벌 공세가 누굴 위한 것인가, 라며 불만을 표시하고 있다. 경기침체와 청년실업 증가로 성난 민심을 달래려 대기업을 희생양으로 삼고 있다는 시각이다. 청와대와 여당에 대한 서운함이 몹시 크다.

반재벌이 확산되고 있는 데는 일부 대기업들의 무분별한 사업 확장과 중소기업과의 갈등이 주된 요인으로 작용하고 있다. 그룹별 소모성자재 구매사업(MRO)을 계열사 외에 정부 및 공기업, 다른 기업들까지 싹쓸이 하면서 중소 자재납품업체들과 갈등을 빚었다. 물론 삼성이 이 사업에서 철수키로 하고, LG, SK, 포스코 등 다른 대기업들도 사업 축소 및 사회적 기업화 등으로 탈출 전략을 마련해 최악의 고비는 넘겼다.

유통재벌 2~3세들이 자기네 백화점, 할인점 등을 통해 고급 제빵 및 제과사업을 벌이면서 자영업자의 하루살이 벌이까지 가로채 간다는 비난도 반재벌 정서를 부추겼다. 재벌들이 중소기업과 자영업자들의 사업까지 잠식해 밥그릇마저 빼앗는 것이 과연 옳으냐는 비판이 나오고 있는 것이다. 마이클 샌델의 《정의란 무엇인가》가 베스트셀러가 되면서 정의론이 한국 사회의 주요 담론으로 정착된 것도 악재다.

시장경제에서는 대기업이든 중소기업이든 자율적 판단에 따라 사업을 영위할 수 있다. 대기업이기 때문에 어떤 업종이나 사업을 해서는 안된다는 가이드라인이나 규제정책은 반시장적이다. 인위적으로 대기업 업종, 중소기업 업종으로 가르는 것은 시장경제 논리에 맞지 않다.

하지만 일부 구멍가게 수준의 업종과 사업에까지 재벌이 진출하는 것에 대해서는 재고해 볼 여지가 있다. 대기업의 사회적 책임을 감안하면 대규모 자본을 바탕으로 무분별하게 중소상인과 자영업자들의 생계사업까지 뻗치는 것은 대기업의 올바른 사업방식이라고 볼 수 없다. 이 같은 갈등은 재벌들의 역사가 50~60년이 되면서 경영권이 창업주에서 2세를 거쳐 3~4세로 넘어가고 있는 것과 연관이 있다. 3대, 4대로 내려오면서 불어난 친인척들이 돈 되는 사업이라면 마구잡이식으로 들어가서 기존 중소기업 및 자영업자들과 마찰을 빚기 때문이다.

물론 중소기업 적합업종 제도를 무리하게 선정한다면 적잖은 부작용만 초래할 뿐이다. 정부가 인위적으로 대기업 업종, 중소기업 업종을 가르는 것은 효율성도 없을 뿐더러 소비자 이용후생도 감소시킬 뿐이다. 대기업을 막아놓고 나면 외국 기업의 배만 불려주는 우를 범할 수 있다. 하지만 대기업들이야말로 한국 경제를 이끌어가는 맏형이다. 대기업과 중소기업, 자영업자 모두가 공생, 동반성장 하게 할 책무도 있다. 목적의 이익과 기업윤리 간에 조화가 필요하기 때문이다.

이런 점에서 정주영 회장과 이병철 회장의 경영철학을 다시금 음미해 볼 필요가 있다. 호암은 "기업인에게는 사회여망에 대한 책임이 있다"고 강조했다. 대기업은 때론 목전의 이익도 초월할 수 있어야 한다고 했다. 아무리 수익성이 높다고 해도 사회에 대한 봉사도와 타사에 대한 염려라는 측면에서 기업윤리에 조금이라도 어긋날 때는 그 아이디어는 곧 폐기되어야 한다는 것이다. 영리와 사회정의를 조화시켜야 한다는 호암의 철학도 음미할 만하다. 호암은 "기업경영에서 최고의 이상형이 있다면 그것은 영리와 사회정의의 조화이며, 국가산업 발전에 기여하고 사회생활을 향상시키는 것이라고 생각한다"고 말했다.

아산과 호암이 지향했던 애국애족, 사업보국, 밖에서 벌어 안을 살찌운다, 영리와 사회정의의 조화, 국익에 보탬이 되고 경제발전에 기여하는 사업하기 철학은 지금도 재계가 경청(傾聽)할 만한 경영철학이다.

한국 경제는 신성장동력을 찾는 데 많은 어려움을 겪고 있다. 저성장과 경기침체, 양극화, 청년실업의 늪에서 고전하는 한국 경제는 호암과 아산처럼 불타는 정열과 기업가정신으로 무장된 재계 리더를 애타게 찾고 있다. 국민들로부터 존경받는 재계의 리더는 살아 있는 현재의 오너보다는 창업주인 호암과 아산, 국가경쟁력 강화를 선도했던 최종현 전 SK그룹 회장 등 타계한 기업인들이 더 많다.

대기업들의 자율적 경영활동은 최대한 보장받아야 한다. 정부의 반시장적이고 인위적인 재벌 손보기는 국가경제와 기업 경영에 막대한 피해를 가져올 것이다. 일부 정치권에서 재벌 총수의 사재 절반 출연 등의 극단적 주장이 제기되는 것도 경계해야 할 포퓰리즘이다. 재벌 희생양 만들기는 투자 의욕만 꺾을 뿐이다.

하지만 지금처럼 반재벌 분위기가 확산될 때는 호암과 아산이 지향했던 대기업의 사회적 책무와 역할, 사업보국이념을 되새겨 볼 필요가 있다. 이병철 회장이 강조했던 것처럼 기업이익과 사회적 정의 간의 조화에 좀 더 신경을 쓴다면 반재벌 분위기는 상당 부분 완화될 것이다. 영리추구와 공익을 조화시키는 사업을 해야 존경을 받는다. 중소기업들이 먹고살 만한 사업에 진출할 경우에도 창업주들이 강조한 대기업의 사회적 책임을 되새겨 봐야 한다. 지금처럼 거세게 부는 반재벌 분위기에 대해 정부와 정치권, 국민들이 몰라준다고 외면하고 불평만 할 게 아니다.

정부가 제시하는 상생과 동반성장, 공생발전은 강제적으로 이루어지고 있다는 점에서 반시장적인 부작용도 적지 않다. 하지만 대기업들도 사업을 할 때, 국가에 이로운 사업인가, 영리와 사회적 책임이 조화될 수 있는가, 해외에서 벌어 안을 살찌운다는 해외 시장 개척 가능성은 없는가로 고민했던 정주영, 이병철 회장의 경영철학을 꼼꼼히 음미해 봐야 한다. 경쟁만능의 시장경제에서 따뜻한 시장경제, 더불어 가는 시장경제로 나가야 한다. 대기업들이 중소기업과 더불어 공존하는 스마트한 경영을 해야 한다.

빨리 가려면 혼자 가고, 멀리 가려면 함께 가야 한다. 재벌들도 마찬가지다. 중소기업과 함께 가는 것만이 멀리 갈 수 있다. 그게 행복한 동반성장이다. 지금도 대기업들이 중소기업과 긴밀한 협조체제를 구축해 신기술 공동개발과 경영노하우 이전, 해외시장 동반 개척 등의 많은 성과를 거두고 있다. 하지만 납품단가 인하 강요나 기술 빼앗기 등의 불만들이 비등하지 않도록 동반성장의 고삐를 더욱 당겨야 한다. 그래야 재벌에 대한 국민적 불신감도 점점 해소된다. '재벌은 죄벌(罪罰)'이란 영원한 숙제도 풀릴 것이다.

신자유주의의 문제점은 글로벌 금융위기 이후 많이 숱하게 제기됐다. 대기업들도 금융위기와 양극화 빈부격차 심화, 청년실업 급증 등의 해소에 책임의식을 가질 필요가 있다. 과도한 정부개입을 불러오는 정부만능은 시장경제를 위축시키고, 규제강화로 기업의 투자의욕을 떨어뜨린다. 반면 과도한 시장만능도 큰 정부 못지않게 부작용을 가져오고 있다.

재벌에 대한 가장 큰 불신은 뭐니 뭐니 해도 경영권 상속과 관련한 문제다. 그동안 미비한 상속증여세법 체계를 이용한 변칙적인 경영권 승계가 보편화하면서 재벌에 대한 이미지는 나빠졌다. 이제는 상속증여세법이 포괄주의로 바뀌면서 과거와 같은 비정상적인 경영권 대물림은 어려워졌다. 투명하고 합법적인 승계만이 국민적 존경을 받게 되는 시대가 됐다. 물론 현행 상속세율은 지나치게 높아 편법과 탈법을 부추기는 측면이 강하다. 상속세율도 내려서 재벌들이 합법의 테두리 안에서 경영권 승계가 이뤄지도록 분위기를 조성해야 한다.

전국경제인연합회와 대한상의 등 재계단체들의 개혁 노력도 중요하다. 전경련의 경우 4대 그룹 오너들이 중심이 돼서 존경받는 재계를 위한 혁신방안을 내놓으면 국면 전환에 도움이 될 것이다. 지금처럼 허창수 회장 체제의 전경련 회장단이 소극적인 행보를 보인다면 반재벌 해소는 더디게 이뤄질 수밖에 없다. 이명박 대통령이 허 회장에게 50년 후의 전경련에 대해 고민해 볼 것을 권유했을 만큼 위상도 흔들리고 있다.

전경련의 환골탈태 움직임은 보이지 않고 있다. 잔뜩 움츠려 있을 뿐이다. 정주영 회장, 이병철 회장, 최종현 회장, 김우중 회장 등 역대 회장들은 국가경제과 산업 발전에 필요한 정책이슈를 내걸고 청와대, 정부 등과 긴밀히 협력체제를 구축해서 경제발전을 이끌었다. 최종현 회장은 90년대 중후반 심각한 노사분규와 기업자금난, 고임금 등으로 제조업 한국 경제에 빨간불이 켜지자 민관합동 국가경쟁력강화위원회를 만들어 규제완화와 기업자금난 완화, 대-중기 협력강화 등 뚜렷한 족적을 남겼다. 외환위기 극복을 위해 매진했던 김우중 회장도 외환보유액 500억 달러 달성을 목표로 민관합동의 수출드라이브를 제창했다.

김우중 회장의 퇴진 이후 전경련은 고만고만한 그룹의 총수가 회장을 잇달아 맡아 국가적 어젠다를 잡지 못하고 있다. 오죽했으면 전경련 해체론까지 제기될 정도로 수모를 당하고 있다. 정치인 로비스캔들로 곤욕을 치르기도 했다.

2011년 2월 재계 총리로 취임한 허창수 회장에 대한 기대가 많았다. 하지만 허 회장은 여전히 신중한 행보를 보이고 있다. 전임 마이너그룹 회장들과 차별성을 보여주지 못하고 있다. 국가경쟁력 강화와 신성장동력 찾기, 양극화 해소, 일자리 창출, 청년실업 해소 등 국가적 현안의 해법을 찾기 위해서는 정부와 머리를 맞대야 할 엄중한 상황이다.

리더십을 갖춘 4대 그룹 총수들이 비상한 각오를 갖고 재계 차원의 특단의 대책을 내놓아야 한다. 2012년 총선과 대선이 가까워질수록 포퓰리즘적 재벌개혁과 경제민주화 요구가 득세할 가능성이 높은 것도 전경련의 변신을 재촉하고 있다.

재벌의 이익단체란 비판을 겸허히 수용할 필요가 있다. 일본의 경단련처럼 국가경제의 미래 전략에 대해 어젠다를 내놓는 등 범재계 차원의 행보를 보여야 신뢰를 회복할 수 있다.

07
이회창 총재의 총수 사재출연, 뭘 알고 하는 건가요?

"재벌들이 미국의 워런 버핏이나 빌 게이츠처럼 사재(私財)의 반쯤을 내놓는다면 재벌에 대한 인식이 크게 달라질 것이다."

여야 간 정쟁 때마다 바른말 잘하기로 정평이 나있는 이회창 자유선진당 전 총재가 2011년 5월 말 국민대학교 학생들을 대상으로 한 특강에서 재벌 총수들이 사재의 절반가량을 내놓는 게 좋겠다는 방안을 제시했다. 그는 재벌들이 재산을 내놓아 사회 양극화를 해소하는 데 앞장서야 한다고 했다.

재벌들이 사재를 내놓으면 어떻게 될까? 총수들은 대부분 회장을 맡아 왕성하게 경영 활동을 하고 있다. 그들은 재산 대부분을 현금보다는 계열사 주식으로 갖고 있다. 배당금 등으로 받는 것을 제외하곤 주머니에 갖고 있는 현금이 별로 없다. 대부분이 경영권 방어를 위해 계열사 주식으로 갖고 있는 게 일반적이다.

총수들의 재산 보유 상태를 감안하면 사재의 절반을 내놓으라는 이

전 총재의 주장은 비현실적이다. 뭘 몰라도 한참 모르는 발상이다. 여야 모두에게 쓴소리를 잘해 국민들의 공감을 얻고 있는 이 전 총재의 총기가 사라졌나 하는 의심마저 들게 한다. 시장경제와 한국 기업의 특성을 제대로 이해하고 있는지 의구심이 든다.

그의 말대로 재벌 총수들이 사재의 절반을 내놓으면, 그 순간 경영권을 내놓고 경영 일선에서 은퇴해야 한다. 사재의 절반을 사회에 출연하면 그룹 계열사에 대한 지배주주의 지위를 내놓아야 하기 때문이다. 대주주 지위를 상실하니 경영도 할 수 없다. 재벌들은 그룹 총수가 대주주의 지위를 갖고 경영권도 행사하는 오너경영 체제를 유지하고 있다. 전문경영인 체제를 유지하는 재벌들은 거의 없다. 한국은 아직 기업 역사가 짧아 미국처럼 전문경영인 체제가 발달하지 않았기 때문이다.

이 전 총재가 벤치마킹 대상으로 칭송한 버핏과 게이츠는 경영일선에서 은퇴했거나 후계자에게 경영권을 이양 중인 점이 특징이다. 이건희 삼성 회장, 정몽구 현대자동차 회장, 구본무 LG 회장, 최태원 SK 회장, 허창수 GS 회장, 김승연 한화 회장 등 이들 총수들은 계열사 지배력을 바탕으로 왕성한 경영권을 행사하고 있다. 버핏과 게이츠처럼 경영 일선에서 물러난 사람들이 아니다.

이 전 총재는 한국 기업과 미국 기업의 문화적 차이가 크다는 점을 알아야 한다. 미국은 전문경영인 체제가 발달돼 있다. 기업 역사가 19세기 산업화 이후 200년 이상 지나면서 오너의 지분이 약화되고, 대신 전문경영인에 의한 기업 경영이 지배적인 문화로 자리 잡았다. 포드 등 일부를 제외하곤 GM, GE 등 대부분이 전문경영인 체제로 운영되고 있다. 또 미국은 전문경영인에 맡길 경우 발생할 수 있는 갖가지 부작용을 예방하기 위한 모럴해저드(도덕적 해이) 방지 장치가 다양하게 마련돼 있다. 스톡옵션(주식매입 선택권) 등 다양한 인센티브를 부여하는 것이 대표적이다. 전문경영인 시장이 발달할 수밖에 없다.

반면 한국 기업은 오너경영 체제가 대세다. 대주주의 지위를 확보하면서 경영권도 행사하는 형태다. 한국에선 전문경영인에게 경영을 맡겨서 제대로 된 기업들이 별로 없다. 주인 없는 민영화를 이룩한 포스코 등 극히 일부 사례를 제외하곤 전문경영인에게 맡겨서 기업이 제대로 굴러간 사례가 많지 않다. 미국처럼 전문경영인에 대한 감시 문화가 정착되지 못한 것도 전문경영인 체제의 확산을 가로막는 요인이다.

정부가 통제하는 공기업도 마찬가지다. 민간 대기업처럼 글로벌 경쟁력을 갖춘 기업들이 별로 없기 때문이다. 대부분의 공기업들은 잦은 인사와 낙하산 인사로 안방 기업, 우물 안 기업으로 전락했다. 부산저축은행 등 저축은행의 부실사례를 보면 정부의 감시감독이 얼마나 문제가 있는지 실감케 한다. 능력 있는 정부 관료들과 감독기관 관계자들이 감시를 해도 천문학적인 부실을 막지 못했다. 시민단체가 감독한다는 것도 마찬가지다. 금감원보다 더 강력한 감독권을 갖고 있는 기관이 출범해도 부실을 막는 데 한계가 있을 것이다.

한국은 미국과 달리 온정적인 문화가 지배적이다. 이런 문화적 특성을 감안하면 오너십이 없는 기업 경영은 한계가 있다. 주인이 강력한 지배권을 갖고 경영을 해야 잘되는 문화적 특성을 갖고 있다.

이 전 총재의 재벌 총수 사재출연론은 민간기업마저 정부나 시민단체의 통제하에 두겠다는 발상이나 다름없다. 설령 그런 의도가 없었더라도 오너들이 주식을 출연한다면 그런 결과를 가져올 수밖에 없다. 그의 취지가 무엇이든 간에 총수들에게 경영권을 내놓으라는 것이나 마찬가지다. 이는 경영 안정성을 해치는 일이다.

미국의 전문경영인 체제가 선진적인 기업 지배구조임은 틀림없다. 하지만 한국 기업문화는 미국과는 다르다는 점을 인식해야 한다. 한국적 기업문화를 고려하면 오너십을 부정하는 것은 한국만의 강점인 민간경제시스템을 와해시킬 수 있다. 이 전 총재는 총수들의 사재출연을 통한 경영 일선 퇴진을 주장하기 앞서 본인의 거취부터 표명하는 게 정도다. 재벌 오너의 사재 절반 출연론은 균형감각을 상실한 발언이다.

물론 이 전 총재는 사회양극화 해소를 명분으로 사재출연 방안을 제시했다. 사회양극화가 개방화와 글로벌화가 진전될수록 불거지는 현상임은 분명하다. 대기업이나 총수들도 우리 사회 시스템을 유지하고, 시장경제의 지속 발전을 위해서는 사회적 약자, 저소득층에 대한 배려와 기부 나눔문화 확산에 앞장서야 한다. 정몽구 현대자동차 회장이 사재 5000억 원을 출연한 것은 고무적이다. 재계가 이익의 일정 부분을 사회에 환원하는 일에 관심을 갖기 시작한 셈이다.

총수들이 노블레스 오블리주 차원에서 사회공헌에 관심을 갖고 사회적 책임을 다하려는 것은 바람직하다. 하지만 이것도 자발적 참여를 유도하는 게 실효성이 있다. 정부와 시민단체가 윽박지른다고 되는 것은 아니다. 강요에 의해 이루어진다면 지속이 가능하지 않다. 총수들이 경영권을 위협받지 않는 한도에서 각종 기부와 봉사활동을 장려하도록 법과 제도를 정비하는 것도 긴요하다. 현행 재단관련법은 너무 까다롭고, 규제가 많아 서구식 기부와 재단활동이 활성화되지 못하고 있다. 선의로 재단에 재산을 기부하고 싶어도 과도한 세금을 내야 하고, 정부의 간섭도 심하다는 게 기업인들의 불만이다. 기업들이 재단에 출연하면 편법 상속이나 증여수단으로 악용하는 것 아닌가 하는 의구심부터 갖는 관료들의 시각도 큰 문제다.

이 전 총재가 총재직을 물러난 후 모처럼 입을 열었지만 페어웨이를 한참 벗어난 오비를 냈다. 비현실적인 발언을 할 바에는 차라리 자중하는 게 낫다.

CHAPTER 04

재벌의 아킬레스건

경영권 상속

01
재벌의 상속 유형과 바람직한 모델

  이명박 정부가 재벌의 상속 및 증여 문제에 대한 제재 수위를 높여가고 있다. 기업들의 저승사자인 국세청과 경제검찰인 공정거래위원회가 재벌들의 편법, 불법 상속 및 증여에 대해 전방위 압박을 가하고 있기 때문이다. 편법 또는 변칙적인 경영권 상속은 재벌들의 아킬레스건을 건드리는 것으로 2012년 총선과 대선이 가까워질수록 재벌개혁의 핵심 이슈로 부각될 수밖에 없다.

  국세청은 재벌들이 세금을 내지 않고 경영권을 물려주는 것에 대해 세금추징을 강도 높게 벌이겠다고 엄포를 놓았다. 공정위도 재벌들의 경영권 상속 수단으로 활용되고 있는 비상장 계열사에 대한 일감 몰아주기 실태조사에 나섰다. 더 나아가 당정은 9월 초에 내놓은 2012년 세제개편안에서 대주주 일가가 3% 이상의 지분을 가진 계열사에 대해 그룹 계열사들이 일감 몰아주기를 통해 이익을 냈을 경우, 영업이익에 대해 대주주 지분에 따라 과세키로 했다. 일감 몰아주기로 생긴 영업이익을 증여로 간주해 세금을 물리기로 한 것이다.

일감 몰아주기에 대한 과세가 이뤄질 경우 대기업 총수들은 수십억 원의 증여세를 내야 한다. 증여세 폭탄고지서가 재벌가에게 줄줄이 통보되게 된 것이다. 당정의 세법개정안이 시행될 경우 가장 많은 증여세를 내야 하는 곳은 현대자동차 정몽구 회장, 정의선 부회장 부자이다. 정 회장과 정 부회장 부자의 경우 그룹 계열사에 대한 의존도가 높은 글로비스와 현대엠코의 대주주라는 점에서 2012년에만 60억 원가량의 세금을 내야 할 판이다.

글로비스가 현대자동차 계열사들과의 거래하는 내부거래 비율은 46%에 달한다. 일각에선 글로비스의 내부거래 비중이 90%에 육박한다고 주장하고 있다. 이 경우 정 회장 부자의 증여세액은 100억 원을 훨씬 넘게 된다. 정 회장 부자는 2011년 초 계열사로부터 399억 원, 118억 원을 각각 받았다. 이들 부자는 2012년부터 배당금의 최소 10% 이상, 최대 20%가량을 증여세로 내야 할 판이다.

삼성가 이건희 회장의 자녀들도 상당액을 내야 한다. 삼성의 IT업무를 전담하는 삼성SDS와 삼성에버랜드의 대주주인 이재용 삼성전자 사장과 이부진 호텔신라 사장, 이서현 제일모직 사장은 50억 원가량의 증여세를 납부해야 한다. 삼성SDS의 2010년 세후 영업이익은 3040억 원으로 내부거래 비중은 63.1%에 달한다. 에버랜드의 내부거래 비중은 40.6%로 세후 영업이익은 1142억 원을 기록했다.

또 LG가의 구본무 회장, 구본준 LG전자 부회장, 구 회장의 외아들인 구광모 씨도 45억 원가량을 세금으로 내야 한다. 이 밖에 SK 최태원 회장 형제(최태원, 최기원)는 64억 원, 한화 김승연 회장 아들 3형제(김동관, 김동원, 김동선)는 22억 원, 효성 조석래 회장의 아들 3형제(조현준,

조현문, 조현상)는 26억 원, STX 강덕수 회장과 2명의 딸들(강정연, 강경림)은 12억 원을 각각 증여세로 납부해야 한다.

공생발전과 정의의 이름으로 가해지는 재벌에 대한 일감 몰아주기 과세는 위헌 소지가 높다는 재계의 강력한 반발에도 불구하고 그대로 강행될 전망이다. 선거에 목매고 있는 여야 모두가 부자정당, 재벌을 비호하는 정당이라는 비난을 듣고 싶어 하지 않기 때문이다. 기재부, 국세청과 공정위의 재벌에 대한 고삐 죄기는 이명박 대통령의 공정 및 동반성장, 상생, 공생발전 등 소위 따뜻한 시장경제와 대기업의 사회적 책임을 확산시키려는 것으로 풀이된다.

국세청의 재벌 압박은 세금을 내지 않고 재산이나 기업을 2세들에게 상속 내지 증여하는 것을 막는 것에 초점이 맞춰져 있다. 이현동 국세청장은 2011년 7월에 전국 지방청 조사국장들을 불러 세금 없는 부의 대물림을 적극 차단해야 한다고 강조했다. 국세청이 재벌들의 변칙 또는 탈법 상속과의 전쟁을 선포한 셈이다. 이 청장은 "대기업이 국민경제 발전에 기여하고 있지만 이에 걸맞게 이들의 성실신고 여부에 대해 제대로 검증되고 있는지 되돌아볼 필요가 있다"고 강조했다. 이 청장의 엄포는 재벌들에 대한 세무조사가 빈번해지고 강도도 한층 세질 것임을 예고하고 있다. 재벌들로선 이래저래 긴장의 수위가 높아질 수밖에 없게 됐다.

국세청은 실제로 2011년 상반기 불법 상속 및 증여자를 적발, 강도 높은 세금을 추징한 사례도 내놓았다. 부당 증여로 경영권을 자녀에게 물려준 중견기업 사주 등 204명을 조사해 총 4595억 원을 추징한 것이다.

이명박 대통령과 청와대는 중소기업 및 자영업자의 경영난이 가중되고, 서민들의 삶도 팍팍해지면서 재벌에 대한 공격수위를 높여왔다. 삼성, 현대자동차, LG, SK, GS 등 재벌들만 고환율 및 감세, 규제완화의 혜택을 입고 불만을 토로했다. 재벌들이 성장의 과실을 중소기업 및 국민들과 나누지 않는다고 볼멘소리를 하는 것이다. 대기업의 성장 과실이 중소기업에게로 이전되는 '낙수(落水)효과(Trickle-down Effect)'가 없어졌다는 것이다.

민주당과 민노당 등 진보좌파 야당은 이를 빌미로 재벌의 지배구조를 겨냥한 경제민주화 방안까지 내놓고 재벌을 위협하고 있다. 청와대 정부, 야당 모두 재벌개혁과 경제민주화를 강조하는 것은 무엇인가? 경기침체와 일자리 부진, 양극화 등에 따른 민심이반을 추스르고, 총선과 대선에서 승리하기 위한 전략과 밀접히 연관이 있다. 재벌을 때려야 등을 돌린 민심이 돌아올 수 있다고 보는 것이다.

민주당은 잃어버린 정권을 되찾기 위한 이슈 선점 전략으로 재벌개혁을 내세우고 있다. 한나라당에 대해 부자정권 프레임을 씌워, 재벌들에게만 특혜를 주고 중소기업과 서민들은 피폐시키고 있다는 선동정치로 반재벌 정서를 부추기고 있다. 민주당은 더 나아가 재벌에 대한 규제와 조정을 할 수 있도록 적시한 헌법 119조 2항을 근거로 '헌법 119조 경제민주화 특별위원회'를 구성했다. 야당은 재벌개혁 등 경제민주화를 무상복지 시리즈와 함께 2012년 총선과 대선의 2대 키워드로 내세워 민심을 파고들겠다는 전략이다.

재벌에 대한 압박이 확산되면서 재벌들의 상속과 증여 문제는 한층 복잡한 방정식을 요구하고 있다. 현행 상속세법의 경우 2004년에 열거주의에서 포괄주의로 바뀌면서 오너의 재산이 자녀들에게 어떤 방식으로 이전되든지 세금을 부과할 수 있게 됐기 때문이다. 과거엔 상속세법 조문에 열거된 것에 대해서만 세금을 내면 됐다. 이로 인해 법망을 피해 편법 상속 및 증여가 성행한 것은 부인할 수 없다. 2세들이 세금은 적게 내고 경영권을 물려받는 것이 관행화됐다. 이는 국민들의 반재벌 정서를 확산시키는 부작용을 가져왔다.

상속세법이 포괄주의로 바뀌면서 재벌들도 세금을 제대로 안 내고 경영권을 대물림하는 과거의 관행이 거의 불가능해졌다. 세금 없는 부의 대물림을 차단하겠다는 정부의 의지가 워낙 강하고 시장과 시민단체의 감시도 엄격해졌기 때문이다.

상속세가 포괄주의로 전환된 것은 노무현 정부 때이다. 재벌개혁에 강한 의지를 보였던 참여정부 시절 경제정의실천연합과 진보적 교수들은 숱하게 삼성의 경영권 상속문제를 물고 늘어졌다. 시민단체는 당시 이재용 삼성전자 사장이 삼성에버랜드 경영권을 전환사채(CB) 발행을 통해 장악하고 상속세도 거의 내지 않은 채 그룹 대권을 인수했다는 의혹을 제기한 것이다. 참여연대는 당시 이재용 사장이 16억 원의 세금만 내고 200조 원이 넘는 삼성그룹의 경영권을 장악하는 과정에서 불법행위가 있었다며 이건희 회장, 이재용 사장, 에버랜드 임직원들을 대상으로 파상적인 고발공세를 벌였다.

삼성은 참여정부 내내 이재용 사장의 경영권 상속문제로 시민단체들과 숱한 법정 싸움을 벌였다. 참여정부 말기에는 삼성 X파일과 비자금 사건까지 터져 이 회장이 경영 일선에서 물러나고, 그룹조직을 해체하는 등 대대적인 경영혁신방안을 마련했다. 재벌개혁을 화두로 내건 노무현 정부가 재벌들의 상속문제에 대해 엄한 잣대를 들이댄 것도 주된 요인이다.

재벌들의 상속 유형은 크게 4가지로 나뉜다.

첫째가 삼성에버랜드 모델이다. 이재용 삼성전자 사장이 비상장사인

에버랜드 대주주로 부상하면서 그룹경영권을 확보한 방식이다. 에버랜드 주식 헐값 논란은 에버랜드가 1996년 전환사채(CB)를 발행해 이재용 사장, 이부진 신라호텔 사장, 이서현 제일모직 부사장 등 이 회장 자녀들에게 낮은 가격에 양도한 것이 발단이 됐다.

당시 에버랜드 이사회는 기존 주주배정 방식으로 발행한 125만 주의 CB를 삼성물산, 중앙일보 등 기존 주주들이 인수를 포기하자, 이재용 사장 등에게 주당 7,700원에 넘겼다. 이 사장은 이 전환사채를 주식으로 전환해서 삼성에버랜드의 최대주주(현재 지분율 25.1%)가 됐다. 에버랜드는 삼성생명의 최대주주로 삼성그룹 순환출자 구조의 정점에 있다. 에버랜드의 경영권 확보로 순환출자로 이루어진 삼성그룹의 경영권을 확보한 셈이다.

이재용 사장이 에버랜드의 최대주주로 부상하면서 삼성의 경영권 승계 절차는 사실상 마무리된 셈이다. 하지만 삼성은 편법 승계논란 문제로 고심하고 있다. 당시 CB를 이용한 경영권 승계는 편법 의혹을 불러일으켰기 때문이다. 에버랜드는 실정법상 정당한 절차를 거쳐서 CB를 발행했다. CB 매입 가격에 대해 삼성은 회계사의 자문을 거쳐 7,700원대에 책정했다고 강조했다. 반면 참여연대 등 시민단체는 당시 주가가 7만~8만 원이었다는 점에서 엄청난 헐값 매입이라고 주장했다.

하지만 상속 증여세법이 지금처럼 포괄주의가 아닌 열거주의였던 데다, 에버랜드의 경우 매출도 보잘것없었고 적자상태였다. 에버랜드는 삼성의 지주회사 역할도 하지 않았다. 사후에 에버랜드가 삼성생명의 최대주주가 되면서 그룹의 지주회사 역할을 했다. 이런 점에서 처음부터 에버랜드의 주가가 7만 원 이상 됐다는 참여연대 주장은 억지 측면이 강하다.

삼성은 상속 논란을 불식시키기 위해 조 단위의 세금을 내고 정당하게 경영권 승계를 마무리하겠다는 입장을 일찌감치 천명했다. 이 회장의 재산이 수조 원대인 것을 감안하면 상속 및 증여세가 조 단위 이상 될 것으로 예상되고 있다. 삼성은 투명하게 세금 내고 경영권을 상속하면 하등 문제될 게 없다는 입장이다. 시민단체나 정치권에서 삼성이 세금을 제대로 안 내고 경영권을 사실상 상속했다는 비난은 성급하다는 게 그룹 측 입장이다. 이 회장이 아직 경영 활동을 하고 있고, 이재용 사장도 경영수업을 받고 있는 상황이어서 상속 증여세 납부는 미래에 이뤄질 사안이라는 것이다.

두 번째 상속 모델은 현대자동차 정의선 부회장의 글로비스 방식이다. 현대자동차는 에버랜드의 CB방식이 숱한 소송에 휘말리면서 비상장 계열사를 이용한 경영권 상속방안으로 돌파구를 찾았다. 요즘 변칙 상속 증여 논란의 한가운데 있는 계열사 일감 몰아주기 등을 통해 2세들에게 경영권을 승계시키는 방식이다.

에버랜드가 이재용 모델이라면 글로비스는 정의선 모델이다. 글로비스의 경우 2001년 정몽구 회장과 정의선 부회장이 각각 40%, 60%씩 총 50억 원을 출자해 설립했다. 그룹에서 생산하는 자동차 및 자동차부품, 철강제품 등의 물류 및 운송을 담당하는 계열사로 출발했다. 계열사들과의 내부거래(일감 몰아주기)로 급성장한 글로비스는 설립된 지 10년 만에 매출 6조 원의 거대 기업으로 도약했다. 정 부회장의 보유주식 가치도 글로비스를 비롯, 현대엠코, 이노션, 본텍 등을 포함해 총 1조 8900억 원가량으로 커졌다. 정 부회장의 재산을 가장 많이 늘려준 글로비스의 매출 중 절반 이상은 그룹 계열사와의 거래에서 이루어진 것들이다.

글로비스 모델은 오너와 2세들이 비상장사를 설립한 후 계열사들이 사업 물량을 대거 몰아줘 외형과 수익성을 키운 후 상장시켜 2세들에게 경영권 승계 자금을 마련토록 한 점이 특징이다. 이 방식이 재계에 성행하면서 정부 및 정치권, 국민들의 반재벌 정서도 악화되고 있는 것은 부인할 수 없다.

하지만 현대자동차도 정의선 부회장의 경영권 상속이 이뤄질 경우 투명하게 상속 및 증여세를 내겠다고 밝히고 있다. 삼성 이재용 사장처럼 정 부회장도 경영수업 중이고, 경영권 승계가 완전히 이루어지지 않았다는 것이다. 아직은 지켜봐달라는 게 현대자동차 측의 주장이다.

정몽구 회장은 2011년 8월 말 글로비스 지분 일부를 처분해 5000억 원가량을 그룹 사회복지재단인 해비치재단에 출연키로 했다. 개별 오너로서는 최대 규모의 출연이다. 정 회장의 출연은 글로비스 비자금 수사 당시 1조 원의 사재를 내놓기로 약속한 것을 이행하는 측면도 있다. 하지만 오너가 개인 돈을 대규모로 내놓은 것은 처음이어서 재계에 많은 영향을 줄 전망이다. 나눔과 기부문화 확산을 통해 반재벌 이미지를 해소하는 데도 상당한 기여를 할 것으로 보인다.

글로비스 모델이 성공하자 다른 재벌들도 잇달아 벤치마킹했다. SK그룹도 시스템 통합업체(SI)인 SK C&C를 설립해 그룹 전산업무를 독점하면서 기업 가치를 천문학적으로 키웠다. 이 회사의 지분 44%를 보유한 최태원 회장은 상장을 통해 2조 원대의 자산을 확보했다. 대림산업, 한화그룹 등 중견그룹들도 SI 등을 전담하는 비상장사를 잇달아 설립한 후 그룹 내부 물량을 몰아주는 방식으로 해당 기업의 외형 및 영업이익을 키우고 있다. 글로비스 모델을 원용하고 있는 셈이다. 하지만 이 방식도 쉽지 않을 전망이다. 정부가 일감 몰아주기에 대해 증여세를 물리기로 했기 때문이다.

세 번째 모델은 신세계 정용진 부회장 모델이다. 가장 떳떳하게 경영권을 상속하는 모델로 정부, 정치권, 언론으로부터 긍정적인 평가를 받고 있다. 정 부회장은 2006년 일찌감치 '깜짝 놀랄 만큼'의 상속세를 내겠다고 발표해 신선한 충격을 줬다. 정 부회장 등 이명희 회장의 2세들이 내야 할 상속 증여세는 1조 원으로 추산되고 있다. 신세계의 폭탄선언은 재계를 발칵 뒤집히게 만드는 메가톤급 뉴스였다.

전경련은 당시 50%에 달하는 대기업의 상속세가 과중하다며 상속세를 폐지하거나 세율을 대폭 내려달라고 정부에 건의하고 있는 상태였다. 이런 상황에서 신세계가 폭탄선언을 했으니 재계가 느꼈을 당혹감은 쉽게 이해가 간다.

정 부회장 등 신세계 남매들은 발표 이후 1차로 부친인 정재은 명예회장으로부터 주식 증여를 받고 총 3500억 원의 증여세를 냈다. 이것만으로도 역대 상속세 규모로는 최대이다. 재벌들이 그동안 낸 상속 및 증여세 1위는 교보생명 고 신용호 회장 유가족이었다. 신창재 회장 등이 납부한 상속세는 1800억 원에 달했다. 2010년부터 편법 상속 및 증여로 검찰 수사를 받고 있는 태광산업 이호진 회장과 SK 최태원 회장이 각각 1000억 원, 900억 원대의 상속세를 냈다. 신세계 정용진 부회장 남매의 상속세 1조 원 규모는 사상 최대 규모인 셈이다.

정용진 모델은 그나마 재벌 가운데는 행복한 케이스다. 부모인 정재은 명예회장, 이명희 회장의 신세계 보유 지분이 15% 이상 돼 세금을 내도 경영권이 흔들릴 가능성이 적기 때문이다. 이는 이건희 삼성전자 회장의 삼성전자 지분(1%대)과 엄청난 차이다. 정용진 부회장으로선 부모의 보유지분이 높아 당당하게 세금 내고 경영권을 물려받는 셈이다. 떳떳한 상속세 납부는 오너의 이미지 관리 측면에서도 소중한 자산이다.

마지막으로 유일한 모델이 있다. 유한양행 창업주인 고 유일한 회장은 자녀들에게 1만 달러만 남겨주고 나머지는 재단 설립 등을 통해 사회에 환원했다. 유일한 씨는 전문경영인에게 경영권을 물려준 최초의 케이스이기도 하다. 기업이익의 사회환원이란 테제를 처음으로 제시했다.

기업의 고전적 정의는 사업을 잘해서 이익을 내고, 재투자를 통해서 사업을 확장하는 한편, 주주에게도 이익을 배당하는 것이었다. 기업이 이익을 내서 세금 내고 고용을 창출하는 것은 당연한 의무다. 이익을 내지 못하는 기업은 우리 사회에 해를 끼치는 행위로 인식됐다.

하지만 요즘엔 좌파단체와 시민단체 등에서 기업이익의 사회환원만 부쩍 강조하고 있다. 일부 고등학교 교과서에서도 이점을 부각시키고 있다. 기업에 대한 사회적 반감과 부정적 인식이 확산되면서 평등주의, 분배주의, 경제민주화가 청소년들에게 잘못된 기업관을 심어주고 있는 셈이다.

재벌의 경영권 상속은 투명하게 이루어져야 한다. 이제는 에버랜드 모델과 글로비스 모델도 더 이상 '국민정서법'의 문턱을 통과하지 못하게 됐다. 국세청과 공정위의 전방위 압박도 재벌의 투명한 상속 분위기를 유도하고 있다. 일감 몰아주기 문제는 경제민주화, 재벌개혁을 촉발시키는 방아쇠가 되고 있다.

재벌의 변칙적 경영권 상속 논란은 정치권의 경제민주화와 관련한 최대 화두가 되고 있다. 2012년 총선과 대선까지는 재벌 때리기가 정치권에서 봇물 터질 것이다. 대기업을 때려야 표를 얻을 수 있다는 정치공학적 계산 때문이다. 친서민정책과 중소기업 및 자영업자를 보호하려는 목소리가 높아질수록 재벌은 희생양이 될 것이다.

재벌들도 경영권 상속 문제에 대해선 투명해야 한다. 신세계처럼 투명하게 상속 증여세를 내고 경영권을 물려받는 수밖에 없다. 그게 정도(正道)다. 변칙적인 수단은 화를 부르게 돼 있다. 삼성 이재용 사장이나 현대자동차 정의선 부회장 모두 떳떳하게 세금을 내고 경영권을 물려받겠다는 입장을 보이고 있다. 정부와 정치권, 언론은 더 이상의 편법에 대해 관용을 베풀지 않고 있다. 삼성이나 현대자동차가 이런 점에서 제대로 된 인식을 하고 있다는 점에서 다행스럽다. 합법의 테두리 안에서 국민적 공감을 받으면서 경영권 이양과 상속이 이뤄져야 한다. 편법 상속의 사각지대는 이제 없어졌기 때문이다.

태광산업 이호진 회장이 편법 상속 및 증여문제로 사법처리된 것은 시사하는 바가 크다. 상위그룹들의 상속방식을 벤치마킹해서 무임승차하려던 중견그룹들도 태광 오너가 호된 시련을 겪는 것을 타산지석으로 삼아야 한다. 강 건너 불구경 하면 큰코다친다. 변칙, 편법의 유혹을 버려야 한다. 그게 사는 길이다. 정도를 걸으면 국민들은 박수를 쳐줄 것이다. 안 그러면 나락으로 떨어져 모든 것을 잃고 말 것이다.

편법 상속 논란을 빚는 그룹의 계열사 일감 몰아주기 논란도 접점을 찾아야 한다. 공정위가 현대자동차와 대림, 한화 등 주요 그룹의 건설사, 시스템통합업체, 물류계열사에 대한 부당내부지원 행태에 대해 조사를 벌이는 것을 주목해야 한다. 정부의 재벌개혁 의지가 그만큼 강해진 것이다.

공정위는 급기야 삼성, 현대자동차, LG, SK 등 4대 그룹에 대해 건설, SI(시스템통합), 광고사업은 수의계약 대신 경쟁입찰로 전환할 것을 요구했다.

그러나 일감 몰아주기에 대해 무조건 규제하고 단죄하는 것은 위헌 논란의 소지가 크다. 그룹마다 미래 먹거리사업을 위해 신규 계열사를 설립하는 것은 필수적인 경영 활동이다. 오너의 강력한 리더십 아래 초기 적자를 무릅쓰고 신수종사업을 키워나가고 있다. 신규 계열사들이 수익을 내는 단계까지 가는 과정에서 다른 계열사들로부터 출자 및 인력파견, 마케팅 등의 지원을 받는 것은 그룹경영의 효율성 측면에서 당연하다. 한국을 먹여 살리는 자동차, 반도체, LCD, 휴대폰, 2차전지 등은 그룹 계열사들의 지원을 바탕으로 오늘날 제조업 한국을 상징하는 산업으로 도약했다. 이런 점을 감안하지 않고 일감 몰아주기에 대해 증여세를 과세하려는 것은 경영 활동을 과도하게 위축시킬 수 있다. 오너경영 및 그룹경영을 특징으로 하는 한국의 장점을 사장시키고, 기업심을 떨어뜨리는 악수가 될 수 있다. 사업의 특성을 감안하지 않고 일률적으로 증여세를 매긴다면 옥과 돌을 한꺼번에 불태우는 우를 범하는 것이다.

과세를 하더라도 미래성장산업이나 차세대 산업에 대한 일감 몰아주기와 물류, 전산, 유통 등 비핵심 사업에 대한 내부거래를 분리해 차등 내지 분리과세 하는 등 탄력적인 정책을 구사해야 한다.

계열사에 대한 지원을 못하게 하면 그룹마다 필수적인 부품과 원자재, 건설 물량 등을 외부 기업에서 조달해야 한다. 공정, 상생, 공생발전이라는 이름하에 이런 무리한 정책들이 강행된다면 그룹을 해체시키자는 것이다. 정부는 마냥 회초리만 들지 말고, 재벌들이 떳떳하게 경영권을 물려줄 수 있도록 제도적 기반을 마련해 줘야 한다. 관련 법규가 지나치게 규제적이고 비현실적이지는 않은지 살펴봐야 한다. 상속세율이 대표적이다. 한국의 상속세율은 대기업의 경우 50%로 세계에서 가장 높다. 여기에 경영권 프리미엄에 대한 가산세율이 30%나 된다. 이를 합하면 무려 65%나 된다. 재벌 총수의 지분율이 10%라면 세금 내고 나면

3.5%의 지분만 남는다. 경영권을 물려받을 수 없는 지분율이다. 이러니 현행 상속세법은 재벌들로 하여금 편법에 대한 유혹을 갖게 하는 동인이 되고 있다. 경영권 상속을 사실상 막아놓았기 때문이다.

상속세율의 현실화는 이런 점에서 시급하다. 상속세를 아예 폐지하는 것은 국민정서상 어렵다. 대신 상속세율을 낮춰주는 게 합리적이다. 당정은 2012년 세법개정안에서 중소기업의 상속세는 대폭 완화했다. 10년 이상 된 중소기업을 상속받을 경우 일정 조건을 갖추면 상속세를 전액 면제해 주기로 한 것이다. 반면 대기업의 상속세율은 전혀 손질하지 않았다. 규제완화와 감세, 작은 정부를 내걸고 출범한 이명박 정부마저 대-중소기업을 편 갈라 차별대우 하고 있는 셈이다.

한국 사회가 반대기업 심리와 부에 대한 적대감을 극복하지 못하면 위기가 반복될 수 있다. 재벌은 죄벌이란 국민정서법과 사회적 적대감을 걷어내지 못하고, 지금 있는 것을 나눠 먹자는 경제민주화와 평등주의가 기승을 부리면 우리경제의 역동적인 성장은 어려워질 것이다. 오너의 왕성한 기업심도 퇴색될 수밖에 없다. 지금처럼 대기업에 대한 적대감이 확산되면 최악의 경우 대기업들이 본사를 싱가포르나 홍콩 등으로 이전할 수 있다. 글로벌 개방화 시대에는 대기업들도 대상(隊商)의 특성을 강하게 갖고 있다. 글로벌 기업들이 세금 낮고 규제 없고 기업하기 편한 지역으로 이동하는 경향이 늘어나고 있기 때문이다.

재벌들도 반재벌 정서 완화에 솔선수범해야 한다. 노블레스 오블리주를 앞장서 실천해야 한다. 이런 점에서 범현대가가 조 단위 재산을 출연키로 한 것은 우리 재벌사에 획기적인 전기가 될 전망이다. 경쟁력이 우선시되는 강한 기업에서 더불어 공생하는 존경받는 기업으로 진화해 가는 단계로 볼 수 있다.

우리 경제는 개방화, 세계화가 진전되면서 빈부격차와 양극화가 심화하고 있다. 이는 우리나라만의 문제는 아니다. 개방화를 추진하는 모든 나라가 같은 문제에 직면하고 있다. 정부는 대기업의 사회적 책임을 지속적으로 주문하고 있다. 버는 만큼 사회에 기여하라는 것이다. 재벌들은 공동체의 현안과 이슈에 대해 고민하면서 기여할 방안을 찾아야 한다. 돈만 버는 악덕기업주가 아니라는 점을 몸으로 실천해야 한다. 정부가 팔목을 비틀어가며 억지로 내놓으라고 하기 전에 시장경제의 건전한 발전과 존경받는 기업인상 정립을 위해 사회를 위해 기여할 필요가 있다.

재계에도 기부문화가 자리 잡아야 한다. 오너들의 자발적 기부와 자선행위는 반기업 심리를 해소하는 데 효과가 있다. 하지만 우리 기업인들의 기부는 미약하다. 대부분 기업 단위로 성금을 내고 있다.

우리나라 유일의 고액 기부자 모임은 '아너 소사이어티(Honor Society)'이다. 2008년 출범한 이 모임에는 49명이 1억 원 이상 기부했다. 3년간 87억 5500만 원이 걷혔다. 기부자 대부분은 중소기업 경영자나 전문직이다. 부호는 없다. 대부분 힘들게 돈을 모아 아름다운 일에 내놓고 있다. 회원의 절반가량은 어린 시절 어렵게 살았지만, 부모 도움 없이 자수성가한 사람들이다. 한국 사회의 시스템과 성장 환경의 도움을 받아 나도 컸다는 의식을 갖고 있다. 비단 이들만이 아니라, 오너 등 부자들의 노블레스 오블리주가 확산되면 나눔과 기부문화가 정착될 것이다. 미국의 고액 기부자 모임인 '토크빌 소사이어티'도 1984년 출범 당시 20명에 불과했으나 현재는 2만 6900명으로 늘어났다.

대기업들은 어렵고 소외된 이웃들과 저소득층 청소년들에 대한 장학사업과 사회적 일자리 창출도 늘려야 한다. 중소기업의 강력한 반발을 초래하는 사업들에 대해서도 한 번 더 고민해 봐야 한다. 정부의 강압에 의한 공생과 상생은 부작용이 크다. 하지만 재계가 자율적으로 진정한 동반성장과 사회적 일자리 창출에 나선다면 지속적인 상생의 효과가 나타날 것이다.

이러면 국민들의 반기업 심리, 부에 대한 사회적 반감도 누그러질 것이다. 재계와 정부, 정치권, 국민이 대타협을 한다면 규제완화를 바탕으로 성장과 일자리, 복지가 균형 성장하는 황금시대가 다시 올 수 있다. 대기업에 대한 반감을 부채질한 빈부격차와 양극화도 줄어들 것이다.

1953년 아이젠하워 미국 대통령은 찰스 어윈 윌슨 GM 사장을 국방장관으로 임명했다. 윌슨은 상원 인준청문회에서 "미국에 좋은 것은 GM에 좋고, GM에 좋은 것은 미국에도 좋다"라고 강조했다. 재계 총수들도 윌슨 같은 답변을 할 수 있어야 한다. 이건희 삼성 회장이 "한국에 좋은 것이 삼성에도 좋고, 삼성에 좋은 것이 한국에도 좋다"라고 자신 있게 말할 수 있는 기회가 오면 좋겠다. 정몽구 회장도 마찬가지다. 재계 총수들의 이 같은 발언이 국민들에게 정서적으로 받아들여질 수 있다면, 시장경제와 공동체의 화해가 가능할 것이다. 경영권 상속도 지금처럼 논란을 빚지는 않을 것이다.

02
증오와 질투의 상속세

　재벌의 경영권 상속문제는 우리 사회의 뜨거운 이슈다. 국민정서법은 대기업들이 세금 없는 부의 세습을 해서는 안 된다는 공감대를 갖고 있기 때문이다. 아직도 많은 대기업들이 2세 경영권 상속문제로 사법당국의 수사를 받는 등 수난을 겪고 있다. 정부와 정치권도 편법을 동원한 부의 대물림에 대해 강력한 제재를 가하겠다고 벼르고 있다. 당정이 재벌의 일감 몰아주기에 대해 과세키로 한 것도 편법 상속을 차단하겠다는 강력한 의지를 내비친 것이다. 재벌 상속에 관한한 좌파정당이나 보수정당이나 강한 거부감을 갖고 있는 셈이다.

　왕후장상의 씨가 따로 있어서는 안 된다는 게 국민정서법 제1조 1항이다. 인생의 출발선상에서 가난한 집 아이는 모래주머니를 달고 뛰고, 부자아이는 아무런 핸디캡 없이 훨훨 달리게 해서는 안 된다는 것이다. 국민들은 '개천에서도 용이 날 수 있게 해야 한다'는 평등주의 심리를 워낙 강하게 갖고 있다. 부의 상속에 대해서는 눈에 불을 켜고 주시하고 있다.

　재벌의 편법 경영권 승계 논란은 왜 일어나는가? 물론 재벌의 투명하지 못한 상속에도 원인이 있다. 하지만 현행 상속증여세율이 지나치게 가혹한 것도 재벌들의 변칙 논란을 부추기고 있다. 정상적으로 세금을 내고 나면 경영권을 자식에게 물려주는 게 불가능하도록 돼 있기 때문이다. 자신의 재산을 물려주고 싶은 이기심을 원천적으로 차단하는 가혹한 세제다.

　현행법이 재벌들로 하여금 편법과 불법, 탈법 상속방안을 찾게 하는 요인이 되고 있다. 왜 그런가? 현행 상속세율은 최대 50%에 달한다. 1조 원을 물려줄 경우 5000억 원의 세금을 내야 한다. 여기에 더해 최대주주의 지분을 이어받을 경우 30%의 가산세가 붙는다. 대기업을 경영하는 부친으로부터 2세가 가업을 이어받으려면 무려 65%의 상속세를 내야 한다. 1조 원의 주식이나 부동산을 상속받으려면 무려 6500억 원의 상속세를 나라에 갖다 바쳐야 한다. 문제는 대기업들 대부분의 오너 지분이 10% 미만에 그치고 있다. 이를 감안하면 경영권 상속세율 65%는 사실상 재계의 경영권 승계를 원천적으로 봉쇄하고 있는 것이나 마찬가지다. 악법도 이런 악법이 없다.

　인간의 이기심을 인정하지 않는 사회주의적 발상의 법이다. 노무현 정부 시절 개정된 상속세법은 부자와 서민을 편 갈라 놓고 가진 자에게 무거운 세금을 부과한 대표적인 악법이다. 이명박 정부도 빼지 못하는 대못이다. 경영권 승계 시 주식과 부동산 등 재산의 65%를 내고 나서도 경영권을 유지하거나 살아남을 기업은 거의 없다. 공장을 팔든가, 주식을 국가에 현물로 납부하든가, 사옥을 매각하든가, 기업을 담보로 금융권에서 대출을 받든가 해야만 무거운 상속세를 낼 수 있을 것이다.

현재와 같은 과도한 상속세율은 인간의 이기심과 이윤동기가 경제발전을 추동하는 자본주의 시스템을 부정하는 것이다. 오너가 피땀 흘려 번 재산을 사회와 국가에 내놓으라는 것이나 다름없다. 상속세율 65%는 시장경제와 자본주의를 위협하는 수준이다. 과거 김대중 정부가 재벌개혁 드라이브를 걸면서 경영권 상속세율을 이처럼 대폭 올려놨다. 보수정부인 이명박 정부도 진보정부가 단단히 박아놓은 이 대못을 빼지 못하고 있다.

우리나라 상속세율은 세계에서 가장 높다. 자유기업원이 조사한 바에 따르면 조사대상 123개국 중 71개국은 상속세가 아예 없다. 좌파들이 복지천국으로 찬양하는 북유럽의 스웨덴은 물론 캐나다, 뉴질랜드, 홍콩 등이 대표적이다. 이들 나라들은 상속세를 아예 없앴거나 폐지할 예정이다. 이는 상속세를 과도하게 낼 경우 기업자산 매각은 물론 경영권이 넘어가거나, 회사가 문을 닫는 부작용이 비일비재하기 때문이다. 주요 국가 중 상속세를 유지하는 나라는 일본(50%), 미국(45%), 프랑스와 영국(각 40%)등이다. 이들 국가의 상속세에 비하면 한국은 상속세율이 매우 높다. 자본주의를 부정하는 징벌적 세율이라는 게 재계의 불만이다. 상속세를 유지하고 있는 미국의 경우도 기업을 상속한 사람이 경영을 계속하는 동안은 과세를 이연해주고, 주식을 매각하는 시점에 비로소 세금을 부과하고 있다.

우리나라의 높은 상속세율은 기업하려는 의욕을 떨어뜨리고, 자본의 해외 탈출을 부추기는 측면이 없지 않다. 결과의 평등을 지독하게 강조하는 한국적 평등주의가 기업 경영권 상속 자체를 불가능하게 만들고 있는 셈이다. 은수저 물고 태어난 아이와 나무젓가락 물고 나온 가난한 집 아이를 차별해선 안 된다는 논리다. 한국은 참으로 정의가 넘치는 사회다. 상속세를 없애거나 줄이자고 하면 좌파 시민단체와 야당 등 속칭 '정의의 사도들'이 흥분하며 결사 항전한다. 이들의 넘치는 아드레날린을 제어할 방법이 없다. 이명박 정부마저 부자정권, 재벌정권이라고 비난하는 야당의 프레임에 갇혀 옴짝달싹 못하고 있는 실정이다.

정상적인 경영 상속이 어렵다 보니 대기업의 탈법 및 편법 상속 의혹이 불거지고 있다. 비자금 수사를 받고 있는 태광산업의 경우 비상장사 활용과 계열사 일감 몰아주기 지원으로 후계구도를 완성했다는 혐의를 받고 있다.

세금 없는 부의 대물림을 차단하겠다는 정부의 공정방침은 국민적 공감을 얻고 있다. 하지만 기업인의 왕성한 기업심을 북돋우고, 피붙이들에게 기업을 물려주고 싶은 본능과 이기심도 존중돼야 한다. 그래야 자본주의가 돌아간다. 이를 조화시켜야 한다. 경영권을 지킬 수 없을 정도의 상속 및 증여세를 내기 위해 위장 및 비상장사를 만들어야만 하는 게 한국적 현실이기 때문이다.

증오로 가득찬 상속세제는 자본주의 시스템의 유지에도 역행한다. 모든 재산을 국유화하거나 사회에 귀속시키는 공산주의나 사회주의 경제와 다를 게 없다. 기업인의 재산을 국유화하거나 사회에 귀속시키면 기업인이 피땀 흘려 일하지 않는다. 일할 의욕을 상실한다. 기업은 성장을 멈추고 쪼그라든다. 일자리도 없어진다. 국민들의 소득이 줄어들고 빈곤의 악순환에 빠진다. 경제는 만성침체의 늪에 빠진다. 인간의 이기심과 이윤동기를 무시했던 과거 사회주의 국가들의 몰락 과정을 반추해 봐야 한다. 증오와 질투심의 경제를 걷어차야 한다. 인간의 합리적인 이윤동기와 이기심을 발현시키는 발전친화적인 경제를 지향해야 한다.

정부나 여당은 편법 승계 의혹에 대한 단죄만 할 게 아니다. 승계가 합법적으로 이뤄질 수 있도록 숨통을 터줘야 한다. 중소기업에 대해서는 10년 이상 경영하면 상속제를 면제해 주는 세법개정안을 내놓았다. 반면 대기업은 혜택을 받지 못했다. 뿌리 깊은 반재벌 정서 탓이다. 경영에 성공해서 기업가치가 커질수록 승계에 관한 한 승자의 저주에 빠져 있는 게 한국의 현실이다.

한국은 오너경영이 경제발전에 주요한 원동력이 되고 있다. 10년, 20년 앞을 내다보는 중장기 경영이 오너경영의 장점이다. 신속 과감한 투자가 가능하다. 외환위기 때는 대기업의 선단식 경영의 폐단만 부각돼 30대 그룹 중 16개 그룹이 해체되는 비운을 겪었다. 정부의 외환관리 실패 등이 더 큰 문제였지만, 재벌이 외환위기의 주범으로 몰리면서 몰매를 맞은 셈이다.

반면 2008년 금융위기 이후엔 삼성, 현대자동차, LG 등 대기업 오너경영이 빛을 발했다. 주력산업의 수출이 급증하고 글로벌 시장의 점유율이 급증했다. 순익도 커졌다. 외국인 투자자들은 한국 경제를 신뢰하며 한국물을 대거 사들였다. 한국이 금융위기를 가장 먼저 극복한 요인으로 주력산업에 대한 과감한 투자와 마케팅을 전개했던 대기업 경영이 꼽히고 있다.

미국식 전문경영인들의 단기수익 중시 경영과는 차원이 다르다. 오너경영은 2, 3세에게까지 가업을 물려주는 것을 생각하기 때문에 초기 적자를 무릅쓰고 과감한 베팅을 하면서 경쟁력을 키워 글로벌 시장을 장악해 가는 게 최대 장점이다.

대기업들의 경영 상속을 무조건 죄악시하는 것은 국가경제에 백해무익하다. 경제발전도 저해시킬 뿐이다. 징벌적 수준의 상속증여세율을 낮춰 오너들이 기업심을 왕성하게 발휘하도록 해주는 게 국가경제에 더

208

도움이 된다. 대기업들은 좁은 내수시장보다는 밖에서 벌어 안을 살찌우는 수출산업이 주종을 이루고 있다. 국민소득 2만 달러에서 앞으로 4만, 5만 달러까지 도약하려면 대기업의 기업심을 북돋워야 한다.

상속세를 완전히 폐지해달라는 일부의 주장은 국민적 공감을 얻기 어렵다. 뿌리 깊은 반재벌 정서를 감안하면 스웨덴, 뉴질랜드, 캐나다식의 상속세 폐지는 격렬한 저항에 부딪칠 수 있다. 이명박 정부 초대 경제팀장인 강만수 전 기획재정부 장관이 상속세율 인하를 추진했다가 좌절한 것도 부자정권, 친재벌정권이라는 야당의 정치공세를 버텨내지 못했기 때문이다. 가장 현실적인 방안은 과도한 상속증여세율을 낮추는 것이다. 경영권 프리미엄에 대한 가산세율 30%는 없애야 한다. 기업인들이 정당하게 세금을 내고 경영권을 물려줄 수 있도록 하는 게 바람직하다. 탈법과 편법을 부추기는 법은 법적 타당성을 상실할 뿐이다.

미국처럼 상속 때 당장 과세하지 않고 상속자가 주식을 팔아 현금화할 때 과세하는 것도 검토해 볼 만하다. 스웨덴 발렌베리그룹처럼 노사정 대타협을 통해 기업은 고용유지 및 투자 확대, 중소기업과의 동반성장에 힘쓰는 대신, 기업에는 황금주를 부여해 안정적인 경영권 승계를 가능하게 하는 타협안도 있다. 대기업들이 일정 기간 이상 경영을 이어가고, 고용 및 투자 확대를 하는 경우 상속세를 감면해 주는 등 인센티브를 주는 것도 검토해야 한다. 마냥 채찍질하는 것보다는 당근을 주는 게 합리적이다.

경제발전은 항상 스스로 노력하는 자를 더 우대하는 경제적 차별화를 통해서 이루어진다. 상속을 막는 현행 세제는 경제평등주의를 가져와 국가경제를 정체의 길로 빠지게 만든다. 아담 스미스는 《도덕감정론》에서 동정에서 나오는 자비는 인간의 중요한 덕목이지만, 경제와 사회의 발전을 이끄는 원동력이 될 수는 없다고 봤다. 그는 《국부론》을 통해 경제 사회 진보의 동력은 엄격하게 이기적 동기에서 행동하는 다수 대중의 이기심 충족을 위한 열망에서 나온다고 강조했다.

복지경제학자들이 말하는 '열반의 경제(니르바나 경제)'는 실현성이 없는 경제제도이다. 경쟁이 완전하고, 개인 간에 재산을 재분배해도 재산이 줄어드는 사람이나 늘어나는 사람이나 모두 기분이 나빠지지 않는 니르바나 경제는 현실 경제에선 존재하지 않기 때문이다. 경제효율이 극대화되고 분배도 평등하게 이루어질 수 있다는 열반의 경제는 이상에 불과할 뿐이다.

경영권 상속문제는 워낙 첨예한 사안이다. 상속세를 완화시키자는 주장에 대한 반론도 만만찮다. 좌파 시민단체는 미국의 워런 버핏과 빌 게이츠의 재산헌납 서약운동을 본받아야 한다고 촉구하고 있다. 미국 부시 행정부 당시 상속세 폐지 움직임이 있었을 때, 버핏과 게이츠 등이 앞장서 반대한 점도 거론하고 있다. 하지만 편법 상속을 부추기는 상속 증여세제는 어떤 방식으로든 손질해야 한다. 기업과 기업인들을 언제까지 탈법과 편법의 양산자로 만들 것인가? 지킬 수 없는 법을 만들어 놓고 이를 강요하는 징벌적 조세제도는 시장경제와 자본주의 경제의 발전을 저해한다. 대기업에 대한 부정적 이미지만 확산시킬 뿐이다.

정부와 재계, 정치권이 머리를 맞대고 실현 가능한 대안을 놓고 고민해야 한다. 지금처럼 대기업과 재벌을 부정적으로 매도하는 것은 올바른 처사가 아니다. 투자와 일자리 창출의 주체이자, 경제 활력 회복의 견인차인 대기업과 오너들이 왕성하게 경영에 매진하고 승계 숨통도 터줄 수 있는 제도 정비가 시급하다. 매질만 하지 말고, 법을 지켜가며 경영권을 물려줄 수 있도록 길을 열어주는 게 최선책이다.

무거운 상속세를 부과해서 기업을 해체하거나 기업심을 박탈하는 것은 암탉을 못살게 굴어 알을 낳지 못하게 하는 우매한 정책이다. 보수 정부가 좌파 시민단체의 반재벌 논리에 편승하는 듯한 규제를 양산해서는 곤란하다. 씨암탉이 사는 닭장을 쾌적하게 만들어 주고 먹이도 지속적으로 줘서 암탉으로 하여금 씨알 굵은 알을 낳게 만드는 게 현명한 정책이다.

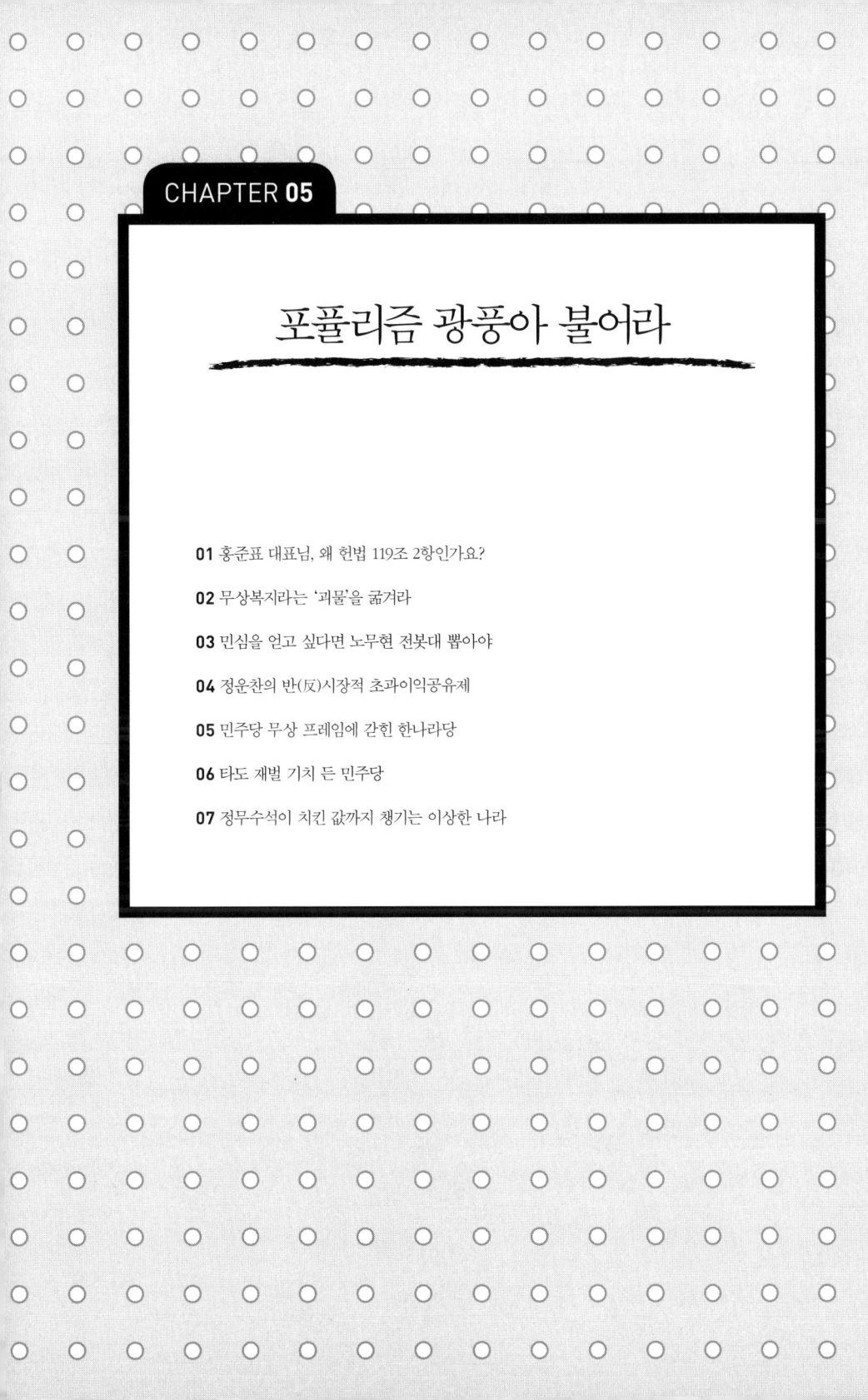

CHAPTER 05

포퓰리즘 광풍아 불어라

01
홍준표 대표님, 왜 헌법 119조 2항인가요?

홍준표 한나라당 대표가 2011년 7월 초 전당대회에서 여당의 새로운 선장으로 취임하면서 헌법 119조 2항을 강조하고 나섰다. 취임 일성으로 서민과 중소기업을 위한 정당으로 거듭나겠다고 선언했다. "한나라당이 웰빙정당의 멍에를 벗고 서민정당으로 환골탈태하도록 산파 역할을 하겠다." "대기업 하면 착취가 생각난다." "글로벌 금융위기를 벗어나는 과정에서 대기업이 특혜를 누려왔다. 이제 성장의 과실이 중소기업과 중소자영업자를 비롯해 서민가계에 파급될 수 있도록 정책적 배려가 필요하다." 그는 이를 진보적 보수주의, 참보수라고 포장했다.

이 같은 발언에 대해 당내에서조차 포퓰리즘 비판이 일자 그는 "헌법 제119조 2항에 따라 서민정책을 강화한 것뿐"이라고 해명했다. 이는 국가재정에 부담을 주는 좌파의 포퓰리즘과 달리 재정에 부담을 주지 않는 우파포퓰리즘이라는 것이다. 좌파포퓰리즘이나 우파포퓰리즘이나 포퓰리즘은 포퓰리즘일 뿐이다. 그런데도 우파는 재정에 부담을 주지 않는다는 희한한 논리를 내세웠다.

　우파포퓰리즘 방안으로 반값 등록금과 전·월세 상한제, 비정규직 대책, 대부업체 최고금리 추가 인하 방안이 제시됐다. 수조 원대의 재정 투입을 필요로 하는 반값 등록금은 정부의 반대에 막혀 차등 지원으로 방향을 틀었다. 한나라당은 9월 한가위 민심을 잡기 위해 연휴 직전에 저소득층 대학생 위주로 선별 지원하는 방안을 발표했다.

　홍 대표가 우파포퓰리즘의 근거로 제시한 헌법 제119조 2항은 어떤 내용이 담겨 있는가?

　"국가는 균형 있는 국민경제의 성장 및 안정과 적정한 소득의 분배를 유지하고, 시장의 지배와 경제력의 남용을 방지하며, 경제주체 간의 조화를 통한 경제의 민주화를 위하여 경제에 관한 규제와 조정을 가할 수 있다."

　2항의 핵심 키워드는 균형성장, 소득분배, 경제력 남용 억제, 경제민주화 등이다. 이는 국가가 경제와 시장에 폭넓게 개입하고, 대기업 등 시장 지배자를 규제하고, 조정할 수 있도록 한 것이다. 119조 2항은 시장실패와 대기업의 독과점, 양극화 심화 등을 해소하려는 목적으로 도입됐다. 이 조항은 정부의 포괄적인 규제 권한을 명문화한 것으로 큰 정부, 작은 시장, 형평과 분배에 치중하는 보편 복지국가로 가는 길을 열어 놓은 것이다. 이는 자칫 근대 시민사회의 불가침의 성역인 자유와 재산권을 침해하고, 자유로운 경쟁도 훼손할 소지가 있다.

　홍 대표의 119조 2항 중시 발언은 재벌에 대한 규제를 강화하고, 성장보다는 분배기조를 강화하려는 것으로 풀이된다. 2항 중시를 계기로 반대기업 정책들이 쏟아지고 있다. 일감 몰아주기 등 내부거래에 대해 증여세를 부과하고, 비정규직 임금을 정규직의 80%로 끌어올리도록 하고, 투자를 촉진하는 법인세 감세를 철회한 것이 대표적이다. 또 부작용이 큰 중소기업 적합업종 선정을 강행하고, 출총제를 부활하려는 움직임도 심상찮다. 친서민, 친중소기업 정책이란 이름으로 반대기업 정책이 러시를 이루고 있는 셈이다.

남경필, 정두언, 정태근 한나라당 소장파 및 수도권 의원들은 재벌개혁을 강도 높게 제창하고 있다. 홍 대표는 2011년 7월 초 한 방송 대담 프로에 나와 "대기업 하면 생각나는 게 무엇이냐?"는 사회자의 질문에 "착취"라고 답변했다. 그가 대기업에 대해 지극히 부정적인 생각을 갖고 있음을 보여주는 사례다. 방송 말미에 착취 발언에 대해 해명하긴 했다. 하지만 대기업은 중소기업을 후려치는 나쁜 집단이란 부정적 인식이 그의 뇌리에 각인돼 있음을 알 수 있다.

홍 대표는 자기 아들도 대기업에 다닌다고 했다. 그럼 그의 자식이 다니는 대기업도 중소기업의 납품단가를 후려치고 기술도 빼앗아가는 나쁜 기업인가? 그렇지는 않을 것이다. 그런데 왜 그런 부정적인 발언을 했는지 모르겠다. 여당 대표의 발언치곤 매우 경솔했다.

홍 대표만이 아니다. 여당 대표와 중진들, 소장파들이 2012년 총선과 대선을 앞두고 경쟁적으로 대기업 때리기에 나서고 있다. 대기업으로선 선거철이 다가오면서 경영 환경이 갈수록 악화되고 있는 셈이다. 한국 경제의 성장과 투자, 일자리 창출, 세금납부 등을 주도해 온 대기업은 빈부격차 확대, 대-중기 양극화의 주범으로 몰려 개혁 대상으로 전락했다.

세계 각국은 자국을 대표하는 기업들에 대한 조세 지원 및 규제완화 등을 통해 글로벌 기업으로 도약하도록 독려하고 있다. 미국 오바마 대통령은 재정위기로 어려움을 겪고 있는 상황에서 4470억 달러 규모의 미국일자리법안(AJA)을 의회에 제출했다. 이중 2400억 달러가량이 기업과 근로자들의 세부담 경감에 초점이 맞춰져 있다.

우리는 어떤가? 정부와 정치권이 경쟁적으로 대기업 때리기에 나서고 있다. 홍콩, 싱가포르, 대만 등 경쟁국들은 자국 기업들에 대해 법인세 등 세금부담을 대폭 낮춰주고 있다. 자원 하나 없이 수출로 먹고사는 우리나라는 경쟁국들과 정반대로 가고 있다. 대기업들에 약속했던 법인세 인하 약속을 번복하고, 외국 기업들에 제시했던 조세부담 완화방침도 물거품으로 만들었다. 한국을 동북아의 제조 및 금융허브로 만들겠다는 청사진은 빛이 바랬다. 프랑스의 저명한 경제학자인 자크 아탈리는 "글로벌 경쟁시대를 맞아 세계 각국의 기업들은 '대상(隊商)'과 같은 특성을 갖게 됐다"고 강조했다. 세금 낮고 인건비 싸고 사업하기 편한 지역을 찾아다니며 사업을 한다는 의미에서다. 글로벌 기업들이 투자여건에 따라 본사를 언제든지 옮길 수 있는 시대에 살고 있다는 것이다.

홍 대표처럼 헌법 119조 2항에 따라 기업규제를 강화하고, 조세경쟁력마저 후퇴시킨다면 경제의 성장잠재력은 떨어질 수밖에 없다. 홍 대표는 왜 2항만 강조하는가? 왜 보수의 핵심가치인 1항을 더 중시하지 않는가? 그것이 초래할 국가경제의 위기를 고민해봤는지 묻고 싶다. 2항을 강조할 경우, 유럽형 사회민주국가로 가겠다고 공언하는 것이다. 사회민주적 절대평등을 중시하는 2항에 경도된 정책이 가시화되면 정부가 자의적으로 시장에 개입하고, 경제민주화를 명분으로 사사건건 기업 활동과 지배구조에 규제를 가할 수밖에 없다. 창의와 자율에 기반한 기업 활동이 저하되고, 투자의욕도 떨어질 것이다.

홍 대표의 119조 2항 중시는 여당의 잇단 재보선 참패와 민심이반에 따라 생존을 위해서라면 무엇이든지 하겠다는 방향성 상실에서 비롯된 것이다. 2항을 고수하겠다면 차라리 민주노동당과 합당하는 게 낫다. 한나라당이 내걸었던 보수 정강정책과 노선을 헌신짝처럼 내던지는 것이기 때문이다. 한나라당의 정강은 역사적 유물로 사라질 위기에 몰려 있다. 2006년에 만들어진 한나라당 정강을 보면 경제 부문에서 큰 시장, 작은 정부의 기조에 입각한 활기찬 선진경제를 지향한다고 규정하고 있다. 이어 개인의 존엄과 자유를 존중하고, 경쟁과 협력을 진작하며, 실질과 창의를 숭상하여 부지런하고 정직한 사람이 잘사는 나라, 기업하기 좋은 나라, 공정하고 투명한 시장질서, 일자리가 넘치고 중산층이 두터운 나라를 구현한다는 것도 포함돼 있다.

한나라당의 정강은 작은 정부, 큰 시장, 개인의 창의와 자유 존중, 기업하기 좋은 나라를 지향하고 있다. 그런데 홍 대표는 119조 2항을 강조했다. 이는 한나라당 정강과는 반대로 큰 정부 작은 시장, 경제민주화, 분배, 평등을 중시하겠다고 한 것이다. 홍 대표의 경제민주화 취지는 민노당, 진보신당 등의 경제 부문 정강정책과 유사하다. 차별화된 것이 사실상 없어졌다. 보수와 진보가치와 이데올로기를 마구 섞어 잡탕공약으로 만들어버린 것이다.

이미 민주당도 무상복지 공약 등을 통해 사회민주주의 국가로 가겠다는 것을 공언한 상태다. 한국의 보수, 진보정당 모두가 이젠 사회민주주의 국가정책으로 급속히 쏠려가고 있는 양상이다. 정당마다 사민주의 정책 선점 경쟁을 벌이고 있다. 얼마나 빨리 사민주의 국가로 가느냐 하는 선택의 문제만 남았다.

사회주의를 지향하는 민노당의 정강을 보자. 민노당의 경제 부문 정강은 민주적 경제체제를 지향한다고 규정했다. 소유의 사회화와 정부 개입을 사적 소유와 시장경제보다 우위에 둔다는 점도 명확히 했다. 대기업의 경제력 집중 억제, 소득 재분배 및 자원 배분을 위해 재벌해체와 오너 재산의 강제 유상 환수, 노동자 중심의 기업 전환, 중기 고유업종 설정, 부유세 신설 등도 두드러진다. 민노당이 창설될 때 이 같은 정강정책은 보수정당인 한나라당은 물론 민주당마저 거들떠보지 않았다. 그런데 지금, 민주당은 말할 것도 없고 보수정당인 한나라당마저 민노당 정강을 상당 부분 베끼고 있는 것이다.

정강만 놓고 보면, 한나라당이 민노당과 합당한 것이나 다름없다. 정체성의 위기다. 그런데도 홍 대표를 비롯해 한나라당 중진들이 좌클릭을 선언하며 반값 등록금 등 복지포퓰리즘을 공약했다. 박근혜 전 대표의 핵심경제 참모인 유승민 최고위원은 민주당이 내세운 무상급식과 무상보육을 수용해야 한다고 강조했다. 오세훈 서울시장이 민주당의 무상급식 포퓰리즘에 맞서 주민찬반 투표로 보수 정체성 지키기에 정치적 승부수를 띄운 것과 반대로 가고 있다.

한나라당의 최근 움직임을 보면 2012년 총선과 대선에서 이기기 위해서라면 당의 정체성도 헌신짝처럼 버리겠다는 것으로 보인다. 2항의 사회민주주의 경제정책과 경제민주화 노선에 치중할 경우 국가적 낭떠러지에 직면할 것이다. 2항이 지향하는 경제모델인 북유럽, 남유럽의 경제 실상을 보면 실감할 수 있다. 복지국가 천국으로 불리는 스웨덴은 복지병에 대한 대수술을 통해 효율과 창의, 성장을 중시하는 방향으로 국가 개조작업을 벌이고 있다. 1930년대부터 보편복지정책을 구현했던 사민당은 최근 2번 연속 총선에서 집권에 실패해 군소정당으로 전락할 위기를 맞고 있다.

재정과 세입기반이 취약한 상태에서 국민들에게 마구 퍼준 남유럽은 더욱 심각하다. 그리스는 국가부도위기를 맞아 유럽연합의 구제금융으로 연명하고 있다. 빈털터리가 된 그리스는 정부 소유 자산을 마구 내다팔고 있다. 공기업과 항구, 항만, 섬, 항공사 등 돈 되는 것이면 무엇이든 떨이판매에 나서고 있다. 포르투갈은 국가신용등급이 정크본드로 추락했다. 스페인도 재정위기를 맞아 휘청거리고 있다. 나라 곳간을 마구 열어 국민들에게 뿌려주다가 재정이 거덜 나고, 성장은 정체 내지 퇴보하는 수순을 밟고 있다.

일본도 포퓰리즘 정책을 남발하다가 국가부채가 국내총생산(GDP)의 200%를 넘어서는 등 재정위기를 맞아 국가신용등급이 하락했다. 일본은 재정위기로 인해 '잃어버린 10년'이 아니라, '잃어버린 20년'으로 장기불황이 이어질 것이란 암울한 전망이 확산되고 있다. 세계 최대 강국인 미국도 예외가 아니다. 천문학적인 국가채무로 인한 재정건전성 위기로 국가신용등급이 한 단계 내려가 망신을 당했다. 남미 아르헨티나는 흥청망청 나라 곳간을 열어 국민들에게 선심정책을 쓰는 포퓰리즘으로 인해 나라 자체가 완전 쇠락의 길로 갔다.

홍 대표는 분배와 균형성장, 경제민주화를 중시하는 복지포퓰리즘으로 위기를 맞은 외국의 실패 사례를 반면교사로 삼아야 한다. 다시금 한나라당의 정강을 되새겨보고 헌법 119조 1항이 왜 중요한지를 인식해야 한다.

헌법 119조 1항은 다음과 같다.

"대한민국의 경제질서는 개인과 기업의 경제상의 자유와 창의를 존중함을 기본으로 한다."

한국이 21세기 들어 후진국 중 산업화와 민주화를 달성한 유일한 국가이며, 이것은 1항처럼 개인과 기업의 경제상의 자유와 창의가 결정적인 기여를 했다. 사회주의나 공산주의의 길을 걸었던 옛 소련과 동유럽이 몰락하고, 북한은 최악의 경제파탄 국가로 전 세계를 대상으로 구걸하는 거지국가가 됐다.

119조 1항의 자유와 창의는 자율을 바탕으로 자기 행동에 책임지는 정신이 핵심이다. 우리나라 개인과 기업들은 이 조항에 근거해서 창의적이고 진취적인 노력으로 재산을 키우고 기업을 일궜다. 시장경제와 자본주의의 발달로 기업 규모와 산업생산이 증가하고 국부가 증진됐다. 우리나라가 세계 14대 경제대국과 무역 규모 1조 달러 국가(세계 7위)로 부상하고, 전기, 전자, 반도체, 조선, 철강, 자동차, 플랜트 등 제조업 강국으로 발돋움한 데는 개인과 기업의 자유와 창의 존중이 결정적인 밑바탕이 됐다.

반면 우리나라 경제는 89년 민주화 이후 헌법 119조 2항의 경제민주화와 균형성장 정책이 도입된 후 지속적으로 성장잠재력이 하락했다. 90년대 중반 이후 최근까지 국민소득이 1만~2만 달러에서 정체되고 있는 것이 대표적이다. 정주영 전 현대 회장, 이병철 전 삼성 회장 등의 도전적인 기업가정신이 약화하고 있다. 인건비의 고공행진 및 노조의 강성투쟁에 따라 기업의 해외이전에 따른 산업공동화, 고용부진도 가속화되고 있다.

생산성 증가율도 더욱 떨어지고 있다. 대기업 규제 속에 중소기업 보호와 육성정책은 중소기업의 경쟁력을 오히려 약화시켰다. 그런데도 정부와 한나라당은 중소기업 적합업종 제도를 부활시키려 하고 있다. 좌파정부였던 노무현 정부마저 중기고유업종 제도가 실익이 없고 중소기업의 경쟁력을 약화시킨다는 이유로 폐지했는데도 말이다.

우리 경제가 재도약하고, 잠재성장률 이상의 성장을 이어가기 위해선 다시금 119조 1항의 성장과 효율, 자율, 창의, 책임 등을 중시해야 한다.

경제민주화와 분배에만 집착해 퍼주는 것에 신경 쓰다 보면 우리 사회가 빈혈증, 조로증에 걸려 쇠락의 길을 걷게 될 것이다. 복지사회를 넘어 배급사회로 치달을 우려마저 있다. 성장 과정에서 소외된 계층과 중소기업 등을 보호하고 자립기반을 넓혀주는 것은 필요하다. 공동체의 조화와 발전을 위해선 어렵고 소외된 계층에 대한 배려는 불가피하다. 하지만 복지를 늘리는 것과 모든 국민들을 무상급식 및 무상의료 등 보편복지의 대상으로 삼는 것은 다르다.

대기업의 성과를 중소기업에 재배분해 주자는 초과이익공유제도 사실상 배급경제, 분배경제로 가자는 것이다. 경쟁과 선택이 있어야 경제가 발전하고, 일자리 창출과 세금납부를 통한 재정 확대가 가능해진다. 이 과정에서 낙오된 실패자, 빈곤층, 중소자영업자 등에 대해 복지 지원을 하는 것은 경제 안정을 위해 당연한 조치다. 사회안전망을 충실하게 짜면 된다. 복지 확충을 위해서도 지속가능한 성장패러다임을 구축하는 것이 절대적이다.

홍 대표는 경제민주화, 큰 정부 등 규제 지향적 정책만 중시할 게 아니라, 창의와 자율을 바탕으로 기업하기 좋은 환경 조성에 더욱 큰 관심을 보여야 한다. 대기업은 중소기업을 착취하므로 무조건 옥죄어야 하고, 중소기업은 마냥 보호해야 정의가 살아난다는 편견과 이분법은 지양해야 한다. 복지도 마찬가지다. 배급과 분배에만 치중해 의존적이고 게으른 국민을 양산해서는 안 된다. 모든 국민이 열심히 일하면 중산층으로 진입할 수 있다는 희망을 갖도록 해야 한다.

홍 대표가 강조하는 경제민주화와 균형성장의 취지는 좋다. 하지만 개혁이 아무리 좋은 이상과 명분을 갖고 있다고 해도 기대했던 결과로 나타나지는 않는다. 이는 역사적 경험에서 잘 나타난다. 열심히 노력해서 성공하고 부를 일군 사람과 기업의 의지를 꺾는 것은 바람직하지 않다. 대기업을 타도 대상으로 여겨 규제책을 남발한다면 성장과 투자, 고용, 세입기반이 크게 약화할 것이다.

현재와 미래를 위해 땀 흘려 일하는 개미를 확대시켜야 한다. 현재 곳간에 있는 것을 먹어치우는 데만 정신이 팔린 베짱이를 양산해서는 안 된다. 창의와 자율이 넘치는 사회를 만들어야 한다. 게으르고 나태하고 의존적인 국민과 중소기업을 양산해서는 국가의 미래가 없다.

한나라당 내 소장파와 수도권의원들의 과격한 사회민주적 요구는 지금 당장 어렵고 힘든 국민들에게 폭발적 감화력을 갖고 있을 것이다. 소장파들은 이렇게 해야 총선과 대선에서 이길 수 있다고 믿고 있는 듯하다. 하지만 대다수 국민들은 노무현 정부 시절 인위적 분배 및 균형성장 정책, 부자와 서민의 편 가르기, 대기업에 대한 각종 대못 박기에 절망했다. 그래서 국민들은 보수이념과 규제완화, 감세 등 기업하기 좋은 환경을 기치로 내건 한나라당 이명박 정권에 대해 압도적인 지지를 했다. 지난 총선에서 한나라당도 과반을 훨씬 넘는 의석을 얻어 민주당에 압승을 거뒀다.

홍 대표는 국민의 압도적 지지를 받고 출범한 이명박 정부와 한나라당이 최근 왜 잇달아 선거에서 패배하고 민심도 나빠졌는지 곱씹어 봐야 한다. 당초 공약을 제대로 이행하지 않아서인지, 국민들의 간절한 요구와 달리 노무현식 '대못'을 뽑지 않은 채 야당에 질질 끌려 다니다가 게도 구럭도 다 놓쳐서 그랬는지 고민해 봐야 한다. 국민들은 이명박 정부와 한나라당에 대해 제발 '앞마당'을 쓸어달라고 했다. 노무현 정부의 국민 분열적, 편 가르기적 정책의 잔재를 말끔하게 치워달라는 요구였다. 그런데 지금 한나라당 행태를 보면 정작 '앞마당'은 쓸지 않고, 오히려 '안방'을 쓸고 있다. 보수의 핵심가치를 저버리고, 진보와 좌파정당의 짝퉁정당으로 변질되고 있기 때문이다. 홍 대표가 친서민을 들먹이며, 헌법 119조 2항을 강조할수록 한나라당의 '안방 쓸기'는 가속화할 것이다. 홍 대표가 국가백년대계를 고려하는 균형 감각을 갖고 정책을 내놓았으면 한다.

02
무상복지라는 '괴물'을 굶겨라

진보 및 좌파세력의 아이콘으로 부상한 조국 서울대 교수. 학자가 지나치게 정치권 이념 논쟁에 깊숙이 개입한다는 '폴리페서' 논란을 무릅쓰고 좌파진영 집권 플랜을 제시하는 데 강한 열정을 보이고 있다. 그는 이명박 정부를 '무도(無道)한 정부'라며 맹비난했다. 무도한 정부에 대항하기 위해 진보진영이 대동단결해서 정권을 탈환해야 한다며 좌파진영에 이념적 피를 제공하고 있다. 《오마이뉴스》 등 좌파언론은 조 교수를 차기 대권주자로까지 추켜세우며 제발 '출사표'를 내놓으라고 조르고 있다. 소셜 네트워크인 트위터엔 그를 따르는 사람이 많아 '조국 신드롬'마저 생기고 있을 정도다.

조국 교수가 제시한 진보진영의 집권 전략 캐치프레이즈 중 하나는 '진보가 더 좋은 밥을, 더 인간다운 방식으로 먹게 해준다'이다. 생활과 동떨어진 이념과 이데올로기에 매몰돼 있다는 비난을 받아온 좌파진영에 대해 국민들과 보수진영은 "진보가 밥 먹여주냐?"고 비판해 왔다. '진보가 더 좋은 밥을 더 인간답게 먹여준다'는 감성적 구호는 보수진영에 대한 반박 캐치프레이즈로 볼 수 있다. 삶과 연계된 '생활정치'로 접근해야만 좌파진영이 다시금 정권을 탈환할 수 있다는 것이다.

조 교수는 2010년 출간한 《진보집권플랜》에서 좌파진영의 집권 방안을 제시했다. 무상급식에 이어 무상의료, 무상보육, 반값 아파트, 부동산 분양원가 공개 등을 내걸고 국민들에게 복지의 실질적인 맛을 보게 하면 좌파진영이 정권을 빼앗아 올 수 있다고 강조했다. '무상 아편' 시리즈를 대선의 주력상품으로 내걸면 좌파진영이 승리할 수 있다는 논리다. 그는 좌파가 정권을 되찾기 위해선 진보적 상상력을 과감하게 동원해야 한다고 조언하고 있다. 스스로 영남좌파, 강남좌파를 자처하는 조 교수가 계급적, 신분적 콤플렉스를 타개하고, 현실정치에 개입하는 방편의 하나로 무상공약 디자이너를 자처하는 것은 아닌지 궁금하다.

계급적으론 프티부르주아이면서 좌파적 성향을 띠는 사람들을 '리버럴 리무진', '샴페인 사회주의자', '캐비아 좌파'라고 한다. 조 교수는 '먹물 좌파'들에 대한 비난을 의식해서인지 "과소 상태인 진보진영에 힘을 보태고자 기득권을 버렸다"고 해명하고 있다.

민주당은 조 교수의 집권플랜을 충실히 따르는 모범생이다. 조 교수의 집권 아이디어를 중심으로 '3+1 무상복지론'을 제시했다. 무상급식, 무상의료, 무상보육과 반값 등록금이 이에 해당한다. 민주당은 한나라당이 소득하위 70%를 대상으로 한 선별적 복지 정책을 내놓자 '3+3 전략'으로 무상복지 전선을 더욱 확대하고 있다. 반값 등록금과 무상주택, 무상일자리까지 제공하겠다는 것이다.

민주당 공약이 실현된다면 지상낙원이 따로 없게 된다. '자애로운 아버지'를 자처하는 국가가 출산에서 보육, 교육, 주거, 의료, 노인 건강까지 다 챙겨주는 보편적 복지국가가 되기 때문이다. 좌파들의 이상향인 스웨덴식 복지천국을 한국에서도 실현시켜 주겠다고 하니 말이다. 그게 가능하다면 더할 나위 없이 좋겠다. 공짜복지는 도저히 불가능한 '사탕발림'이고, 중산층들에게 주는 정치적 아편에 불과한 줄 알면서도 한 번쯤 귀가 솔깃해지기도 한다.

역사적으로 무상복지와 지상낙원을 내걸었던 나라들 대부분이 멸망하거나 독재와 기아에 신음하고 있음을 잊어서는 안 된다. 무상복지 사회를 구현하고자 했던 볼셰비키 러시아는 지구상에서 사라진 지 30여 년이 됐다. 세금이 없는 지상천국의 나라, 무상복지의 나라를 실현시켜 주겠다며 공산정권을 수립한 북한 김일성-김정일 부자 정권은 북한을 '지상의 지옥'으로 만들었다. 무자비한 세습독재와 공포정치로 수백만 명의 북한 인민들이 궁핍과 기아에 허덕이고 있다.

좌파진영은 무상복지 시리즈를 내걸고 복지동맹을 구축한 후 2012년 대선에서 보수진영을 격파하겠다는 전략을 갖고 있다. 좌파들이 제시하는 무상복지는 달콤하다. 공짜로 '요람에서 무덤까지' 국가가 모든 것을 해결해주겠다고 허풍을 떤다. 스웨덴 등 북유럽이 국민 모두에게 인간다운 삶을 보장해 주는 복지천국 체제를 구축했다는데, 우리도 이를 벤치마킹해야 한다는 것이다. 조 교수는 스웨덴은 우리보다 국민소득이 낮았을 때부터 보편적 복지정책을 시행했는데, 1인당 2만 달러인 우리나라라고 못할 이유가 하등 없다고 강조하고 있다. 언뜻 그럴듯해 보인다.

무상복지는 어떻게 가능한가? 복지재원이 하늘에서 떨어지기라도 하는가? 국민들의 생애주기에 따른 전면적이고 보편적인 복지를 실현하려면 천문학적인 재원이 마련돼야 한다. 세상에 공짜 점심은 없다. 무상복지 재원을 마련하려면 다른 부문의 예산을 줄이거나 세금을 더 걷어야 한다. 아니면 국채를 마구 찍어 나라 빚을 후세들에게 떠넘겨야 한다. 무상급식, 무상보육, 무상의료는 반드시 그 대가를 지불해야 한다. 무상복지는 당장은 환상에 빠져들게 하지만, 인체에 치명적인 해를 끼치는 마약과 다름없다.

좌파진영의 무상복지론은 너무나 많은 모순과 체제 부정적 요소가 들어 있다. 자본주의와 시장경제를 부정하고 사회주의로 국가체제를 바꾸자는 음흉한 속내도 있다. 가장 급진적인 복지국가론을 제창하고 있는 복지국가소사이어티는 사회권이 완전하게 실현된 사회주의 국가를 지향하고 있다. 국민들이 노동을 그만두고 싶을 때는 일자리나 소득, 혹은 전반적인 복지의 손실이 없이 자유롭게 일을 그만둘 수 있는 상황을 보장하는 것을 지향하고 있다. 국가가 복지를 독점적으로 제공하고 사적 부조는 적극적으로 부인하는 점이 특징이다.

이 단체는 복지를 어젠다로 민주당 및 좌파정당, 시민단체를 중심으로 2012년 대선 전에 복지동맹을 구축, 사회체제를 개혁해야 한다고 강조하고 있다. 이 단체의 복지국가론은 위장된 볼셰비즘으로 자본주의를 부정하고 있다. 사회민주주의로 체제를 바꿔야 한다는 과격한 이데올로기다. 복지국가소사이어티는 최병모 전 민변회장, 이상이 제주대 교수, 이태수 현도사회복지대 교수 등이 공동대표이고, 조국 교수, 장하준 영국 케임브리지대 교수 등이 정책위원으로 참여하고 있다. 조국 교수는 "자본주의와 자유민주주의를 지양하고 착취 없는 복지사회를 만들자"고 제창하고 있다. 심지어 해방공간에서 활동했던 좌파정치인 조봉암의 유지를 받들자는 주장까지 하고 있다.

좌파들이 복지천국으로 꼽는 북유럽 스웨덴은 정말 완벽한 복지국가 체제를 구축했는가? 좌파들은 스웨덴이야말로 성장과 분배가 선순환을 이루고 복지가 이미 삶의 일상이 된 지 오래됐다고 강조하고 있다. 복지국가소사이어티 고문으로 활동 중인 변광수 한국외대 명예교수는 진보학자들이 펴낸《어떤 복지국가에서 살고 싶은가》라는 책에 게재한 스웨덴 유학체험기('내가 겪은 복지국가 스웨덴에서의 삶 14년')를 통해 스웨덴이야말고 완벽한 복지 혜택을 제공하는 국가라며 칭송하고 있다.

68년에 편도 항공요금 745달러만 달랑 갖고 스웨덴에 유학 가서 14년 동안 현지에서 부인과 결혼하고, 자녀 2명을 낳아서 길러봤더니 천국이 따로 없다는 것이다. 보육과 교육을 국가가 책임져 주고, 6개월간의 출산보육휴가(현재는 13개월로 연장됨)와 연 4주간의 유급휴가에 감읍했다고 한다. 변 명예교수는 이어 국가가 개개인의 취업을 보장해 주는 완전고용제, 무상의료, 대학원까지 등록금이 없고, 심지어 박사논문까지 국비로 출판해 주는 무상교육에 대한 추억을 감동적으로 소개하고 있다.

그는 "국가가 제도적으로 시행하는 보편적 복지영역은 태아에서 무덤까지 광범위하고 철저했다"며 스웨덴 복지체제를 한껏 미화했다. 이 같은 복지 혜택을 받으면서 유학생 신분인 자신은 세금 한 푼 내지 않았다고 했다. 현지에서 취업한 부인만 소득의 30%를 세금으로 낸 것이 고작이었다고 한다.

스웨덴은 1990년대 이전엔 근로의욕 감퇴 등 숱한 복지병으로 어려움을 겪었다. 과도한 세 부담에 따른 자본의 해외이탈 등의 부작용도 많았다. 스웨덴 정부는 2000년대 들어 복지병을 개혁해 왔다. 변 명예교수의 스웨덴 예찬론은 그가 유학을 마치고 돌아온 이후의 사민당의 잇단 선거 패배와 보수당의 집권을 염두에 두지 않은 것이다. 스웨덴 국민들이 고세금-고복지 정책에 염증을 내 사민당에 등을 돌린 것을 도외시한 것이다. 그가 세금 한 푼 없이 복지 혜택을 고스란히 누리는 동안 스웨덴 국민들은 자신들이 뼈 빠지게 번 돈의 절반을 세금으로 바쳐 그의 유학생활을 도운 것에 대한 미안함은 전혀 없는 듯하다.

스웨덴이 보편복지 국가를 지향하고 있는 것은 분명하다. 1932년에서 1976년까지 장기 집권한 사민당은 노동자와 사회적 약자를 보호하기 위한 제한적 기초 복지의 틀을 짜기 시작했다. 50년대에는 국가가 모든 국민의 인간다운 삶을 보장하기 위한 사회적 시민권(social citizenship)을 정립했다. 60년대에 보편적 복지체계가 완성됐으며, 70년대에는 복지국가 전성기를 누렸다는 평가를 받고 있다.

사민당은 보편적 복지체계를 유지하기 위해 국민들에게 엄청난 세금을 내도록 했다. 국가가 높은 수준의 복지 혜택을 제공하는 대신 국민들에게 소득의 절반가량을 세금으로 내도록 한 것이다. 이른바 고부담-고복지체계다. 스웨덴 국내총생산(GDP) 대비 국민부담률(조세부담률+사회보장부담률, 2007년 기준)은 48.3%나 된다. 한국은 26.5%에 불과하다. 선진국 클럽인 경제협력개발기구(OECD) 회원국가의 평균 국민부담률은 35.8%다. 개인소득세가 총 조세수입에서 차지하는 비율도 스웨덴은 29.8%로 높은 반면, 한국은 15.0%로 낮다.

우리 국민들은 소득의 4분의 1만 세금으로 내 OECD 국가 평균치보다도 훨씬 낮은 수준을 보이고 있다. 스웨덴 국민들은 우리보다 훨씬 많은 세부담을 안고 있다. 피땀 흘려 번 소득의 대부분을 세금으로 내고, 국가는 이 돈으로 복지서비스를 제공하고 있는 것이다. 스웨덴 등 북유럽 국민들은 세부담이 워낙 높다보니 갖가지 형태로 조세저항을 벌여왔다. 이들 국가에선 어떻게 하면 세금을 적게 내는가 하는 조세 회피 방법에 관한 책이 베스트셀러가 되곤 한다. 대표적인 중상류층인 의

사들은 벌어봤자 세금만 왕창 낸다는 생각에 진료시간을 최대한 줄이려 안간힘을 쓰고 있다. 이들의 진료시간은 연간 1,600시간으로 미국의 2,200시간에 비해 무려 600시간이나 짧다. 세금을 적게 내려니 진료시간도 대폭 줄여 환자들의 불편이 커지고 있다. 세율이 높다 보니 기업들의 해외이전이 가속화하고, 부자들과 두뇌들의 해외 탈출도 심각한 문제가 되고 있다.

정부가 일자리까지 제공하는 완전고용제를 실시한다는 것도 허구다. 스웨덴의 공식실업률은 6%(2006년 기준)에 불과하지만, 실제로는 17%에 육박했다. 장기 병가로 일자리를 떠나 있는 사람들을 고용상태로 처리하는 통계 조작을 통해서다. 우리나라도 청년실업이 심각하지만, 스웨덴의 청년실업률은 유럽 최고 수준으로 악화상태에 있다. 50년 이후 민간 부문에서 일자리가 거의 창출되지 않은 것도 복지병이 초래한 병폐다. 대부분 정부의 복지서비스를 통해 만들어진 일자리에 그쳤다. 노동 가능 인구 세 명 가운데 한 명은 생산 활동에 종사하고, 나머지 두 명은 생산자가 낸 세금으로 먹고산다. 이들 '베짱이들'은 대부분 공무원이거나 복지 수혜자들이다. 이런 나라가 무슨 지속가능한 복지천국인가?

스웨덴이 최근 세부담 완화 정책을 펴고 있는 것은 국가에 해악을 끼치는 '복지병'을 해소하기 위한 포석이다. 복지국가를 주도해온 사민당은 2006년에 보수정권에 패배하면서 야당으로 전락했다. 사민당은 2010년 9월 선거에서 정권 탈환을 시도했으나 보수연립정부에 또다시 고배를 마셨다. 사민당이 군소 정당으로 떨어진 이유는 무엇인가? 부의 재분배를 통한 보편적 복지를 명분으로 한 과도한 세금부담과 나라 경제를 좀먹는 복지병 문제에 대해 국민들이 싫증을 냈기 때문이다.

보수연립정권의 라인펠트 당수는 정권을 잡자마자 부유세를 없앴다.

소득세와 법인세 등도 낮춰 중산층의 부담을 줄였다. 민영화를 통한 국가 역할 축소, 복지서비스의 아웃소싱, 친시장 및 일자리 창출을 위한 복지기금 확충, 병가 후 직장복귀기간 단축, 실업수당 축소 등도 단행해 국민들의 지지를 이끌어냈다. 보수당의 복지개혁 핵심은 스웨덴 특유의 복지병을 치유하는 데 모아졌다. 과도한 복지서비스로 인한 노동의욕 감소와 국가의존, 무임승차 등의 비효율적 경제 활동을 없앤 것이다. 반면 사민당 모나 사린 당수는 보수당의 복지제도 개혁을 원점으로 되돌려놓겠다며 고세율 공약, 부유세 및 주택세 부활, 유류세 인상을 내걸었다가 중산층으로부터 철저한 외면을 받았다.

문제는 스웨덴이 자국의 복지병을 치유하기 위해 개혁에 나서고 있는데 반해, 우리의 좌파진영은 외려 과거의 잘못된 스웨덴 복지시스템을 찬양하고 도입하려 하고 있다는 점이다. 좌파진영이 주장하는 무상복지 사탕발림은 스웨덴처럼 세금을 왕창 올려야 가능하다. 무상복지 재원을 조달하려면 증세(增稅)가 불가피하다. 정동영 민주당 의원은 부유세 신설을, 조승수 진보신당 대표는 사회복지세를 도입하자며 증세 문제를 거론하고 있다.

세금 신설을 통한 무상복지는 결코 공짜가 아니다. 부자와 중산층의 돈을 빼앗아 전 국민에게 복지를 제공하겠다는 것이기 때문이다. 국민들을 현혹시키는 포퓰리즘의 극치다. 보편복지론은 이타심이나 자비심을 빙자한 중산층에 대한 뇌물이기 때문이다. 민주당 내에선 증세 대신 재정혁신과 세출구조 조정을 통해 복지재원을 조달하는 방안도 제기되고 있다. 증세 없는 무상복지론은 꼼수에 불과하다. 신세(新稅)는 악세(惡稅)라는 말이 있다. 민주당도 세목을 신설하는 것은 자칫 빈심이반을 초래하고 정권 탈환이 불가능해질 수 있다는 것을 감지하고 있다. 이를 회피하기 위해 소득세 및 법인세 인하 등 소위 부자감세의 철회, 재정구조 개혁, 비과세 감면 대폭 축소 등을 내걸고 있다.

하지만 법인세 인하를 부자감세로 둔갑시키는 정치공세에는 아연실색하지 않을 수 없다. 기업들이 내는 법인세의 인하는 세계적 추세이기 때문이다. 국가들마다 일자리 창출과 투자 활성화를 위해 기업 유치 경쟁에 사활을 걸고 있다. 대만, 싱가포르, 홍콩 등 경쟁국들은 앞 다퉈 법인세 인하 등을 통해 해외 기업들에게 러브콜을 보내고 있다. 조세경쟁력이 중요한 국가경쟁력이 되고 있는 것이다.

우리나라의 법인세가 경쟁국보다 높다면 해외 기업들이 우리나라에 투자할 인센티브를 전혀 느끼지 못할 것이다. 법인세 인하를 부자감세 프레임에 가둬 국민들을 선동하는 것은 과거 집권 경험을 가진 정당치곤 무책임한 정치공세이다. 이명박 정부는 민주당의 부자감세 프레임에 빠져 소득세, 법인세 추가 감세를 철회했다.

세입 및 세출 구조조정 등 재정개혁도 쉽지 않다. 민주당은 부자감세 철회를 통해 연간 18조 원을 마련할 수 있다고 했다. 이것의 내용을 보면 어이가 없다. 정권을 잡겠다는 정당치곤 무지에 가깝다. 차라리 정권을 잡지 않겠다는 자포자기 선언이나 다름없다. 이명박 정부가 추진해 온 감세 중에는 중소기업과 서민 중산층에게 혜택이 돌아가는 것들이 대부분이기 때문이다. 서민과 중산층을 위한 보편복지를 강조해 온 민주당으로선 제 발등에 도끼 찍는 어리석은 발상이다.

비과세 감면 대상을 대폭 줄여 재원을 마련하겠다는 발상도 현실성이 떨어진다. 비과세 등 누더기 세제는 언젠가는 정비하는 것이 바람직하다. 하지만 현재 30조 원에 달하는 비과세 감면 대상은 서민 중산층에게 혜택을 주고 일자리와 성장잠재력 확충을 위한 것이 많다. 근로소득자 의료비 및 보험료 감면(9조 8000억 원), 농민 대상 세제 감면(5조 6000억 원), 기업 투자 및 연구개발 감면(8조 2000억 원)이 대표적이다. 비과세 감면의 70~80%가 서민과 농민, 중소기업을 대상으로 한 것이다. 대기업이 혜택을 보는 임시투자세액공제제도 폐지도 투자 활성화와 일자리 창출의 주역인 재계의 반발이 불가피하다.

서민정당을 내건 민주당이 비과세 감면을 폐지할 수 있을지 의문스럽다. 민주당의 정체성을 뿌리부터 뒤흔드는 것이다. 선거를 포기해야만 가능한 공약이다. 민주당의 무상복지용 재원 조달 방안은 말장난에 불과한 것들이 수두룩하다. 손학규 민주당 대표는 "특권을 물리치는 정의라는 이름의 창과 서민을 보호하는 복지라는 이름의 방패가 지금의 시대정신"이라고 강조했다. 서민의 방패를 자처하는 민주당이 서민들이 혜택을 보는 비과세 감면 대상을 없애겠다는 것은 자살골을 먹는 것이나 다름없다.

더구나 현재의 복지제도를 시행하는 데도 재정건전성 문제가 심각해지고 있다. 저출산, 고령화로 현행 복지제도를 유지한다고 가정해도 비용을 부담할 세대는 줄어들면서, 부담 받을 세대는 급격히 늘어나게 된다. 이는 2010년 한국의 고령화율이 11%에서 2050년에는 38.2%로 급증하게 되기 때문이다.

공공사회지출 규모(GDP 대비)도 2009년 8.6%에서 2050년 20.8%로 12.2%나 늘어나게 된다. 이를 조세부담으로 뒷받침하지 않을 경우 국가부채가 폭발적으로 증가할 수밖에 없다. 조세연구원에 따르면 2013년의 조세부담률을 20.8%로 고정할 경우, 2050년에는 국가채무비율이 116%로 급증한다. 이는 2007년의 30.7%에 비해 3배가량 폭증하는 수치다.

이를 감안하면 현행 복지제도에 대한 수술방안부터 사회적 논의를 거쳐야 한다. 예컨대 국민연금은 현재의 수급방식이 지속되면 2060년에는 기금이 고갈될 전망이다. 건강보험은 이미 2010년 1조 3000억 원의 적자를 기록했다. 2030년에는 무려 47조 7000억 원의 적자가 우려되고 있다. 현재의 복지제도도 심각한 재정악화가 불가피한데, 증세 등의 특단의 대책 없이 무상복지까지 남발하면 재정구조는 치명적일 수밖에 없다. 국가적 재앙이 될 것이다.

복지는 좌파진영의 전유물이 아니다. 오히려 보수가 복지 어젠다를 주도해 왔다. 서유럽의 역사를 보면 보수정권이 체제안정 차원에서 복지정책을 실시했다. 보수진영이 복지문제에서 좌파진영에 밀릴 필요가 전혀 없다. 좌파진영의 무상복지 프레임에 갇힐 필요도 없다. 복지는 사회안보(social security) 개념에서 출발했기 때문이다.

복지제도의 효시는 1883년 프러시아 철혈재상 비스마르크가 도입한 의료보험제도다. 1891년에는 연금제도도 시행됐다. 프러시아는 19세기 후반 마르크스의 영향을 받아 사회주의 정당이 급부상하고 사회주의 세력이 준동했다. 그는 근로자들이 사회주의 세력에 오염되는 것을 막기 위해 의료보험이란 당근을 줬다. 영국도 보수당 출신의 윈스턴 처칠 수상이 2차 세계대전 중인 1942년, 전쟁 이후 사회 안정을 위한 베버리지 플랜을 수립했다. 복지국가의 상징처럼 돼 버린 '요람에서 무덤까지'라는 베버리지 플랜은 전후 선거에서 처칠이 패배했지만 노동당 정부가 계승해서 시행했다.

한국도 예외가 아니다. 보수정권인 박정희 정부 시절 보편복지의 기초가 대부분 도입됐다. 산재보험(1963년), 건강보험(1976년)등이 대표적이다. 국민연금도 73년 법제화됐다가 74년 유보된 후 88년 노태우 정부 시절 10인 이상 사업자를 대상으로 실시됐다. 보수가 복지를 소홀히 한다는 좌파진영의 마타도어에 주눅들 필요가 없다. 복지는 보수의 가치이기도 하다. 성장과 복지의 선순환과정이 이루어져야 나라 경제가 제대로 돌아가고, 국민들의 삶도 윤택해질 수 있기 때문이다.

한나라당 대권후보인 박근혜 전 한나라당 대표가 생애주기별 맞춤형 복지를 제기한 것도 의미심장하다. 보수진영 대권후보로는 과감하게 복지이슈를 선점한 것이다. 보수진영에서 복지를 꺼내는 것은 좌파의 복지 프레임에 갇히는 것이라는 비판적 시각에 개의치 않은 것이다. 박 전 대표는 성장과 복지가 이분법적인 것이 아니라는 시각을 갖고 있다. 그는 이미 2009년 5월 미국 스탠퍼드대학교 강연에서 복지문제를 제기했다. '급변하는 세계 속의 한국과 미국'이란 강연에서 그는 '원칙이 선 자본주의(The Disciplined Capitalism)'를 강조했다. 강연 요지는 "정부는 공동체에서 소외된 경제적 약자를 확실히 보듬어야 한다. 경제발전의 최종 목표는 소외계층을 포함한 모든 국민이 함께 참여하는 공동체의 행복 공유에 맞춰져야 한다"는 것이었다. 그는 그해 10월 26일 선친 박정희 전 대통령 30주기 추도식에서도 "아버지의 궁극적인 꿈은 복지국가 건설이었습니다. 경제 성장을 위해 그토록 노력했지만 경제 성장 그 자체가 목적은 아니었습니다"라고 밝혔다. 경제 성장은 결국 복지국가 건설로 선순환돼야 한다는 신념을 내비친 것이다.

그가 2011년 2월 11일 한나라당과 미래희망연대 등 여야 의원 123명의 서명을 받아 한국형 복지구상을 담은 사회보장법 기본법 개정안을 발의한 것은 복지이슈를 선도하겠다는 중요한 의지로 풀이된다. 박 전 대표의 복지구상은 국민들의 생애주기마다 필요한 사회서비스를 제공해 평생 사회안전망을 구축하는 데 초점이 맞춰져 있다. 좌파진영의 보편적 복지와 보수진영의 선별적 복지를 아우르는 한국형 복지구상인 점이 특징이다. 큰 정부와 보편적 복지에 체질적 반감을 가져온 보수진영의 정서를 감안하면 대담한 구상이다. 복지는 결코 진영의 논리가 아니라, 국민들 삶의 질을 개선하고 인간다운 삶을 보장하는 데 필수적인 것이라는 신념이 강하게 드러나 있다.

박 전 대표의 한국형 복지구상도 재원 조달 방안이 명확하지 않다는 점에서 여권 내부에서 논란이 제기되고 있다. 추가적인 세부담 없이 생애주기별 맞춤형 복지가 가능하겠냐는 것이다. 박 전 대표의 정책통인 이한구 의원은 증세 없이 재정의 효율적인 집행과 세출구조 조정을 통해 재원을 마련할 수 있다는 원론적인 입장을 밝히고 있다. 한국형 복지구상은 아직은 미완성이다.

복지공약을 놓고 여야가 이슈 경쟁을 벌이는 것은 필요하다. 하지만 재원 조달과 현실적 타당성을 무시한 무상복지에 대해서는 국민들의 엄격한 감시가 필요하다. 정치인들이 주는 공짜 아편에 취했다가는 한국 경제가 거덜 나고, 후세들에게까지 고통스런 삶을 살도록 강요하게 된다. 남유럽의 그리스, 포르투갈 등이 세금은 적게 내고 고연금 등 높은 수준의 복지혜택을 즐기다가 국가존망 위기를 맞은 것을 타산지석으로 삼아야 한다.

좌파진영은 무상복지 등으로 국민을 현혹시키지 말아야 한다. 북유럽식 높은 수준의 복지혜택을 받으려면 지금보다 세금을 두 배 이상 내야 한다는 점도 알려서 국민들이 바람직한 복지 수준과 시행 방법을 선택하도록 해야 한다. 포퓰리즘적이고 슬로건에 치우친 무상복지로 국민들의 눈높이만 올려놔서는 안 된다.

국민의 세부담과 지속가능한 재정지출을 연계시켜 복지플랜을 짜는 것이 중요하다. 현실에 맞게 최선의 복지수단을 선택해서 국민들의 삶을 향상시키는 데 초점을 맞춰야 한다. 복지의 실천가능성을 고민해야 한다.

좌파진영이 중장기 재정건전성을 위협하는 무상복지 시리즈를 내세우는 것은 이명박 정부가 좌파정부 못지않은 친서민 정책 공세를 벌이고 있는 것에 대한 위기감의 발로로 풀이된다. 집권전략 부재 등으로 무기력증에 빠진 좌파진영의 위기감과 좌파그룹 간 헤게모니 투쟁 격화도 무상복지 경쟁을 부추기고 있다.

무상복지론은 민주주의가 타락하면서 나타나는 현상이다. 정치권이 집권에 혈안이 되면서 국민들에게 세부담 문제를 감춘 채 무상복지 공약경쟁을 앞 다퉈 벌이고 있기 때문이다. 이는 미래 세대, 젊은 세대가 가져가야 할 경제적 자원을 강제로 빼앗아가는 것이다. 장기적으로 지속가능하지 않다. 우리나라는 급격한 저출산 고령화, 빈부격차 심화, 양극화 등으로 어려움을 겪고 있다. 기업들의 투자 부진으로 일자리 창출도 미흡하다. 고용 없는 성장으로 성장잠재력이 갈수록 떨어지고 있다. 경제 체질이 허약해지고, 생산 가능 인구는 급감하는 구조적 위기 속에서 나라 곳간을 모든 국민들에게 퍼주면 어떻게 되겠는가? 현재의 복지 시스템을 유지하는 데도 앞으로 엄청난 재정적자가 불가피하다는 점도 염두에 둬야 한다.

무상복지로 국민들을 현혹시켜서는 안 되는 이유가 여기에 있다. 갈수록 떨어지는 성장잠재력을 끌어올려 경제의 파이를 키우고, 일자리 창출을 통해 국민 삶의 질도 높여나가야 한다. 성장을 통한 큰 복지, 참복지에 전력투구해야 한다. 한국 경제는 아직도 배고픈 상태다. 경제 규모는 세계 14위권으로 성장했지만, 1인당 국민소득은 2만 달러로 50위권에 머물고 있다. 선진국 수준인 3만~4만 달러 수준으로 부상하려면 성장잠재력을 높이는 데 정책의 초점을 맞춰야 한다. 통일에 대비한 천문학적인 규모의 재원도 마련해 놓아야 한다.

성장을 도외시한 분배와 복지만을 외치는 포퓰리즘은 그래서 위험하다. 퍼주기식의 작은 복지만으로는 성장과 고용, 투자, 분배 모두를 잃을 수 있다. 무상복지 남발로 재정이 거덜 난 일본의 전철을 밟지 말아야 한다.

한국 경제는 잔인한 선택의 기로에 서 있다. 좌파진영은 재정건전성을 고려하고 후세를 사랑하는 마음으로 복지 어젠다를 내놓아 국민들의 공감을 얻는 데 힘써야 한다. 그게 정도다. 경제학 이론에 '괴물(怪物)은 굶겨라(starve the beast)'라는 말이 있다. 괴물은 뭐든지 있으면 먹어치워 버리는 습성을 갖고 있다. 무상복지, 공짜복지라는 괴물을 퇴치하는 길은 괴물을 굶기는 수밖에 없다.

좌파진영이 사적 이익을 극대화하기 위해 내놓은 무상복지는 공익에 엄청난 해악을 끼친다. 이는 정치실패의 대표적인 현상이다. 공짜 포퓰리즘을 막기 위해서는 공급 측면에서의 재원안 동시제출제도(PAYGO)와 세입 내 세출, 세입증가율 내 세출증가율 등 재정준칙을 준수하게 하는 제도적 장치가 필요하다.

국민들도 무상복지의 허구성을 간파해야 한다. 좌파진영이 내미는 무상복지의 아편에 취해서는 안 된다. 시장경제를 옹호하고, 자유주의 성향을 가진 학자들과 시민단체들이 연계해서 무상복지의 문제점을 널리 알리는 홍보 전략도 체계적으로 수립해 시행해야 한다.

독일의 칼 포퍼는 "아마 모든 정치적 이상 가운데 인간을 행복하게 만들겠다는 소망이 가장 위험할 것이다. 왜냐하면 지상에 천국을 건설하겠다는 의도가 늘 지옥을 만들어내기 때문이다"라고 강조했다. 좌파진영의 겉만 달콤한 무상복지, 공짜복지론은 엄격한 재정준칙 등이 수반되지 않을 경우, 우리나라를 지옥으로 만들 수 있다.

조국 교수는 무상급식 등 무상 시리즈로 '진보는 맛있는 밥을 더 인간답게 먹여준다는 것을 보여줘야 한다'고 강조한 바 있다. 국민의 눈과 귀를 가리는 '무상 모음집'으로 맛있는 밥을 인간다운 방식으로 지속가능하게 제공할 수 있을까? 결코 불가능하다. 재원은 하늘에서 떨어지지 않는다. 무상복지가 이어질수록 곳간이 거덜 나면서 '맛없는 밥을 비인간적인 방식으로' 제공할 수밖에 없다. 좌파진영의 무상복지가 지닌 치명적인 함정이다.

03
민심을 얻고 싶다면 노무현 전봇대 뽑아야

잔치는 끝났다. 역시 성난 민심은 갈수록 보수여당을 견제하고 변화를 요구했다. 보수의 든든한 아성이었던 분당을의 국회의원 선거에서 한나라당이 패배하고, 전통적인 여권 지대였던 강원도 도지사 선거에서도 진보 성향의 민주당이 승리했다. 2011년 4·27 재보선에서의 여당 패배는 예견됐다. 역대 대통령 재임기간에 치러지는 재보선과 총선거를 보면 집권당이 승리하는 경우가 거의 없었기 때문이다. 국민들은 집권당의 오만과 독선을 경계하는 차원에서 여당에 대한 회초리를 들곤 했다. 이번에는 고물가, 전세값 대란, 실업난, 자영업자 등 중산 서민층의 체감경기 부진, 양극화 및 소득격차 확대 등이 겹쳐 민심이 등을 돌렸다.

차기 한나라당의 유력주자의 한 명이었던 오세훈 서울시장도 8·24 주민투표에 실패하면서 물러났다. 망국적 무상급식을 차단하기 위해 승부수를 던졌지만 투표율 33.3%의 덫에 걸려 무대 뒤로 사라진 것이다. 서울시민 투표자 215만 명은 오 시장이 2010년 재선됐을 당시의 득표자보다 많았다. 하지만 야당이 투표 거부 운동을 벌이면서 마의 33.3% 투표율은 너무나 높은 벽이었다.

잇단 선거 패배에 대해 이명박 대통령은 "옷깃을 여미며 민심의 의미를 새기겠다"고 강조했다. 반보수적인 튀는 발언을 해온 정두언 의원은 '제2의 6·29'를 선언해야 한다며 위기의 심각성을 경고했다. 민심의 불만을 정확하게 파악해야 2012년 선거 승리의 해법이 나올 것이다.

당정의 수습책 중에서 가장 관심을 끄는 것은 향후 경제정책 방향이다. 선거 패배의 원인진단을 어떻게 하느냐에 따라 거시경제 정책과 대기업 정책 등이 크게 달라질 수밖에 없다. 가장 우려되는 것은 민생이라는 이름으로 정치 논리와 인기영합주의가 가미된 정책이 나오고 있다는 점이다. 당정은 민심이반의 주된 요인이 재벌의 승자독식과 경제력 집중에서 비롯됐다는 편향된 시각을 갖고 있다. 재벌들이 정부의 각종 지원과 특혜를 받아 돈을 쌓아놓고선 투자를 기피하고 청년실업 해소에도 소홀히 하고 있다고 화살을 돌리고 있는 게 대표적인 우파포퓰리즘 논리다.

대기업들이 중소기업과의 동반상생에 적극 나서지 않고, 물가안정에도 나 몰라라 하면서 서민과 중산층의 민심이 나빠졌다며, 재벌에 대한 검찰수사 및 공정위의 불공정거래 조사 확대에 대대적으로 나서고 있다. 정유사 및 통신사, 식음료업체, 유통업체의 팔을 비틀어 강압적인 요금 인하와 수수료 내리기 등 전방위 압박에 나서고 있는 것도 우려스럽다.

동반성장위원회도 중소기업의 경쟁력을 약화시키는 중소기업 적합품목 선정을 강행하고 초과이익공유제를 관철하려는 방향으로 가고 있다. 이명박 정부가 친기업 정부라는 점을 강조하며 폐지한 출자총액제한제마저 부활해야 한다는 강경론까지 나오고 있다. 보수정권의 규제 강화는 70~80년대의 관치경제를 연상시킬 정도로 거칠게 진행되고 있는 점이 특징이다. 동반성장과 상생에 이어 공생발전이란 정의의 이름으로 진행되는 이 같은 반대기업 행보에 대해 재계는 냉가슴만 앓고 있다.

대기업 옥죄기는 외견상 가격인하 등으로 성과가 나타나는 것으로 보일 수 있다. 하지만 기업의 투자의욕 저하와 경영실적 악화 등 다양한 부작용을 초래할 수 있다. 반대기업 정서가 강한 집권세력 중에는 재벌들이 규제완화의 틈을 노려 계열사를 대거 설립하고, 독과점까지 누리면서 거대 권력집단이 됐다고 보고 있다. 요컨대 이명박 정부의 친기업 정책이 투자를 통한 일자리 창출과 분배구조 개선보다는 재벌의 몸집만 부풀리는 데 그쳤다고 곡해하고 있다. 이로 인해 재벌개혁 등 충격적 이슈를 내놓아야 2012년 총선과 대선에서 젊은 유권자와 중도 표를 얻을 수 있다는 정치공학적 논리가 기승을 부리고 있다.

청와대의 대기업 인식은 잘못된 시각에 근거하고 있다는 점에서 우려스럽다. 곽승준 미래기획위원장이 대기업들의 투자 부진을 비판한 것이 대표적이다. 전경련에 따르면 30대 그룹의 2011년 투자 규모는 114조 8000억 원으로 2010년보다 무려 14.8%나 늘어난 수치다. 주요 그룹마다 주력업종과 신수종사업의 경쟁력 강화를 위해 공격적인 투자에 나서고 있는 것을 모르고 있다. 그의 재벌 비판은 맹목적인 것이다. 제대로 된 팩트에 근거하지 않은 무차별 때리기다. 이 대통령의 신임을 받는다는 곽 위원장이 국민연금을 동원한 재벌 견제를 주장하고, 총수들이 안하무인이라며 손 좀 봐야 한다는 시각을 갖고 있는 것은 문제다. 그의 게릴라식 반재벌 아이디어들은 정부와 재계 간의 갈등을 불필요하게 부추기는 요인이 되고 있다.

244

이명박 정부 경제팀도 기업의 자율과 창의를 바탕으로 한 시장경제 정책보다는 기업규제를 강화하고 감세를 철회하는 방향으로 정책기조를 수정했다. 이명박 정부의 경제정책 기조 전환으로 성장의 파이를 키워 윗목까지 따뜻하게 하자는 올바른 시장경제는 비틀거리고 있다. 대기업 규제를 통해 성장의 활력을 잃어버리고, 현재 있는 떡(분배)을 나누어 먹자는 방향으로 가고 있다. 선거에 목매고 있는 여당은 정부를 압박해 재정건전성을 위협하는 보편복지 정책으로 치닫고 있다. 정부가 여당의 복지 폭주를 제어하지 못하고 있는 것이다. 정부도 재정건전성을 사수하겠다는 의지가 퇴색하고 있다. 선거 승리지상주의에 매몰돼 성장과 효율을 포기하더라도 분배와 복지에 치중하는 포퓰리즘이 득세하고 있다. 기업하기 좋은 환경을 만들기 위해 도입했던 규제 개혁과 세제감면 조치들이 도루묵이 되고 있다. 당정에 포진한 탈레반들의 편향된 반대기업 인식이 정책으로 현실화되면서 MB노믹스는 뿌리째 뽑혔다.

선거 참패 이후 광풍처럼 불고 있는 우파포퓰리즘은 보수정권 재창출에 치명적인 해악을 끼칠 것이다. 표만 노린 정치 논리와 인기영합주의의 망령에서 빠져나오지 못하면 선거 패배는 불가피하다. 보수정부의 정체성을 다시금 확립하고 지속적으로 정책의 일관성을 지키는 것이 중요하다. 잡탕식 정책으로 국민들에게 표를 달라고 하는 것은 후안무치한 행태다.

경제가 어려울수록 정도를 걸어야 한다. 인기영합주의는 당장은 민심을 달래는 것 같지만, 경제에는 큰 후유증을 가져다준다. 그것은 국리민복(國利民福)을 위하는 길이 아니다. 경제에는 왕도(王道)가 없다. 재보선 패배는 보수진영에 암을 예방하는 '예방주사'가 됐다. 암을 이기려면 다시금 보수의 기치를 내걸어야 한다.

그러나 현실은 암울하다. 이명박 정부는 정권 출범 초기 내걸었던 'MB노믹스'를 폐기처분했기 때문이다. 출범 초기 노무현 정부가 곳곳에 박아놓은 '대못'을 뽑았을 때 기업과 국민들은 박수를 쳤다. 하지만 이명박 정부는 광우병 촛불시위와 금융위기, 재보선 패배 등에 겁을 먹고 보수정부의 보수적 핵심가치를 대부분 퇴장시켰다. 지금은 노무현 정부보다 더 심한 대못질을 하기 바쁘다.

경제상황이 어렵고 민심이 돌아오지 않는다고 재벌부터 희생양으로 삼는 것은 구시대적이다. 역대 정부마다 재벌 손보기를 통해 분위기 반전을 꾀했다. 이 정부마저 과거 정권의 전철을 밟는다면 국가경제와 기업경쟁력 강화를 위해 불행한 일이다. 국민들의 불만을 달래려는 얄팍한 술수로는 민심을 다시 잡을 수 없다.

기업에 대한 규제를 다시 강화하고 감세를 철회해 기업과 국민부담을 늘리려는 현 정부의 정책기조 전면 수정은 경제 활력 회복과 민심 수습과는 정반대로 가는 길이다. 노무현 정부 시절 재벌개혁과 반재벌 정서의 폐해는 너무나 컸다. 참여정부 5년간 경제 성적표는 초라했다. 한국경제의 성장률만 4%대 미만에 그쳐 세계 경제성장률을 밑돌았다.

세계 경제는 글로벌 금융위기 이후 회복기로 접어들었지만, 유럽 및 미국의 재정위기가 다시 덮쳐 수출전선이 위협받고 있다. 수출로 먹고 사는 우리나라로서는 심각한 위기상황이다. 남유럽에 대거 투자한 유럽 은행들이 한국에서 돈을 대량으로 빼나갈 가능성이 높아졌다. 당분간 대외환경 악화로 물가는 고공행진하고 성장은 낮아지는 현상이 지속될 가능성이 커졌다. 이 같은 위기 상황에서 이명박 정부가 참여정부의 실패한 반대기업 정책, 규제강화 정책의 전철을 밟는 것은 재고해야 한다.

기업 환경을 나쁘게 만들면 투자가 더욱 위축된다. 기업들은 경영 환경 악화를 명분으로 기업하기 좋은 경쟁 국가들로 빠져나갈 것이다. 기업들의 생산기지 해외이전이 가속화하면 국내의 일자리가 줄어든다. 일자리가 없어지면 국민들의 지갑도 얄팍해진다.

사실 공정사회, 정의담론은 좌파의 화두라는 점을 알아야 한다. 보수 정권이 이것을 내걸고 장사를 해봤자 잘해야 2등밖에 할 수 없다. 민주당 2중대라는 비난은 그래서 나온다. 경제정책의 정체성을 지킨다면 설령 선거에서 패배하더라도 '영광스런 패배'가 될 것이다. 국민들은 그 진정성을 알아줄 것이다. 정체성을 무시하고 좌파포퓰리즘에 기웃거리는 것은 비굴한 태도다. 보수진영을 배신하는 것이다.

일본 보수의 원류로 평가받는 나카소네 일본 전 수상은 《보수의 유언》에서 "일본의 잃어버린 10년은 보수의 가치를 망각한 데서 시작됐다"고 비판했다. 그는 "진정한 보수는 원칙을 지키면서 끊임없이 개혁한다"고 강조했다. 그는 보수의 철학을 '불역(不易)'과 '유행(流行)'으로 집약했다. 원칙을 지키며(불역), 혁신을 통해 변신하는 것(유행)이 진정한 보수라는 것이다. 청와대와 당정이 새겨들어야 할 말이다.

보수 시민단체들은 정부와 한나라당이 보수의 정체성을 상실했다며 대안 찾기에 나서고 있다. 시민단체가 서울시장 보궐선거와 관련, 비한나라당의 독자 후보를 추대했던 것은 심각한 양상이다. 이명박 정부와 여당의 행태를 보면 중국집에서 스파게티를 팔고 있는 형국이기 때문이다. 중국집에선 짜장면이나 짬뽕을 팔아야 제격이다. 중국집에서 이탈리아 레스토랑에서 파는 스파게티를 내놓는다면 어떻게 되겠는가? 이명박 정부와 여당은 이 점을 심각하게 고민해야 한다. 거기서 답이 나온다. 2012년 선거 전략도 이 같은 고민에서 답을 찾아야 한다. 지금처럼 민주당 2중대식 행보를 보인다면 어림도 없다.

04
정운찬의 반(反)시장적 초과이익공유제

정운찬 전 국무총리가 재벌개혁의 선봉장을 자임하고 있다. 재벌이 중소기업을 못살게 구는 악당인 양 재벌에 대한 비난수위를 높이고, 재벌규제 방안을 밀어붙이고 있다. 세종시 수정안 폐기로 낙마한 정 전 총리가 동반성장위원장 자격으로 내놓은 구상들을 보면 재벌을 희생양으로 삼아 대권 행보에 나서려는 것 아니냐는 의혹마저 사고 있다.

과거 서울대 총장 시절 보여준 학자적 소신이나 균형 잡힌 시각은 온데간데없어졌다. 위헌 소지가 있는 초과이익공유제를 비롯해 논란 많은 중기고유적합업종 선정 작업을 강행해 재계를 발칵 뒤집어놓고 있다. 오죽했으면 평소 신중한 언행을 해온 이건희 삼성 회장이 "경제학 책에 나오는 말도 아니고 누가 만들어낸 말인지, 사회주의 용어인지 공산주의 용어인지, 도대체 들어본 적이 없다"고 직격탄을 날렸겠는가?

이명박 정부가 출범 초기 기업 환경 개선과 투자 활력을 위해 폐지한 출자총액제한도 부활시켜야 한다며 목소리를 높이고 있다. 현실감각이 무척 떨어지는 현대판 돈키호테 같은 모습이다. 향후 정치적 행보를 감안해 재벌을 마구 두들겨 국민들에게 이미지 메이킹 하려는 것은 아닌지 모르겠다.

정 전 총리가 주장하는 대─중기 동반성장 방안은 시장경제의 근간을 심각하게 훼손하는 데다, 반대기업 정서를 부채질할 수 있다. 더욱이 민간자율기구에 불과한 동반성장위가 법령 제정권을 가진 정부부처인 양 파워를 부리며 재벌을 압박하는 모양새도 좋지 않다. 민관합의기구의 대표일 뿐인데, 마치 현직 국무총리인 것처럼 대기업들을 압박하고 있다.

그가 제시한 초과이익공유 방안은 워낙 과격하다. 전경련, 대한상의 등 경제단체와 삼성, 현대자동차 등 주요 그룹들은 "시장경제를 부정하는 발상"이라며 노골적인 불만을 표시하고 있다.

사실상 준조세나 다름없다. 청와대도 불편한 기색이 역력하다. 청와대 측은 그가 아무런 교감 없이 대기업 이익의 협력업체와의 공유방안을 발표한 것은 개인적 생각이라며 평가절하하고 있다. 오죽했으면 홍준표 한나라당 대표마저 정 전 총리의 구상에 대해 '급진 좌파'라고 맹폭했을까. 여권에서 보기에도 초과이익공유제는 한참 나간 셈이다. 정 전 총리의 구상이 현실화된다면 여권의 지지기반인 재계를 적으로 돌리는 악수가 될 것이다. 여권의 정권 재창출에도 빨간불이 켜질 수밖에 없다.

재계는 그동안 이명박 정부가 공정사회, 상생경영, 친서민 정책, 공생발전 방안으로 강하게 압박해 온 것에 대해 무늬만 보수정부이지, 실제 정책들은 좌파적 성격이 강하다고 불만을 표시해 왔다. 정운찬식 동반성장정책이 강행된다면 재계의 불만수위는 한층 높아질 수밖에 없다. 재벌을 때려잡으면 수많은 중소기업들이 박수칠 것이라는 유치한 발상은 하지 않는 게 좋다. '정운찬 구상'의 가장 큰 문제점은 법적 실체가 없는 동반성장위가 대기업의 동의도 구하지 않는 채 대-중기 동반성장정책을 밀어붙이려 한다는 점이다. 동반성장위는 2010년 9월 대-중기동반성장 전략회의 이후 만들어진 민간자율기구에 불과하다.

대기업에선 최지성 삼성전자 부회장, 남영우 LG전자 사장, 양승석 현대자동차 사장, 김준호 SK텔레콤 사장, 정준양 포스코 회장, 정지택 두산중공업 부회장, 노병용 롯데쇼핑 사장 등이 참여했다. 삼성, 현대자동차, LG, SK, 포스코, 두산 등 재벌 주력사 최고경영자들이 포진한 셈이다. 중소기업에선 서병문 비엔금속 대표 등 9명이, 공공 부문에선 곽수근 서울대 교수, 윤창현 서울시립대 교수 등 6명이 각각 활동 중이다. 그가 맡은 위원장 자리는 '세종시 회군(回軍)'이라는 막중한 임무를 띠고 총리직을 맡았다가 퇴장한 후 이 대통령의 배려로 맡은 명예직이다.

동반성장위원회는 동반성장과 관련한 민감한 이슈들을 내놓아 재계를 부글부글 끓게 했다. 첫 번째는 대기업의 협력업체 지원 실적을 점수로 매겨 성적순으로 발표하겠다는 것이었다. 대상 기업들은 삼성전자, 현대자동차, LG전자, SK종합화학 등 재벌 계열 56개사가 망라됐다. 정전 총리는 대기업들의 상생활동을 평가해 1년 후인 2012년 2월에 점수를 공개하겠다고 했다. 점수는 공정위의 동반성장 및 공정거래 이행실적 평가(100점)에 협력업체의 체감도 평가(100점)를 합해 200점 만점으로 정했다.

대기업들은 상생활동 점수를 매기는 방안에 대해 문제점을 지적하고 재계의 의견을 반영해 줄 것을 촉구해 왔다. 하지만 동반성장위는 수차례 회의를 열어 재계의 의견을 듣는 시늉만 했을 뿐 당초 정해진 안대로 내놓았다. 이는 정 전 총리가 동반성장위 출범식에서 민간 부문의 합의와 조정자 역할에 충실하겠다고 강조한 것과 배치되는 것이다. 대기업의 의견은 무시한 채 중소기업의 손만 들어준 셈이 됐다. 합의와 조정자 역할을 포기한 것이다. 대기업은 악이고 중소기업은 선이라는 편견이 드러나 보이는 대목이다. 경제 논리보다는 정치적인 행보를 보인 것이다.

정 전 총리는 더 나아가 대기업이 거둔 초과이익을 협력업체와 나누는 이익공유제(profit sharing) 카드까지 제시했다. 그는 "초과이익이 나는 것은 대기업의 노력도 있겠지만 중소기업의 노력도 있을 것"이라며 "대기업 이익의 공유 대상을 주주, 임직원뿐만 아니라, 이익 발생에 기여한 협력기업으로 확대하겠다"고 강조했다. 이익공유제를 실행하기 위해 세제 혜택이란 당근을 주겠다고 했다. 세금을 무기로 이익공유제를 사실상 강제 실시하겠다는 의지를 밝힌 것이다.

주무부처인 지식경제부 최중경 전 장관도 이익공유제는 정 전 총리 개인의 생각이라고 평가절하했다. 그러자 정 전 총리는 실무부처 장관이 상생에 비협조적이고, 자신을 하수인 취급한다며 청와대에 불만을 표출하는 등 몽니를 부렸다. 동반성장위가 대기업의 협력업체 지원 실적을 점수화해 공개하겠다는 구상은 객관성이 없다. 대기업의 사업들은 업종 특성과 지원 방식이 천차만별이다. 이를 무시하고 일률적으로 1위에서 56위까지 점수를 부여해 랭킹을 발표하려는 것은 인민재판 방식이다. 무리하게 점수를 공개할 경우 상위기업들이야 체면치레는 할 수 있다. 반면 협력업체 지원 점수가 낮은 기업으로 낙인찍히는 대기업은 악덕기업으로 내몰릴 수밖에 없다.

점수가 낮은 대기업들은 기업이미지 악화, 브랜드 인지도 추락 등으로 경영 활동에 상당한 타격을 입을 것이 명약관화하다. 대기업에 대해 줄

세우기를 통해 망신을 주려는 정치적 포퓰리즘이 노골적으로 드러나 있다. 공부 잘하는 학생들에게 우등상을 주는 것은 긍정적 효과가 있다. 다른 학생들에게도 자극을 줄 수 있기 때문이다. 반면 성적이 바닥권인 학생들의 성적순위를 공개하면 그 학생은 어떻게 되겠는가? 동반성장지수 성적 공개도 하위권 학생들의 성적을 까발리겠다는 것과 마찬가지다.

동반성장위가 굳이 이를 강행하려면 협력업체 지원 실적이 좋은 대기업들만 공개하는 것이 바람직하다. 다른 대기업들을 자극하는 긍정적 효과가 있기 때문이다. 점수가 낮은 대기업까지 공개해서 망신을 주는 것은 당초 취지에 어긋난다. 동반성장위가 회초리로 대기업을 망신 준다면 해당 기업의 매출이 급감하는 등 경영 활동에 적잖은 타격을 줄 수 있다. 이는 결과적으로 대-중소기업 모두를 '루저'로 만드는 것이다. 동반성장이 아닌 동반몰락의 잘못을 범할 수 있다. 평가 결과 상위기업들은 순위가 아닌 등급을 공개하고, 하위기업들은 개별 통보해 미흡한 부문의 개선을 유도하는 게 당초 취지에 맞다.

동반성장지수를 산정하는 방식도 결함투성이다. 지수 산정의 중요한 근거인 자금지원 기준으로 국내외 총매출액이 제시됐다. 삼성전자, 현대자동차, LG전자, LG디스플레이 등의 경우 해외에서 벌어들인 금액이 전체 매출액의 90% 이상 차지한다. 반면 롯데백화점, 신세계, 홈플러스는 내수비중이 절대적이다. 이 같은 업체별 특성을 무시한 채 국내외 총매출액을 자금지원 기준으로 삼는다면 해외 매출비중이 높은 대기업들은 내수기업들보다 더 많은 돈을 국내 중소기업에 지원해야 한다. 이는 명백한 모순이다. 삼성전자가 이 항목에서 최고 점수를 받기 위해선 법인세의 60%가량의 자금을 국내 중소기업에 지원해야 한다. 이게 현실적으로 가능한가?

대기업들로 하여금 1차 협력업체 외에 2차 협력업체까지 관리하라는 것도 불합리하다. 동반성장위는 대기업과 1차 협력사 간 동반성장뿐 아니라 1, 2차 협력사 간 동반성장 실적까지 대기업 평가에 반영키로 했다. 대-중기협력의 경우 가장 문제되는 것은 대기업과 1차 협력업체 간 불공정거래가 아니다. 1차 협력업체와 2차 협력업체, 2차 협력업체와 3차 협력업체의 불공정거래가 더욱 심각한 문제가 되고 있다. 삼성, 현대자동차, LG 등은 1차 협력업체에 대해선 현금결제를 해주고, 경영 및 기술지원까지 해주고 있다. 협력업체의 부품경쟁력이 모기업의 경쟁력을 좌우하기 때문이다. 하지만 1차 협력업체의 경우 모기업으로부터 납품대금을 현금으로 받고선 2차 협력업체에 대해선 수개월짜리 어음을 끊어주는 횡포를 버젓이 부리고 있다. 3차 협력사는 더욱 열악한 조건으로 2차 협력사로부터 납품 대금을 받고 있다.

2차, 3차 협력업체 간의 고질적 병폐는 원청업체인 대기업만의 노력으론 한계가 있다. 정부와 대기업, 중소기업 모두가 머리를 맞대고 해법을 찾는 수밖에 없다. 이걸 대기업에게만 책임을 지우는 것은 불합리하다. 기협중앙회 등이 자율적인 개혁과 자정노력을 기울이고, 공정위와 중소기업청 등 관계당국도 1차와 2차, 3차 하도급 거래관계의 선진화에 역점을 둬야 한다.

대기업의 영업이익률이 협력업체에 비해 높다는 감성적 접근도 경계해야 한다. 삼성전자, 현대자동차 등 대기업들의 1차 협력업체들 가운데는 매출액이 수백억 원에서 수조 원대의 중견기업들이 수두룩하다. 이들 기업들의 영업이익률도 대기업 못지않다. 재계의 생태계에선 이들 1차 협력사들은 영세 중소기업에 비해서는 그래도 성공한 기업들이다.

대기업에 안정적으로 물량을 납품하고 현금으로 결제를 받는다는 점에서 혜택받은 기업들이다. 오히려 1차와 2차, 3차 협력업체들 간의 수탈적 구조를 수술해야 한다. 이를 감안하지 않은 채 대기업에게 책임을 전가하는 것은 본말이 전도된 것이다. 대기업만 떼돈을 벌고 중소기업들은 허리가 휜다는 감성적 접근으로는 1차와 2차, 3차 협력업체 간 먹이 사슬의 병폐가 해소되지 않을 것이다.

동반성장점수를 만들어 대기업 줄을 세우는 것은 세계 어느 나라에도 없다. 정부는 외환위기 이후 재벌개혁을 추진하면서 글로벌 스탠더드를 강조해 왔다. 동반성장점수는 글로벌 스탠더드가 아니다. 우리나라에만 있는 것을 만들려는 것은 사실상 새로운 규제나 다름없다. 정전 총리의 조급증이 빚어낸 비합리적 구상이다. 동반성장점수를 공개해서 대−중기 동반성장이 강화된다면 대기업들을 거세게 압박해야 할 것이다. 하지만 이 방식은 지속가능한 효과를 거둘 수 없다. 대기업의 불공정 하도급거래를 감시하고 제재하는 공정거래위원회도 이런 식의 강요는 하지 않는다. 공정위의 공정거래 하도급 협약은 철저한 인센티브를 바탕으로 이뤄진다. 가입여부도 기업의 자율적 판단에 따른다. 강제 가입은 아니다.

이익공유제, 즉 대기업의 초과이익을 협력업체와 나누자는 발상은 더큰 문제다. 경쟁을 통해 이윤을 추구한다는 시장경제 원칙을 부인하는 발상이기 때문이다. 기업이 이윤을 어떻게 사용할지는 주주들이 결정할 사안이다. 기업 이윤의 분배까지 민간기구가 나서서 강제하는 것은 기업의 자율성을 훼손하는 것이다. 기업 경영에 민감한 영향을 주는 사안은 법질서 안에서 이뤄져야 한다. 민간기구가 윽박질러 해결할 사안이 아니다.

정 전 총리 구상이 현실적으로 가능한지도 의문이다. 기여도를 공정하고 객관적으로 평가할 방법이 없기 때문이다. 예를 들어 삼성전자는 2010년 17조 원의 영업이익을 냈다. 이 같은 성과를 거둔 데는 뼈를 깎는 경영혁신과 원가절감, 신제품 개발 노력, 공격적인 마케팅 활동 등이 주효했기 때문이다. 환율변수도 무시할 수 없다. 삼성의 자금 및 경영지원을 받는 협력업체들이 질 좋은 제품을 싸게 공급한 것도 일정 부분 기여했을 것이다.

하지만 삼성전자는 해외사업에서 90%의 매출을 올리고 있는 글로벌 기업이다. 영업이익도 대부분 해외에서 벌어들인 것이다. 국내 협력업체들에게 이익을 어떻게 나눠줄지 평가 잣대를 만들기가 모호하다. 차라리 삼성전자가 협력업체에 대해 납품물량을 안정적으로 보장해 주고, 자금 및 경영지원을 강화하도록 인센티브를 주는 것이 바람직하다. 공연히 현실성이 떨어지는 이익공유제 발상으로 대기업들의 기를 꺾을 필요가 없다.

삼성전자와 현대자동차, LG전자, SK종합화학, 포스코 등이 번 돈은 회사가 다 가져가는 것도 아니다. 영업이익에서 각종 금융비용과 마케팅비용, 배당금, 내부유보금 등을 제외하고 발생한 당기 순익에서 수천억 원에서 조 단위의 돈을 법인세로 낸다. 삼성전자가 매년 내는 법인세는 수조 원이나 된다. 이 세금은 국민 전체를 위한 나라살림의 재원으로 소중하게 사용된다. 이익금의 일부를 중소 협력업체에 나눠주는 것도 일견 타당한 것 같지만, 세금으로 내서 복지, 교육, 국방 등의 재원으로 쓰는 것이 더 소중하다.

이익공유제가 강행되면 대기업들은 부품업체를 수직계열화 하거나 해외 조달로 돌파구를 찾을 것이다. 이는 협력업체의 설 땅을 더욱 좁게

256

만드는 것이다. 초과이익을 어떻게 정의할지도 쟁점이다. 정 전 총리는 예상이익에서 실제이익을 빼면 초과이익을 계산할 수도 있다고 했다. 참으로 소박한 발상이다. 경제학을 전공한 학자 출신치고는 논리적으로 허술하기 짝이 없다. 초과이익이라기보다는 예상 외 이익이라는 말이 더 적합한 표현일 것이다.

만약 정 전 총리식으로 초과이익을 협력업체에 배분하라고 하면 실제 배분액은 제로가 될 것이다. 예상이익을 높여 초과이익이 발생하지 않도록 할 것이기 때문이다. 매출액도 아니고, 이익의 예상치를 발표하라는 것은 무지를 드러낸 것이다. 이익은 사후적 잔여(殘餘)이다. 이익의 목표치를 사전에 설정하기에는 경제의 불확실성이 너무나 크다. 대기업의 초과이익을 동반성장기금으로 활용하자는 것도 의문이다. 기금은 결국 경제학에서 말하는 '공유지의 비극(tragedy of commons)'을 부르기 때문이다. 기금을 관리하는 주체의 자의적 재량권만 높일 뿐이다.

대-중기 상생문제는 동반성장위가 무리하게 나서서 해결될 일이 아니다. 대기업과 중소기업 간의 불공정거래 문제는 공정거래법상 하도급법을 적용해서 위반 기업에 대해 엄격히 제재하면 된다. 공정거래에 반하는 경영을 하는 대기업에 대해서는 조사를 대폭 강화하는 것도 필요하다. 공정거래협약에 대한 인센티브를 늘려 대기업들이 중소기업과의 상생경영의 공감대를 넓혀가는 것도 중요하다.

중소기업들은 대기업들의 납품단가 인하, 주문량 수시 바꾸기, 기밀사항인 회계장부 제출 요구 등을 대표적인 불공정거래 사례로 지적해 왔다. 공정위는 대기업들이 이 같은 행위를 하지 못하도록 하도급법 위반 행위를 엄격히 감시하는 데 정책의 역점을 둬야 할 것이다.

동반성장위는 법적 기구가 아니다. 입법권과 행정권을 가진 정부부처도 아니다. 단순 민간자율기구에 불과하다. 강압적 관치행정을 할 수 있는 아무런 근거도 없다. 대기업의 참여를 유도하는 민간합의기구임을 명심해야 한다. 대기업들의 팔을 비틀어 압박할 경우, 해외에서 부품조달을 확대하거나 직접 부품업체를 차려서 수직계열화 하는 사례가 늘어날 수 있다. 이러면 국내 중소협력업체들에겐 오히려 독약이 된다. 대기업들도 글로벌 경쟁에서 살아남기 위해 마른 수건도 짜는 등 원가절감에 사력을 다하고 있다. 더불어 잘살자는 동반성장이 명분은 그럴듯해도 대기업 경쟁력 죽이기로 변질되면 한국 주력기업들의 경쟁력이 약화될 수밖에 없다.

정운찬 전 총리의 충정은 이해가 간다. 대기업과 중소기업 간 양극화를 해소하려는 당초 취지 자체에 대해서는 많은 국민들이 공감할 것이다. 하지만 시장경제의 근간을 무너뜨리는 방식으로 강행돼서는 안 된다. 과유불급(過猶不及)이다. 환부를 도려내려다 오히려 환자를 잡을 수 있다. 정 전 총리는 동반성장을 지렛대로 정치적 행보에 나선다는 오해를 불식시켜야 한다. 혹여 꺼져가는 대권의 불씨를 되살리는 수단으로 이를 활용한다면 부작용이 클 것이다.

그는 여권 대선후보 중 지지율이 1% 미만에 그칠 정도로 존재감이 미미하다. 도탄에 빠진 중소기업과 자영업자를 구한다는 명분으로 대기업을 압박하고 중소기업 보호정책을 내놓는다면 국민들이 그를 주목할지도 모르겠다. 하지만 대기업을 때리는 정치적 포퓰리즘으로는 주목을 받을 수 없다. 대권후보 반열에 오르기도 쉽지 않다.

그는 "대-중기 양극화는 북한의 군사도발만큼 우리 사회에 위협적"이라고 강조했다. 부자와 빈자, 도시와 농촌의 양극화의 원인도 대-중기의 격차 때문이라는 시각을 갖고 있다. 그는 "미래를 위해선 양극화 문제는 반드시 해결해야 한다"는 신념을 보이기도 했다. 양극화 문제가 대기업의 문제에서 비롯됐다는 그의 시각은 지극히 편협하다. 다분히 선동적인 레토릭이다. 부자와 빈자, 도시와 농촌의 양극화 문제는 대기업만의 책임은 아니다. 정부와 노사, 정치권이 머리를 맞대고 해법을 찾아야 한다. 그런데도 대기업에게만 책임을 돌리는 것은 무책임하다.

평소 시장주의자를 자처하고 정치적 포퓰리즘을 배격해 온 그의 소신과도 맞지 않는다. 시장을 보정(補正)하기 위해선 비시장적인 정책을 시행할 수 있다는 그의 과격한 생각에선 좌파적 시각마저 엿보인다. 정전 총리는 동반성장위의 출범 의도를 다시 한 번 되새겨 봐야 한다. 그자리는 정치인의 감투가 아니다. 민간기구의 출범 초심으로 돌아가야 한다. 합의를 유도하는 조정자의 위치에서 대기업과 중소기업 간 신 협력모델을 구축하는 데 정열을 쏟았으면 한다. 정말로 큰 꿈을 꾼다면 진인사대천명(盡人事待天命)의 자세로 합의와 조정의 역할에 충실하면 된다. 그때에야 국민들은 그의 진정성을 알아줄 것이다.

05
민주당 무상 프레임에 갇힌 한나라당

대한민국이 무상복지 사탕발림 공약 경쟁에 빠져들고 있다. 민주당, 민노당 등 좌파 진보진영은 일찌감치 무상급식, 무상보육, 무상의료 등 보편복지와 반값 등록금 등 복지포퓰리즘으로 국민들의 표심을 자극하고 있다. 보수정당인 한나라당도 이에 질세라 국민들에게 달콤한 뇌물 주기식 정책으로 맞대응하고 있다.

무상복지의 주도권은 민주당이 잡았다. 2010년부터 3+1(무상의료, 무상급식, 무상 보육 + 반값 등록금) 무상복지 패키지를 내놓고 민심잡기에 나서고 있기 때문이다. 민주당식 무상복지 정책은 수년 내 재정을 거덜 낼 것이라는 경고가 무성하다. 그럼에도 불구 무상복지 세트를 내놓고 국민들을 현혹시키기에 급급해 하고 있다.

민주당은 정부 예산 가운데 33조 원을 더 복지에 쓰겠다고 생색을 냈다. 엄청난 재원이다. 2011년 우리나라 총 예산은 309조 원으로 이중 28%인 86조 원이 복지예산이다. 여기에 33조 원을 합하면 복지예산 비중은 무려 40%로 올라간다. 비상식적인 예산편성이다. 이래서는 정부가 제 기능을 다할 수 없다.

민주당은 증세 등 세금을 올리지 않고도 33조 원을 마련할 수 있다고 허풍을 떨고 있다. 국책사업 철회하고, 부자감세를 철회하고, 비과세 감면제도를 없애면 가능하다는 주장이다. 민주당이 그동안 개발공약을 남발하고 비과세 감면에 반대해 왔다는 점을 감안하면, 이 주장 역시 비현실적이다. 진보진영에서조차 증세 없는 보편복지는 불가능하다고 강조하고 있기 때문이다. 민주당처럼 보편복지를 하려면 33조 원도 모자랄 수 있다. 무상의료의 경우 민주당은 8조 원이면 가능하다고 보고 있다. 하지만 전문가들은 15조 원 이상 소요될 것으로 추산하고 있는 실정이다.

문제는 집권여당인 한나라당이다. 한나라당은 국민이 대이동하는 추석 직전에 소득세 및 법인세 감세 철회, 대학등록금 부담 경감, 비정규직 대책 등 친서민 복지대책을 내놓았다. 돌아선 민심잡기에 나선 것이다. 이중 감세 철회는 MB노믹스를 형해화(形骸化)시킨 것이다. 이는 보수정부의 경제정책에 사망선고를 내린 것이나 다름없다. 진보 좌파 색깔을 노골화하고 있는 민주당과 정책차별화가 없어졌기 때문이다.

한나라당의 복지정책들은 재원 마련이 미흡하다는 점에서 좌파포퓰리즘에 비견되는 우파포퓰리즘이다. 비정규직 대책의 경우 한나라당은 당초 정규직의 80%까지 인상하는 과격한 방안을 추진했다. 하지만 고용노동부의 반발이 거세, 이를 추후 과제로 남겼다. 다만 영세사업장의 저소득근로자에 대한 고용보험과 국민연금의 3분의 2를 지원키로 했다. 비정규직에 대한 차별 해소를 하지 않는 기업에 대해서는 과태료를 부과하고, 정규직을 하도급으로 전환할 경우 노사협의를 의무화 하도록 했다. 고용보험과 국민연금 지원은 결국 재정에서 나가야 한다. 국민들이 낸 세금으로 지원해야 한다는 점에서 재정에 부담을 주는 복지 대책이다. 재계는 비정규직 대책이 비정규직 근로자 일부의 근로조건은 지금보다 좋아지겠지만, 일자리는 훨씬 줄어들 것이라고 경고하고 있다.

등록금의 경우 반값 등록금은 철회했지만, 소득에 따른 등록금 부담 경감 대책을 내놓은 점이 특징이다. 이를 위한 예산에만 정부와 대학이 총 2조 2500억 원을 투입해야 한다. 이들 정책들을 보면 민심잡기에만 급급해 재원 조성방안 등은 미흡한 점이 특징이다. 황우여 원내대표의 포퓰리즘 행보도 우려스럽다. 황 대표는 취임 100일을 맞아 "내년부터 만 0세 보육료를 소득수준과 상관없이 전체 가정에 지원하고 1~4세도 3~4년 안에 100% 지원하는 방안을 추진하겠다"고 전격 선언했다. 그는 대표 취임 때 "대학등록금을 최소한 반값으로 인하했으면 한다"고 밝혀 포퓰리즘 논란에 불을 지핀 전력이 있다.

국정에 책임이 없는 야당이야 그렇다고 치자. 한나라당마저 과도한 복지정책을 쏟아내는 것은 참으로 우려스럽다. 보수 시민단체는 한나라당이 민주당의 2중대로 전락했다고 비난해 왔다. 여당은 이런 비판에도 아랑곳하지 않고 국민들에게 선심성 공짜정책을 제시하는 데 열을 올리고 있기 때문이다. 재정건전성을 지켜야 한다는 책임감은 도무지 보이지 않는다. 잇단 재보선 참패에 이어 서울시 무상급식 주민투표 패배까지 겹쳐 다급한 사정은 알겠다. 하지만 복지포퓰리즘의 정도가 지나친 게 문제다.

서울시 주민투표 과정에서 보여준 한나라당의 행태는 심히 보수층의 반감을 샀다. 친이-친박으로 갈라져 혼연일체 된 선거 전략을 보여주지 못했다. 민주당의 투표 거부에 속수무책으로 당했다. 딴나라당의 모습

그대로였다. 오 시장은 망국적인 포퓰리즘 퇴치를 내걸고 승부를 던졌다. 하지만 여당이 사분오열되면서 제대로 도움 한 번 받지 못했다. 수도권 소장파들은 오 시장에 대해 노골적으로 반감을 드러내며, 무상급식 문제는 주민투표에 부칠 사안이 아니라고 했다. 자기편 장수에 대해 뒤에서 총질을 해댄 것이다. 이러니 민주당의 나쁜 투표 전략에 질 수밖에 없었다.

한나라당은 노무현 정부의 부자와 서민, 재벌과 중소기업, 서울과 지방, 서울 강북과 강남을 가르는 국민분열 정책과 분배 등 좌편향적 정책에 염증을 냈던 보수층과 중산층의 압도적인 지지로 정권을 잡았다. 그런 한나라당이 지지층을 배반하고, 복지공약을 쏟아내고 있다. 바른사회시민회의 등 보수단체는 한나라당이 더 이상 보수의 대안 정당이 아니라며 정체성 회복을 촉구하고 있는 실정이다. 보수 시민단체들은 심지어 민주당이 보수의 가치에 부합한다면 민주당을 지지할 수도 있다는 생각을 공연히 내비치고 있다. 여당의 무상 및 반값 정책은 잘해야 민주당의 2중대에 불과하다는 비판을 받게 만드는 악수로 작용할 것이다. 민주당의 '3+1' 무상 프레임에 갇혀 빠져나오지 못할 것이기 때문이다.

한나라당은 초심으로 돌아가 정체성을 찾는 일부터 시작해야 한다. 하지만 이제 보수의 정체성을 헌신짝처럼 차버렸다는 점에서 돌아갈 본향이 없어졌다. 불행한 일이다. 양머리를 걸어놓고 개고기를 팔고 있기 때문이다. 부자감세를 철회했다고 득의양양할 것 없다. 국민들 눈에는 야당의 공세에 질질 끌려 다니다가 맥없이 주저앉은 허약한 정당으로 비치고 있다는 점을 알아야 한다.

현 당권 세력과 소장파들은 표 얻는 데 도움이 된다며 재원 대책은 나 몰라라 한 채 우선 사탕발림 공약부터 내놓고 있다. 이대로 가면 산토끼를 잡으려다 집토끼마저 놓칠 우를 범할 수 있다. 보수의 가치를 지키면서 중도층을 끌어와야 2012년 총선과 대선에서 희망을 걸어볼 수 있는데 말이다.

보수의 가치는 무엇인가? 정직, 성실, 능력, 책임 등의 덕목을 바탕으로 시장경제 창달에 힘써 성장과 일자리 창출에 매진해야 한다. 시장경제와 작은 정부, 규제완화를 지속해야 잠재성장률 이상의 성장을 이룩할 수 있고, 기업들의 투자 활성화로 고용도 늘어날 것이다. 복지는 성장과 함께 가야 한다. 우리 경제는 아직도 가야할 길이 멀기만 하다. 세계 14위권 경제 규모라고 하지만, 일인당 국민소득은 세계 50위권에 불과하다. 나라 곳간 사정이 어려운데, 한나라당마저 복지 아편을 주입시키는 데 나선다면 나라살림은 조만간 거덜 날 것이다. 재정이 부실해지면 우리 후세들의 삶은 누가 책임질 것인가?

미국의 골드만삭스는 2011년 초, 2050년쯤 한국이 세계 2위 경제국가로 도약할 것이라는 장밋빛 전망을 내놓았다. 세계 경제강국 도약은 그냥 주어지는 것이 아니다. 정부는 무상 등 복지포퓰리즘을 배격하며 미래 성장전략을 치밀하게 짜서 집행해야 한다. 그런 다음 정부는 국민들에게 피와 땀, 눈물, 희생이 필요하다고 설득해야 한다. 그래야 경제강국 도약이 가능할 것이다. 여야의 지금 행태는 나라 곳간을 마구 헐어 지금 당장 나눠 먹자는 것에 불과하다. 복지는 국민의 인간다운 삶과 행복을 위해 필요하다. 하지만 성장이 뒷받침되지 않는 상태에서 무상복지를 펑펑 나눠주면 아르헨티나 등 남미 꼴 나기 십상이다.

한나라당 지도부가 할 일은 정체성 회복에 필요한 것부터 줄기를 잡아 액션플랜을 내놓고 실행하는 것이다. 국가 장래에 필수적인 한미 FTA의 국회비준 동의 절차를 서둘러야 한다. 민주당 종북파들이 결사 반대하는 북한인권법의 본회의 통과에 전력투구해야 한다. 동반성장과 공생발전을 무기로 대기업에 대한 규제를 강화하려는 것도 자제하고, 기업규제를 줄여 투자 확대와 일자리 창출을 도모해야 한다.

여당은 표만 얻으면 그만이라는 포퓰리즘적 발상에서 벗어나야 한다. 글로벌 재정위기에 맞서 우리의 재정건전성을 지키기 위한 방안은 물론, 국가경쟁력 강화와 일자리 창출에 필요한 것이 무엇인지 진지하게 고민해야 한다. 국민들의 체감경기를 호전시키려면 다소 고통스럽더라도 정도를 걸어야 한다. 사술을 부려선 안 된다. 짝퉁 정당, 민주당 2중대로는 정체성을 회복할 수 없다.

그 첫걸음으로 민주당과 구별이 안 되는 베끼기 정책, 잡탕 정책을 지양해야 한다. 보수의 가치를 지키면서 지지층을 재결집하는 공약 개발에 승부를 걸어야 한다. 요즘 수도권 출신 소장파들이 자기 한 몸 살겠다고 민주당식 무상공약을 베끼는 것은 자멸행위이다. 지금 한나라당의 행태는 총선과 대선의 승리는커녕 실패종착역으로 가는 열차를 타려는 것과 같다. 한나라당은 국민들의 본심을 파악하지 못하고 있다. 국민들은 이명박 대통령의 경제를 살리겠다는 공약을 신뢰하고 표를 몰아줬다. 한나라당도 경제를 살리려는 대통령을 뒷받침하라고 다수당으로 만들어줬다. 과연 정부나 한나라당이나 경제를 회생시키겠다는 공약을 지켰는지 묻고 싶다. 경제를 회복궤도에 제대로 올려놓지 못한 상태에서 복지포퓰리즘 광풍에 휩쓸려 간다고 국민들이 다시 마음을 주는 것은 아니다. 한나라당이 떠난 민심을 수습하려면 실패학을 쓰겠다는 각오로 정체성 회복 방안을 찾아야 한다. 그런 다음 중간지대의 유권자들을 잡을 방도를 찾아야 한다. 민주당보다 좌클릭해서는 공도동망할 것이다.

06
타도 재벌 기치 든 민주당

공정거래법상 일반 지주회사 규제완화법 개정안이 민주당의 저지선에 막혀 꼼짝달싹 못하고 있다. 지주회사법 개정안은 2010년 4월 여야 합의로 정무위원회를 순조롭게 통과했으나, 법사위에서 1년 이상 서랍에서 잠자고 있다. 통과가 안 되고 있는 가장 큰 요인은 민주당 박영선 의원이 철벽 블로킹 하고 있기 때문이다. 재계는 박 의원의 옹고집에 혀를 내두르고 있다. 재계 인사들은 박 의원의 행태에 대해 "합리성을 결여한 반대명분"이라면서 "어이가 없다"는 반응이다.

박 의원은 서울시장 후보로 출마하는 등 정치 보폭을 확대하고 있다. 박 의원은 그동안 민주당에 입성한 후 삼성 이재용 사장의 경영권 승계의 문제점을 물고 늘어져 삼성 저격수로 통했다. 삼성생명과 삼성에버랜드 등 금융계열사를 통한 삼성의 순환출자도 집요하게 따져 삼성을 괴롭혔다. 그는 이후에도 금산분리 완화와 지주회사 개정 등 규제완화에 반대의 목소리를 높여왔다. 삼성의 저격수를 넘어 타도 재벌의 기치를

266

높이 들고 있다.

문제는 박 의원이 법사위 법안심사 2소위 위원장과 민주당 간사를 맡아 지주회사법 개정안의 상정 자체를 거부하고 있다는 점이다. 다수당인 한나라당 주성영 의원 등 법사위 소속 의원들은 박 의원의 소신에 밀려 눈치만 보고 있다. 박 의원의 옹고집에 과거 민주당 집권 시절 김대중 전 대통령, 노무현 전 대통령 등에 대한 날선 비판을 서슴지 않았던 주성영 의원마저 신중한 모습을 보이고 있는 것이다.

박 의원은 민주당 최고위원을 맡아 더욱 기세등등한 모습으로 "대기업과 재벌에 혜택을 주는 지주회사 규제완화는 안 된다"고 목소리를 높이고 있다. 반재벌 행보를 공언한 셈이다. 박 의원의 튀는 행동으로 지주회사법 개정을 예상해 온 재계로선 향후 경영계획 수립 등에서 심각한 어려움을 겪고 있다. 지주회사법 개정안이 미뤄지면서 재벌보다는 오히려 중견 중소기업들이 큰 피해를 보고 있다. 재벌개혁에 강한 드라이브를 걸면서 중소기업에는 강한 관심과 애정을 보여 온 민주당으로선 당의 정체성마저 팽개치는 행태다.

금융규제 완화에 부정적인 태도를 보이는 장하준 영국 케임브리지대 교수마저 "금산분리 완화는 필요하다"면서 "영국에서도 금융자본과 산업 간 거리가 너무 멀어 제조업 발전에 장애를 겪었다"고 강조한 바 있다.

지배구조를 지주회사 체제로 전환한 기업들 중 대기업은 재계 랭킹 3위인 SK(SK증권), 10위권의 두산(네오플럭스), 20위권의 CJ(CJ창투)가 대표적이다. 중견 및 중소기업 중에도 프라임개발, 일진홀딩스, CNH, 대성홀딩스, 녹십자홀딩스도 금융계열사를 갖고 있다. 공정위에 따르면 재벌 지주회사의 경우 4개 재벌에서 6개의 금융계열사를 갖고 있으며, 중견 및 중소지주회사는 7개 그룹에서 11개의 금융사를 보유 중이다. 이 같은 점을 감안하면 공정거래법 개정은 결코 대기업과 재벌에 특혜를 주는 게 아니다. 오히려 중견 중소기업들의 어려움을 타개하는 게 더 큰 이유가 되고 있다. 사안이 이런데도 민주당과 박영선 의원은 공정거래법 개정이 재벌에 특혜를 주는 것이라며 반대 입장을 고수하고 있다.

지주회사법 개정안 처리가 민주당의 반대로 마냥 연기되면서 금융사를 거느린 지주회사들은 금융사 매각 결정, 증손회사의 기업공개, 사업 다각화와 투자 확대 결정 등을 못해 발만 동동 구르고 있다. 전경련에 따르면 SK그룹 등 지주회사 소속 88개 계열사가 매각 등에 대한 유예조치를 받고 있어 법 개정이 무산되거나 지연될 경우, 경영전략 수립에 심각한 차질을 빚을 수밖에 없다. SK증권 등 36개사는 2011년 유예기간이 만료돼 해당 회사를 매각하거나 유예기간을 연장해야 하는 등 대책 마련이 시급하다. 유예기간이 끝나면 공정법 위반으로 시정조치와 과징금, 벌칙 등의 강도 높은 제재를 받아야 하기 때문이다.

예컨대 SK증권의 경우 SK네트웍스 등이 갖고 있는 30% 지분에 대해 185억 원 이내의 과징금을 내야 한다. 물론 SK그룹의 자금력을 감안하면 이 정도의 과징금을 내는 것은 문제가 안 된다. 하지만 다른 중견 중소기업들도 유예기간이 속속 끝나가고 있다는 점이 문제다. 이들 기업들엔 심각한 경영 애로 요인이 되고 있다.

지주회사는 재벌들의 투명하고 선진적인 지배구조를 정착시키기 위해 김대중, 노무현 정부에서 추진돼 왔다. 97년 외환위기 이후 이 두 정부는 재벌 오너의 황제경영과 계열사 간 가공자본에 의한 순환출자 고리로 경제력이 집중하는 것을 억제한다는 명분으로 지주회사로의 전환을 강력히 유도해 왔다. 공정거래위원장을 지낸 강철규, 권오승 씨는 삼성 이건희 회장, 현대자동차 정몽구 회장, LG 구본무 회장, SK 최태원 회장 등 재벌 총수들을 잇달아 면담하면서 지주회사 전환이 필요하다고 강조해 왔다. 지주회사로 전환하면 인센티브를 주겠다는 당근도 내놓기도 했다.

이 같은 민주당 정부의 가이드라인에 따라 LG, SK, 두산, CJ 등 상당수 그룹들이 지주회사 체제로 지배구조를 바꿨다. 권오승 전 공정거래위원장은 2006년 11월 3일 성균관대 강연에서 "삼성그룹이 삼성전자, 삼성생명, 삼성에버랜드 등 몇 개의 지주회사로 분할했으면 좋겠다"며 삼성의 지주회사 체제 전환을 압박하기도 했다. 그는 2007년에도 "삼성이 지주회사로 전환하는 데 모범을 보여야 한다"며 거칠게 몰아붙였다.

과거 민주당 정부의 재벌개혁과 지배구조 선진화 정책을 충실히 따랐던 재계로서는 민주당의 최근 행태에 대해 닭 쫓던 개 지붕 쳐다보는 격이 되었다. 민주당 정권 당시 지주회사로 전환했는데 이제 와서 지주회사의 금융자회사 보유를 불허한다면 정책의 일관성이 어긋나기 때문이다. 지주사로 전환하지 않은 그룹에 비해서 역차별을 당하는 것도 문제다. 지주회사법 개정안은 좌파정부가 추진했던 금산분리의 문제점을 개선하려는 것이다. 이명박 대통령과 한나라당은 대선 핵심 경제공약으로 금산분리 완화를 내걸었다. 재계와 국민들은 압도적인 지지로 이 대통령과 한나라당의 경제정책 공약을 지지했다. 민주당시 반기업적 규제에 대해 국민들과 재계는 엄중한 심판을 내린 것이다.

이명박 정부는 대선공약 이행 차원에서 금산분리 완화를 추진해 왔다. 2009년 금융지주회사법을 개정해 금융지주회사로 하여금 일반 자회사를 보유토록 허용한 것이 첫 번째 대못 뽑기였다. 금융지주회사는 제조업 및 서비스업 등 비금융자회사를 자회사로 둘 수 있게 된 것이다.

또 금융산업의 발전을 위해 산업자본의 은행 지분 보유한도를 과거 김대중, 노무현 정부 시절의 4%에서 9%로 늘렸다. 민주당과 좌파단체는 금산분리 완화는 은행의 재벌 사금고화를 가져온다는 이유로 격렬히 반대했다. 하지만 국민들은 금산분리 완화를 지지했다.

은행과 기업 간의 엄격한 방화벽을 둬서 기업들이 은행업을 영위하지 못하게 한 금산분리는 그동안 심각한 문제점을 드러냈다. 대기업의 은행 지분 보유가 엄격히 규제받으면서 국내의 주요 시중은행들은 대부분 외국 자본이 주인이 됐다. 외환위기 이후 공적 자금을 투입해서 건전한 은행으로 탈바꿈시킨 국내 은행의 대주주가 외국 자본으로 바뀐 것이다. 대기업들의 은행 참여가 원천봉쇄된 탓이다.

지주회사법을 개정하려는 것도 금산분리의 문제점을 해소하려는 포석이다. 현행 지주회사는 금융회사를 소유할 수 없고, 증손회사에 대한 지분율도 제한을 받고 있다. 지주회사로 전환하지 않은 삼성, 현대자동차 등은 보험, 생보사 등 금융회사를 보유하는 데 아무런 제한을 받지 않는다. 반면 정부 정책에 따라 지주회사로 전환한 그룹들이나 중견 및 중소기업들은 금융회사를 처분해야 하는 상황에 직면한 것이다. 명백한 역차별이다. 정부 정책을 열심히 따랐더니 보상받기는 고사하고 채찍질만 당하는 셈이다. 또 금융지주회사는 일반 기업에 자유롭게 투자할 수 있는 반면, 일반 지주회사는 금융회사에 대한 투자가 막혀 있다. 법안 통과가 자꾸 지연될 경우 외국 자본에 헐값에 매각될 수 있는 우려도 크다.

이 같은 문제점을 감안해 여야는 2010년 정무위에서 한나라당과 민주당의 이견을 조율해서 절충안을 만들었다. 합의사항을 보면 중간 금융지주회사를 만들어 금융회사를 보유토록 허용하고, 증손회사의 지분율도 현행 100%에서 상장사는 20%, 비상장사는 40%로 완화하는 것을 골자로 하고 있다. 개정안이 발효되는 유예기간도 현행 4년에서 5년으로 1년 연장해 주기로 했다. 이는 당초 공정위가 제시한 안보다 훨씬 후퇴한 것이다. 예컨대, 공정위가 제출한 원안에는 지주회사가 금융회사를 자회사 형태로 보유토록 했다. 하지만 민주당과 참여연대 등 시민단체가 일정 규모와 숫자 이상의 금융사를 보유할 경우, 중간 금융지주회사를 설립해야 한다고 주장했다. 당정은 이 같은 의견을 수렴해 중간 지주회사를 만들어 금융자회사를 지배토록 한 것이다.

법사위도 2011년 4월 말 여야 간 절충을 벌여 지주회사법 개정안의 시행시기를 제외하곤 타협안을 찾은 것으로 알려졌다. 김동수 공정위원장은 여야 합의 직후 과천청사에서 기자회견을 갖고 이 같은 여야 합의 사항을 밝혔다. 당시 협상을 했던 여야 의원들도 협상장을 나오면서 "시행시기를 제외한 나머지 사항들에 대해 합의가 이뤄졌다"고 말한 바 있다.

여야가 합의했음에도 박영선 의원과 박지원 민주당 전 원내대표는 김동수 위원장의 회견이 나오자 이를 반박하며 "김 위원장은 언론플레이 하지 말라"고 비틀었다. 공정위 관계자들은 당시 박 의원과 박 전 대표의 돌변에 대해 황당하다는 반응을 보였다. 여야가 합의한 사항을 왜 뒤집었는지는 아직도 알 수가 없다.

문제는 박 의원의 지주회사법 반대 의견이 합리성을 결여하고 있다는 점이다. 지주회사 규제완화의 목적은 재벌에만 혜택을 주는 것이 아니고, 재벌보다 훨씬 많은 중견 중소기업의 경영상의 어려움을 타개하려는 것에서 비롯됐기 때문이다. 금융회사를 가지면 재벌의 사금고로 전락한다는 것도 타당하지 않다. 금융회사의 사금고화를 방지하는 장치는 다층적으로 구축돼 있기 때문이다. 금산법과 자본시장법, 보험업법 등에서 금융회사의 주식보유 승인, 대주주와의 거래제한, 보험회사의 자산운용 방법 제한 등의 강력한 규제 장치가 마련돼 있다. 또 민주당과 참여연대의 주장을 받아들인 중간 금융지주회사에 대해서도 대주주에 대한 신용공여한도를 순자본의 25% 이하로 규제하고 있다.

이 같은 엄격하고 다층적인 규제 장치가 있는 점을 감안하면 금융회사가 대주주의 사금고로 전락할 것이라는 주장은 기우(杞憂)에 불과하다. 억지 주장일 뿐이다. 과거 금산분리 완화를 반대해온 진보 및 좌파 진영과 반기업 행태로 먹고사는 좌파 시민단체들의 반대를 위한 반대 타령을 되풀이하는 것이나 다름없다.

만약 지주회사법 개정안이 국회에서 처리되지 못하면 일파만파의 부작용이 우려된다. 정부가 지주회사 전환을 유도해도 정작 기업들은 이를 기피할 수밖에 없을 것이다. 금융회사를 보유하지 못하게 하고 증손회사에 대한 출자지분도 제한한다면, 구태여 막대한 비용과 복잡한 절차를 거쳐서 지주회사로 전환해야 할 하등의 이유가 없어지기 때문이다. 규제만 늘어난다면 어느 기업이 지주회사로 가려 하겠는가?

민주당은 재벌개혁을 외치면서 정작 지배구조 선진화와 경영투명성을 높이는 지주회사 전환을 가로막는 이율배반적 행태를 보이는 것이다. 민주당은 박 의원의 소신이 당의 정체성에 어긋나는 것임을 인식해야 한다. 개정안 처리가 마냥 늦어지면 외국 자본의 배만 불릴 수 있다는 점도 짚고 넘어가야 한다. 지주회사의 금융회사를 인수할 수 있는 곳으로는 대기업과 은행, 외국 자본이 있으나 대기업들은 이미 금융업에 대부분 진출한 상태다. 외국인이 대주주인 시중은행이 매물시장에 나온 지주회사의 금융자회사를 인수할 가능성이 높다. 은행들의 외국인

지분율을 보면 KB금융이 55%, 신한지주가 59%, 하나금융이 64%, 외환은행이 74%로 외국인 지분이 압도적으로 높다. 공적자금이 투입된 우리은행을 제외하곤 모든 시중은행이 외국계 은행으로 바뀐 셈이다. 더욱이 개정안 처리가 지연돼 지주회사들이 과징금 부담 등을 피하기 위해 금융계열사들을 시한에 쫓겨 매각할 경우 협상력이 현저히 떨어져 헐값 매각을 해야 한다.

박영선 의원은 합리성이 결여된 주장만 할 것이 아니라 경제 활력 회복을 위한 투자 활성화와 고용창출 등을 감안해 대승적 차원에서 지주회사법 개정에 협조해야 한다. 박 의원은 정책위의장에 선임된 후 가진 기자회견에서 지주회사 체제로 갈 경우 재벌가 세금 감면 혜택을 거론하며 개정안 처리에 불가 입장을 밝혔다.

하지만 박 의원은 지주회사 전환의 경우 민주당이 정권을 잡은 지난 10년간 재벌개혁의 상징적 정책으로 추진해 왔다는 점을 알아야 한다. 당의 정체성도 모르면서 지주회사 개정안에 마냥 반대하는 것은 책임 있는 야당의 중진답지 않다. 민주당이 집권한 시절, 강철규, 권오승 위원장 등이 당시 지주회사 전환과 관련해 했던 발언들을 참고해 보길 바란다.

다시 말하지만, 지주회사법 개정안이 통과되면 글로벌 경영과 자금력을 가진 산업자본의 금융산업 참여가 활성화돼 금융산업의 체실이 상화되고 경영효율성도 제고될 수 있다. 국제경쟁력을 가진 금융회사가 출현할 수 있는 길이 열리는 것이다. 미국을 상징하는 GE는 금융업을 영위하는 GE캐피탈이 전체 매출의 절반이 넘는다. 국내외 증권사를 비교하면 국내 증권사는 선진국 증권사에 비해 초라하다. 미국의 골드만삭스(720조 원), 메릴린치(650조 원), 일본 노무라증권(150조 원)에 비해 한국의 삼성증권 등 5대 상위증권사의 평균 자산 규모는 9조 원에 불과하기 때문이다. 국내 증권사들이 글로벌 금융회사로 도약하려면 아직도 갈 길이 먼 셈이다.

지주회사법 개정안이 처리되면 증손회사에 대한 규제도 풀려 증손회사에 대한 합작투자와 기업공개가 가능해진다. 이 경우 투자와 신규사업 진출이 늘어나 성장과 일자리 창출에 기여하게 된다. 실제로 웅진그룹의 손자 회사가 기술력이 있는 외국 기업과 합작사(증손회사)를 설립하려 했으나 증손회사의 지분을 100% 보유해야 한다는 규제로 인해 사업계획을 접어야 했다. 이 같은 피해 사례는 다른 지주회사의 경우에도 적잖이 나타나고 있다. 과도한 규제로 기업 설립과 일자리 창출을 가로막는 악법이 되고 있는 셈이다.

지주회사법 개정은 경제 활력 회복과 투자 확대, 외국 자본 유치, 일반 기업 집단과의 역차별 시정 등을 위해 시급히 처리돼야 한다. 지주회사법 개정의 소관 상임위인 정무위에서 여야가 합의로 통과시킨 것을 법안 조문의 타당성과 위법성 등을 심의하는 법사위가 틀어막고 있다는 점은 어불성설이다. 본말이 전도된 것이다. 더욱이 소수당 의원이 개인 소신에 입각해 이의 통과를 가로막고 있는 점은 규제완화를 바라는 재계의 희망과 기대에 찬물을 끼얹는 맹목적 아집에 불과하다.

비단 박 의원의 몽니만이 문제가 아니다. 민주당은 정부가 기업과 시장에 대한 규제와 조정을 가할 수 있다는 것을 명문화한 헌법 119조 2항 특별위원회(경제민주화특별위원회)까지 발족했다. 2012년 대선까지 국민들에게 무상복지 공약이라는 아편을 주면서, 동시에 금산분리 완화 반대, 순환출자 규제 및 출자총액제한제도 부활 등 반재벌 정책 공세를 거세게 펼칠 것으로 예상된다. 재벌을 때리면 국민과 중소기업들이

야당 후보를 찍을 것이라고 보고 있는 셈이다. 안이한 발상이다.

민주당은 강도 높게 재벌개혁을 밀어붙였던 노무현 정부가 최악의 민심이반을 겪었던 것을 반추해야 한다. 재벌을 못살게 굴면 협력업체가 살아나는 게 아니다. 재벌에 부품을 납품해 먹고사는 협력업체들도 어려워지는 것은 마찬가지다. 재벌과 협력업체에 연관된 수백만 명의 국민들이 반감을 가질 수밖에 없다. 노무현 정부는 이 같은 국민 분열정책으로 망했다.

진보진영의 책사들이 벌써 재벌개혁을 차기 대선의 핵심 이슈로 내걸어야 한다고 강조하고 있다. 강남좌파 조국 교수는 《진보집권 플랜》에서, 국민참여당 유시민 대표는 《국가란 무엇인가》에서 재벌 지배구조와 경제력 집중 억제가 정의에 부합한다고 지적했다.

다수당인 한나라당도 책임을 면하기 어렵다. 국민의 압도적 지지를 바탕으로 헌정 사상 최대의 의석 수로 여당이 됐는데도 불구하고, 소수당에 질질 끌려 다니며 기업의 투자 활력에 필요한 법안 처리를 미루고 있기 때문이다. 이는 재계와 국민의 기대를 저버리는 것이다. 한나라당은 다시금 기업규제 완화와 금산분리 완화를 통한 투자 활력 제고와 일자리 창출을 대선 및 총선 공약으로 내건 초심으로 돌아가야 한다. 소수당인 민주당이 이를 반대한다고 마냥 미룰 것이 아니라 최대한 설득을 하되, 마냥 반대하면 다수결로 처리해야 한다. 그게 의회민주주의의 소중한 원리다.

한나라당 법사위원들은 지주회사법 개정안을 처리해 전통적인 지지기반인 재계의 어려움을 덜어줘야 한다. 민주당이 반대한다고 깔아뭉개선 안 된다. 일자리 창출과 청년실업 해소는 그냥 이루어지지 않는다. 기업들의 투자가 일어나야 가능하다. 기업을 옥죄는 규제를 완화하는 것이 그 첫걸음이다.

07
정무수석이 치킨 값까지 챙기는 이상한 나라

    롯데마트가 선풍적 인기를 끌던 통큰치킨 판매를 중단한 것은 적잖은 후유증을 남겼다. 롯데마트는 2010년 12월 6일부터 시중가의 3분의 1인 마리당 5000원에 '통큰치킨'을 팔기 시작했다. 통큰치킨 판매가 시작되자 고객들은 폭발적인 반응을 보였다. 롯데마트가 문을 열자마자 새벽부터 몰려온 노인, 주부, 젊은이 등이 통큰치킨을 사려 줄을 섰다. 매장마다 순식간에 동이 나자 뒷줄에 섰던 사람들이 거세게 항의하는 진풍경이 벌어지고, 직원들은 죄송하다는 말을 연발해야 했다.

    롯데마트는 선풍적인 인기를 끌던 통큰치킨 판매를 돌연 7일 만에 전격적으로 포기했다. 재벌이 '째째하게' 치킨까지 팔아 영세 치킨업체들의 밥줄까지 빼앗느냐는 청와대, 정치권, 시민단체, 언론 등이 뭇매를 가한 데 따른 것이었다. 롯데가 판매를 접은 데는 청와대 고위당국자의 트위터 글이 결정적으로 작용한 것으로 알려졌다. 당시 청와대 정진석 정무수석은 트위터를 통해 "대기업인 롯데마트가 매일 600만 원의 손해를 보면서 하루에 닭 5,000마리를 팔려고 한다"며 "통큰치킨은 구매자를 마트로 끌어들여 다른 물품을 사게 하려는 전략이 아니냐"고 꼬집었다.

정무수석의 비판에 놀란 노병용 롯데마트 사장은 부랴부랴 정 수석에게 문자메시지를 보내 "조만간 사업을 접겠다"는 백기투항 의사를 전달했다. 청와대 비서관이 주무부처 등 공식라인을 통한 견해 표명이 아닌 소셜 네트워크 서비스(SNS)를 통해 대기업을 비판한 후 해당 기업 최고경영자가 SNS 댓글로 사업을 접겠다고 답변한 것은 매우 이례적인 일이었다.

한국의 경영 환경은 정치 논리가 경제 논리를 압도하고 있다. 재계 총수들이 정부에 대해 쓴소리를 하면 곧바로 공격이 날아온다. 해당 그룹에는 즉각 공정위 불공정거래 조사, 국세청 세무조사, 검찰의 비자금 수사 등 전방위 압박이 가해진다. 이런 경영 환경에서 '생사여탈권'을 쥔 청와대의 심기를 거슬려 가면서까지 대기업이 사업하기는 힘들다. 롯데의 치킨사업 포기는 이명박 정부가 국정철학으로 제창한 공정, 상생, 정의, 공생발전이 어떻게 발현되는지를 보여주는 중요한 경제 사례다.

기업들의 사업을 정의와 불의, 공정과 불공정, 공생과 반공생으로 이분화해서 볼 경우 본연의 경영 활동이 위축될 것임을 보여주는 시그널이 되고 있기 때문이다. 통큰치킨 파문 이후 정부는 휘발유, 이동통신 요금, 식음료가격 인하 압박, 유통업계 수수료 강제 인하, SSM의 입점 제한, 중소기업고유업종 제도 부활 등의 반시장 정책들을 쏟아냈다. 경쟁을 촉진해서 소비자 이용후생(利用厚生), 즉 소비자들이 값싸고 질 좋은 제품을 사먹을 권리를 보호해야 할 정부가 상생과 공생의 프레임에 갇혀 대기업들의 팔목을 비트는 행정에 전력투구해 온 것이다.

'통큰치킨 쇼크'는 중소기업과 자영업자들은 사회적 약자이므로 공생발전과 상생을 위해 보호하고 감싸 안아야 한다는 정부의 따뜻한 친서민 정책의 일환으로 보일 수 있다. 통큰치킨 판매로 주변 영세 치킨가게들이 타격을 입는 것을 막아야 한다는 논리다. '대기업=악, 중소기업 및 자영업자=선'의 풍조는 이명박 대통령의 친서민 및 대-중기 동반성장 행보를 계기로 본격화되고 있다.

정부가 기업들의 제품 가격에까지 세세하게 간여하고 개입하는 게 타당할까? 정부가 골목자영업자까지 챙겨주는 자상함을 보여주는 게 정당한가? 갖가지 의문이 든다. 통큰치킨 사태를 계기로 기업들은 앞으로 신규사업을 할 때마다 청와대에 OK 사인을 받아야 하는 것 아니냐고 푸념했다. 실제로 공정위는 물가억제위원회로 변질되면서 내수기업들의 팔목을 비틀어 가격을 내릴 것을 압박해 왔다. 안 내리면 전가의 보도인 불공정거래 조사를 강화하고, 담합으로 몰아 과징금을 공격적으로 부과했다. 경제검찰이 총대를 메고 내수업종의 대기업을 달달 볶아댔다.

지금 같은 이분법적 재단이 가속화하고, 정부가 세세하게 가격통제 정책을 편다면 기업들의 신규사업 진출과 투자 활동은 위축될 수밖에 없다. 기업을 키우고자 하는 왕성한 기업심(企業心)이 화석화(化石化)되어 박물관으로 간다면 투자 위축, 성장률 저하, 고용 부진 등의 부작용을 가져올 것은 불 보듯 뻔하다. 정부는 기업들을 빈정 상하게 해놓고선 대기업들의 투자가 부진하고 일자리창출이 미흡하다고 비난하고 있다.

통큰치킨 해프닝에서 정무수석이 노골적으로 기업의 영업 활동에 개입한 것은 볼썽사납다. 권부의 비서관이 대기업의 판매 활동에 직격탄을 날린 것은 관치경제 시대 못지않은 월권이다. 주무부처인 지식경제부 장차관이 한마디 했다면 모를까 정무수석이 간여한 것은 모양새가

영 좋지 않다. 정치인 출신의 비서관으로서 그 후유증은 생각해 보지 않은 행동이었다.

정 수석으로선 이명박 정부의 국정철학을 보필하기 위해 무리하게 개입했을 수도 있다. 대-중소기업 공생과 상생을 위한 '충정'에서 비롯된 것일 수 있다. 롯데그룹이 이명박 정부 들어 다른 그룹에 비해 너무 잘 나간다는 세간의 말들에 제동을 걸 필요가 있었는지도 모르겠다. 롯데는 현 정부 들어 그룹의 숙원사업인 제2롯데월드 사업에 대한 허가를 받아 공사에 들어간 상태다. 각종 관급공사를 싹쓸이한다는 이야기도 나온다. 현 정부와 롯데그룹 간의 '끈끈한 밀월설'이 제기되고 있는 것도 한 요인이 될 수 있다.

하지만 방식이 잘못됐다. 기업의 경영 행위에 대해 청와대가 일일이 개입하기 시작하면 기업 활동은 심각히 훼손될 수밖에 없다. 신규사업 진출이나 경쟁을 하지 말라는 것과 무엇이 다른가? 정무수석실의 정무적 판단이 득세하면 경제 논리는 어떻게 되는가? 기업들의 영업 행위와 관련한 문제는 정무수석실이 나설 게 아니다. 불공정거래 행위가 드러났다면 공정위가, 대-중기동반성장에 어긋나는 행위를 했다면 지식경제부가 들여다보면 된다.

정 수석의 개입으로 치킨 프랜차이즈업체들과 영세업자들은 한숨 돌렸다. 하지만 기존 치킨가격의 3분의 1로 사먹었던 서민들은 어떻게 되는가? 불황과 가계소득 저하로 어려움을 겪는 가계가 많은데, 한 푼이 아쉬운 서민들의 싸게 사먹을 소비자 권리는 왜 무시돼야 하는가? 서민들이 기존 프랜차이즈업체들의 비싼 치킨을 사먹는 게 공정이고, 상생이고, 공생발전인지 곱씹어 봐야 한다.

청와대 개입이 친서민 정책은커녕 자칫 반서민 정책이 될 수 있는 것 아닌가도 따져 봐야 한다. 전국의 롯데마트 매장이 열리자마자 30여 분만에 통큰치킨 판매가 끝난 것은 무엇을 의미하는가? 손주를 위해 오랫동안 줄서서 5,000원짜리 통큰치킨을 사들고 기뻐했던 어느 할아버지의 모습을 다시는 볼 수 없게 된 것에 대해 청와대는 뼈아프게 반성해야 한다.

물론 대형 마트가 자금력과 유통망을 앞세워 골목상권과 자영업자들의 생존권을 위협하는 것은 문제가 있다. 여야 합의로 지난 정기국회에서 통과된 유통상생법은 대형마트와 재래시장 간의 상생 가능성을 열어놓았다. 대형마트가 재래시장의 코앞에서 점포를 여는 것을 차단했기 때문이다. 하지만 통큰치킨처럼 개별 사업마저 시시콜콜 정무적 판단으로 간섭하는 것은 선의의 경쟁을 제한하고 경쟁자만 보호할 뿐이다. 대형마트가 부당하게 싸게 팔아 골목상권과 자영업자들을 고사(枯死)시킨다는 흑백 논리, 정치 논리는 바람직하지 않다. 이 같은 이분법적 사고는 대형 유통업체들 간의 치열한 경쟁이 유통혁명을 가져와 소비자들의 이용후생 증대와 물가안정에 기여한 것을 보지 못한 단편적 시각일 뿐이다. 소비자들은 유통업체들의 치열한 경쟁과 유통혁신으로 값싸고 질 좋은 제품을 살 수 있는 권리를 갖고 있다.

통큰치킨의 선풍적 인기는 프랜차이즈업체와 자영업자들을 쓰러뜨리기보다는 오히려 가격거품을 걷어내고 품질 및 서비스 경쟁을 촉진시키는 긍정적 효과를 가져왔을 것이다. 인터넷이 실시한 통큰치킨 판매에 대한 찬반 여론조사에서 60% 이상이 롯데의 손을 들어줬던 것은 무엇을 의미하는가?

청와대의 개입이 '부자정권', '친재벌정권' 등의 공격 빌미를 더 이상 주지 않았다고 안도한다면 이는 안이한 상황 인식일 뿐이다. 청와대마저 야당과 좌파진영의 반대기업 프레임에 빠져 경제 논리를 무시한 정치 논리에 함몰된 것이다. 청와대의 '통큰치킨 습격사건'은 규제완화, 개방화, 경쟁촉진을 통한 성장활력 회복, 투자 확대, 일자리 창출, 국가경쟁력 강화 등을 추구했던 'MB노믹스'가 형해화(形骸化)될 것임을 알리는 신호탄이었다. 그 이후 가격인하 압박, 규제 강화, 감세 철회, 중기 적합업종제도 부활, 초과이익공유제, 국민연금의 재벌 견제 강화, 비정규직에 대한 대기업의 부담 확대 등이 상생과 공생발전이란 이름으로 줄줄이 쏟아졌기 때문이다.

한쪽 면만 보는 정무적 판단은 친서민이 아니라, 반서민 정책으로 청와대를 습격할 수 있다. 민심은 그래서 무섭다. 경제문제는 경제 논리로 푸는 게 가장 효율적이다. 청와대가 기업에 시시콜콜 개입하면 경쟁을 저하시켜 기업 활동을 위축시킬 뿐이다. 정무수석이 정무적 판단을 오지랖 넓게 해서는 부작용만 가져올 것이다.